"十四五"普通高等教育本科部委级规划教材

全国课程思政示范课程配套教材

U0733473

毕业设计
——课程思政与设计实践教学

杨凌辉　陈劲松　著

中国纺织出版社有限公司

内 容 提 要

本书是国家级课程思政示范课程"毕业设计"的凝练与总结，是将艺术设计教育与思政教育相结合的一次重大探索。本书将"政产学研用"一体化的课程思政体系化建设模式呈现给广大读者，紧紧围绕"创意＋教学＋思政"的教学模式，完整地将产品设计、视觉传达设计、服装与服饰设计、环境设计和数字媒体艺术等专业融入思政教育实践中。

本书能够快速帮助本科院校和职业院校艺术设计类专业学生提升专业水平，促进综合素质发展。同时，帮助教师推动课程思政在艺术设计教学中的普及，助力中国高等教育和艺术设计人才培养的高质量发展。

图书在版编目（CIP）数据

毕业设计：课程思政与设计实践教学 / 杨凌辉，陈劲松著 . -- 北京：中国纺织出版社有限公司，2024.5

"十四五"普通高等教育本科部委级规划教材 全国课程思政示范课程配套教材

ISBN 978-7-5229-1306-3

Ⅰ . ①毕… Ⅱ . ①杨… ②陈… Ⅲ . ①毕业设计—高等学校—教材②思想政治教育—中国—高等教材—教材Ⅳ . ①G642.477 ②G641

中国国家版本馆 CIP 数据核字（2024）第 013022 号

责任编辑：华长印 朱昭霖 责任校对：寇晨晨
责任印制：王艳丽

中国纺织出版社有限公司出版发行
地址：北京市朝阳区百子湾东里 A407 号楼 邮政编码：100124
销售电话：010—67004422 传真：010—87155801
http://www.c-textilep.com
中国纺织出版社天猫旗舰店
官方微博 http://weibo.com/2119887771
天津千鹤文化传播有限公司印刷 各地新华书店经销
2024 年 5 月第 1 版第 1 次印刷
开本：787×1092 1/16 印张：15.75
字数：252 千字 定价：88.00 元

出版者的话

　　为深入贯彻落实习近平总书记关于教育的重要论述和全国教育大会精神，贯彻落实中共中央办公厅、国务院办公厅《关于深化新时代学校思想政治理论课改革创新的若干意见》，深入实施《高等学校课程思政建设指导纲要》，中国纺织出版社有限公司根据中华人民共和国教育部教高函〔2021〕7号文件《教育部关于公布课程思政示范项目名单的通知》，面向全国高等院校、职业技术学院等组织规划"全国课程思政示范课程配套教材"，进一步强化课程思政建设主体责任，强化示范引领，健全优质资源共享机制和平台建设，加大支持保障力度，构建国家、地方、高校多层次课程思政建设示范体系，全面推进课程思政高质量建设。

中国纺织出版社有限公司

2023年1月

写在前面

　　"毕业设计"是设计学类专业重要的实践教学环节，面向大四学生开设，主要培养学生的实践创新、服务社会和可持续发展能力。该课程作为学生从学校到社会过渡的实践环节，是实施开展"课程思政"教育引导学生从"成才"走向"成长"的重要过程。课程结合云南艺术学院"具有国际影响力特色鲜明的国内一流艺术院校"的办学定位以及"学习民间，注重素质养成，服务社会，强化实践创新"的人才培养要求，建设方向和重点是弘扬中华优秀传统文化，践行"中国传统工艺振兴计划"，助力乡村振兴。课程结合文化创意和设计服务产业融合发展，依托国家传统工艺振兴计划和乡村振兴战略，主动融入国家发展战略，坚定民族文化自信，立足云南民族文化、生态资源，实现设计服务云南地方经济、社会、文化发展，发掘地方民族文化优势资源，建设区域生态文明，传承优秀传统文化，主动担起时代赋予的使命和责任。

　　回顾课程的改革历程，都是紧跟时代步伐，服务国家战略，这也是课程的大思政目标。2004年，基于在地文化的"毕业设计"实践教学改革，尝试设计创意为在地文化服务、为人民服务。2005年，全面开启"毕业设计"实践教学改革——"服务于民族文化、生态文明建设的'政用产学研'创新设计人才培养模式"。2014年，国务院发布《国务院关于推进文化创意和设计服务与相关产业融合发展的若干意见》。经过持续10年的改革和实践，"毕业设计"获第七届云南省高等教育教学成果二等奖。2018年，在国家提出的"传统工艺振兴计划"的前提下，第二届世界工业设计大会发起设计扶贫倡议，并开展"扶贫三年行动计划（2018—2020年）"。同年9月，住房和城乡建设部发布《住房城乡建设部关于开展引导和支持设计下乡工作的通知》。在相关文件的指导下，持续进行实践改革并获得本科教育教学改革研究立项。2020年，《中共中央　国务院关于抓好"三农"领域重点工作确保如期实现全面小康的意见》进一步深化设计扶贫计划。同年，"毕业设计"获得云南省高校课程思政示范课重点培育项目。2021年"毕业设计"获得国家级本科课程思政示范课程，同时入选教学名师和团队。2022年，国家乡村振兴局、清华大学联合启动"百校联百县兴千村"行动，旨在组织引导高等学校深入参与乡村建设行动，强化乡村建设人才技术支撑。同年，"毕业设计"依托课程改革成果获2022年第九届云南省高等教育教学成果一等奖。

经过持续20年的改革，课程团队从国家和地方发展战略出发，把"弘扬中华优秀传统文化""中国传统工艺振兴计划""乡村振兴"等内容进行重构，贯穿于毕业设计的选题、开题、调研、调研汇报、创作、汇报与展出六个部分。课程思政融入教学的全过程，在选题阶段，强调科学精神、选题意识；在开题阶段，强调格物穷理、问题意识；在调研阶段，强调家国情怀、实事求是；在调研汇报阶段，强调归纳演绎、服务意识；在创作阶段，强调工匠精神、创新思维；在汇报与展出阶段，强调思辩能力、总结意识。团队把课程目标与服务社会紧密结合，立足云南民族文化及生物多样性优势，与云南地方政府合作，进行系统的民族文化、生态文明建设与设计服务融合的设计实践课程教学。以凸显地方区域特色、民族文化特色为原则的大型创意活动，获国内外专家学者及业界的高度好评。多家媒体对该系列活动成果进行专题报道，有较大的社会影响。

"路漫漫其修远兮，吾将上下而求索"，虽然"毕业设计"课程改革取得了一定的成绩，但面对日新月异的社会需求、日益增长的设计类艺考生数量以及近千所院校的毕业设计实践环节，仍需要不断地改革创新，课程思政的改革永远在路上。

杨凌辉

2024年1月

思维导图

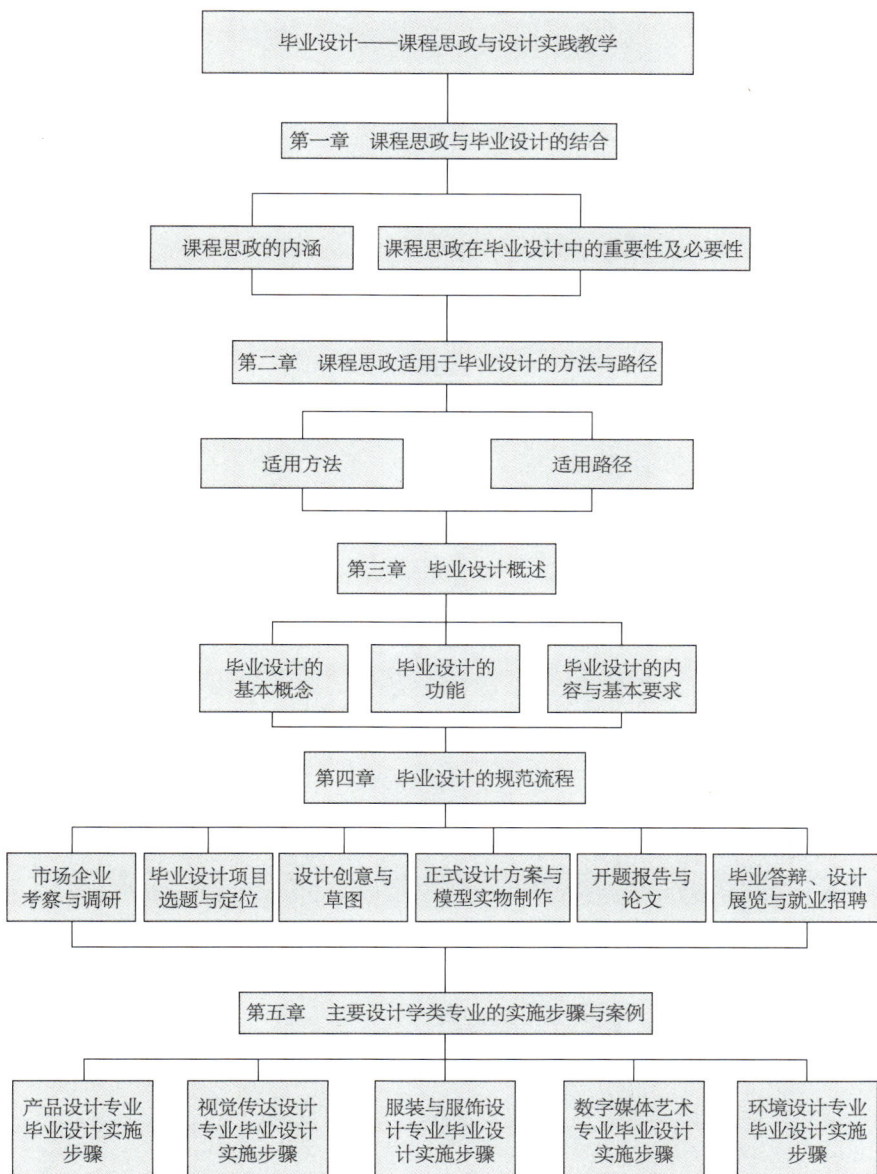

毕业设计——课程思政与设计实践教学

第一章 课程思政与毕业设计的结合

课程思政的内涵　课程思政在毕业设计中的重要性及必要性

第二章 课程思政适用于毕业设计的方法与路径

适用方法　　适用路径

第三章 毕业设计概述

毕业设计的基本概念　毕业设计的功能　毕业设计的内容与基本要求

第四章 毕业设计的规范流程

市场企业考察与调研　毕业设计项目选题与定位　设计创意与草图　正式设计方案与模型实物制作　开题报告与论文　毕业答辩、设计展览与就业招聘

第五章 主要设计学类专业的实施步骤与案例

产品设计专业毕业设计实施步骤　视觉传达设计专业毕业设计实施步骤　服装与服饰设计专业毕业设计实施步骤　数字媒体艺术专业毕业设计实施步骤　环境设计专业毕业设计实施步骤

目录

第一章

课程思政与毕业设计的结合

要将思想政治工作贯穿到教育教学的全过程，做到"全过程""全方位"育人。培养什么人，如何培养人，为谁培养人，这是一个需要回答的问题，社会主义国家在中国共产党领导下的教育政策是德、智、体、美、劳全面发展，成为一个合格的、有能力的人。践行社会主义核心价值观和立德树人，是各行各业的首要任务，目前教育系统各级各类学校都提出课程思政，也就是要把思想政治与课程内容紧密融合，在实施专业、技术教育的同时，进行思想政治教育，做到既要教书更要育人，为党和国家培养可靠的接班人和建设者。课程思政作为一种新的教育观念，强调以课程为载体，以立德树人为核心，在教学活动的每一个环节中都全面渗透思想政治教育，并在每一门课程中发掘思政要素，使专业知识与道德教育相结合。

第一节
课程思政的内涵

"课程思政"最早在2016年社会科学学术年会专题讲座中被提出，适应了新时期学校思想政治工作发展需要。学校课程思政的建设有其开展的必要性和重要性，是对以往德育课程的继承和发展，是新时代下课程的新成果。这一教育理念的基本含义是把思想政治素养的培养、正确的价值观及人生观、批判性思维的能力等通识教育有机融合到专业课程教学中。这种教育理念以课程为载体，以思政为教学手段。从学科上来讲，课程是教育学的研究范围，也是教学理论的重要组成部分，而课程思政属于思想政治教育学的范畴。那么，怎样才能全面、系统、科学地认识课程思政呢？需要把"课程思政"纳入教育、思想政治教育这两个学科体系中去认识，并对其进行综合研究。从思想政治教育的角度，探讨如何为学生的全面、自由发展奠定科学的意识形态基础；需要在教学理论的视野下，对怎样应用教育学原理进行探讨。同时，应积极吸收哲学、心理学、社会学、管理学等相关领域的教育工作成果，为"课程思政"提供理论依据。实际上，"课程思政"并非一种新事物，而是教育实践活动中的一种客观现实。作为一种教育方式，它总是贯穿于整个教育过程，"潜移默化""润物无声"，只是人们常常忽视了它的独特之处。纵观古今中外各个阶层的思想政治教育，从具体的实施方式来看，大致可以分为两类：一类是直接教化，采用正面的、直接的施教方法；另一类是以迂回的方式进行教化，使其深入渗透到丰富多彩的社会生活中。在院校课程建设中，隐性课程在知识传授中发挥价值引领作用，以知识传授与价值引领同步驱动的方式，使价值观引导与专业教育步调一致，从而真正发挥高校的育人功能。课程思政的本质并不是单独开设一门课程，也不是增加一种活动，它的目的是把高校的思想政治教育融入课程教学与改革的每个环节及每个方面，把思想政治教育与毕业设计的教学结合起来。通过充分利用艺术中的美学品质来引导学生的德行发展，使其树立正确的人生观与价值观。

课程思政在毕业设计中的重要性及必要性

　　"毕业设计"是艺术设计专业一门理论联系实际、实践性很强的课程，也是学生在校学习阶段需要完成的最后一项实践课程。它内容丰富，教学方式多样，主题选择有很强的时代性，强调因材施教，因势而生。也就是利用市场分析、市场需求、社会热点等制定毕业设计任务，将成果通过作品效果图和实物作品等形式，面向校内外展示。以立德树人为核心，将思想政治工作贯穿于整个教育过程。实施"课程思政"以社会主义核心价值观为指导，贯穿于每个学科，落实于每个教学环节。"毕业设计"课程是高校毕业生由校转企的一个实践环节，而高校"课程思政"教学的实施是引领大学生由"成才"向"成长"转变的一个关键环节。

一、帮助学生树立正确价值观

　　将思政教学融入毕业设计，帮助学生树立正确的价值观，是提高人才培养质量的重要要求。文学艺术是时代前进的号角，它最能体现一个时代的精神面貌，最能引导一个时代的风尚。毕业设计是一门将实践性与所学专业特色相结合的课程，它的培养目的是对学生所学全部知识进行总结和检验，也是学生走向社会的一个关键的实践环节。所以，教学不只是知识和技能的传授，更重要的是对学生思想政治素质的培养，具体包括培养他们树立适应社会发展的职业观、价值观、道德观等。这些素质的培育，不但能够提高学生的美学修养，而且能够在不知不觉中帮助他们建立起对未来职业的自信，从而树立正确的世界观、人生观、价值观。在中国共产党领导下的社会主义国家的教育政策是：培养德、智、体、美、劳全面发展的社会主义建设者和接班人。落实社会主义核心价值观与立德树人，是各行各业的首要任务，目前教育系统各级各类学校都提出课程思政，也就是要把思想政治与课程内容紧密融合，在实施专业、技术教育的同时，要进行思想政治教育，做到既要教书更要育人，为党和国家培养可靠的接班人和建设者。"立德树人"这一重要论述对教育的根本问题进行了解答，而"课程思政"正是立德树人在教学实践中的最好体现。课程思政作为促进新时代教育教学发展的一个重要途径，能够对教育工作中有待完善的问题进行探析和梳理，从育人的根本入手，找出其中存在的问题，从而有效地弥补教育工作中存在的不足，进而全面提高人才培养质量。高校毕业生是国家未来发展的建设者、接班人，他们与"中国梦"的实现息息相关。在新时代背景下，大学生整体上表现出了积极、健康和向上的精神素质。新时代下，社会的发展、信息安全、可获取的信息量、消息的碎片化等一些变化对学校思想政治教育的质量与水平提出新的要求，也对大学生的核心能力提出新的要求。除学习能力和职业能力外，在职场中对政治素养、职业道德、创新能力、团队协作等更具灵活性的综合素质的需求也不断增加。随着中西文化的深度碰撞和自媒体时代的来临，一些学生的价值观深受影响，趋向于多元化，这就容易使大学生在多元文化的思潮中迷失自己，其表现的主要特点是个性化明显、追求"快、简、短"的物质效益、责任意识淡薄等。将思政教育融入课堂教学中，能够对大学生的品德塑造、内在的审美修养起到潜移默化的作用。在一门专业课的教学过程中，教师可以有意识地引导学生建立正确的审美观和创作观，从创作题材、内容、优秀文化等多个角度传递艺术的内容，让学生对"真、善、美"的评判标准有更深刻的认识，从而提高他们对社会主义核心价值观的认同度。学校应加强学生对新时代中国特色社会主义政治的了解，培养学生正确的政治观念和价值观念。在课程思政理念下，对人才的培养首先体现在德育层面。无论是哪一种专业的课程，都可以发挥精神引领与价值塑造的作用，从而突破专业课堂知识传授的局限，有效地引导全体学生树立远大理想，增强他们的时代自信。新时代的高校课程思政自觉地将价值观教育运用于日常教育与教学中，以课程为媒介，最大限度地发挥教育自身的价值，让学生能够自然而然地接受。课程思政是一种潜在的力量，它可以将价值观教育、知识教育、实践教育三者有机地结合起来，充分调动学生各方面的综合能力，提高他们的社会责任感和价值判断水平，将他们培养成一个拥有完整人格和高尚品德的独立的个体，让他们成为对国家和社会有用的人才。

二、促进学生素质的全面发展

将思政教学融入毕业设计，结合新文科的内涵，坚持立德树人，培养具备良好的职业道德、系统的专业知识和较高的艺术设计能力，德、智、体、美、劳全面发展的高素质创新型、研究型人才。在我国"课程思政"的背景下，将思想政治理论融入专业课程中，可以很好地弥补专业课程中人文精神的缺失。专业教育中蕴含的思想政治教育资源能够丰富学生的审美体验，优化学生的审美能力，提升学生的审美意识和道德修养，从而推动学生素质教育全面发展。把思政教学融入教学中，可以提高专业课程的文化素养，使教学的灵活性和实践性等与思政教育的严谨性和规范性相结合，让思政教育与专业教学形成相互渗透的关系，在不知不觉中全面提高学生的综合素质。

三、转变教师传统角色的必然要求

将思政教学融入毕业设计是转变教师传统角色的必然要求，在课程思政理念对高校教育工作深度渗透的情况下，思想政治教育已经不再是辅导员与思想政治教育理论课教师的专门教学职责，而是每个在校的任课教师都要参与到思想政治教育的教学过程中来。这对教师的思想政治教育理论能力提出了更严格的要求，在新形势下，教师的角色也有了转变以及发展出了新的内涵，他们不再是单纯地教授专业知识和技能，而是从思想上对学生进行有针对性的引导，使"三全育人"中的"全员育人"落到实处。如果只注重对专业知识的教育，而忽略对政治素养与综合能力的提升，那么就不能满足新时代对教师的要求，也不能胜任新时代对学生的教育工作。教师要积极地转换角色，不断地学习最新的理论成果，领会最新的思想内核，肩负起新时代教师的使命，不断提高各方面能力。要成为一名人民满意的好教师，有两个条件，一个是要有理想信念，另一个是要有道德情操。新时代，高校课程思政的推行给教育者带来了一次全面提升自己的机遇。这一机遇对教师提出了价值培育和思想引导的更高的要求，这就要求教师在教育岗位上持续学习，持续提升育人的意识和能力，先成为德才兼备的教师，再培养德才兼备的人才。

四、构建"大思政"教育格局的现实要求

将思政教学融入毕业设计是构建"大思政"教育格局的现实要求，思想政治教育是一个与时代命运、民族发展密切相关的课题。"毕业设计"是艺术

设计专业一门理论联系实际、实践性很强的课程，也是学生在校学习阶段所要完成的最后一项实践课程。思想政治教育是社会制度和规范的传播渠道，同时，社会制度和规范对思想政治教育的导向也在一定程度上起到制约作用，两者相互促进。我国正处于新的历史阶段，要想迎接新时代给我们带来的各种挑战，学校的思想政治工作迫切需要扩大自己的教育视野，以更开放、更包容的心态面对现实需要。新时代的课程思政要从党和国家的教育发展大局出发，对各种学科与思想政治理论课的融合进行合理的分析，促使高校各个学科的师资力量与思政课师资力量互补，逐步形成"大思政"的教育格局。学校的思想政治工作应该与教育发展的长远规划相适应，把习近平中国特色社会主义思想摆在教育工作的重要位置，落实教育的具体内容、坚定发展的具体目标，使思想政治教育发挥其应有的作用。推进课程思政理念有利于促进各专业课程、综合素质课程、第二课堂等实践活动的开展，丰富各专业课程的教育内容，并反向促进专业学科的建设。课程思政系统性、整合性的特征，让专业课程的思政资源可以进行有机结合，探索出一种适用于教育教学改革的新模式，将高校育人变成一个整体。从全局的角度出发，为大学生思想政治工作指明方向，具有重大的现实意义。

本章小结

　　本章主要讲述了课堂思政的内涵，课程思政在毕业设计中的重要性及必要性。"毕业设计"是艺术设计专业一门理论联系实际、实践性很强的课程，也是学生在校学习阶段所要完成的最后一项实践课程。要坚持把立德树人作为中心环节，把思想政治工作贯穿教育全过程是我国高等教育发展的方向。实施"课程思政"是贯彻这一理念的一项重要措施，以社会主义核心价值观为指导，贯穿于每个学科、每节课程、每个教学环节。"毕业设计"是高校毕业生由校转企的一个实践环节，而高校"课程思政"教学的实施是引领大学生由"成才"向"成长"转变的一个关键环节。

📝 **思考题**

1.如何理解课程思政?

2.课程思政发展的现状如何?

3.毕业设计为什么要结合课程思政?

4.从学校、教师、学生角度出发,思考如何将毕业设计与课程思政结合得更好?

第二章

课程思政适用于毕业设计的方法与路径

2

在大学生实现理想信念的过程中，学校发挥着不可替代的引领作用。课程思政是在新时代的社会背景下，以课程这一与学生接触最直接的教育环节为出发点，引导学生将国家战略、社会需求、自身价值的要求及社会主义核心价值观内化为精神追求，外化为自觉行动。让这些课程不仅可以承载知识教育，而且包含有价值的高度，从而为培养新时期优秀的青年学生、提高学校的育人质量、投身祖国的发展建设指明了发展方向。在建设思想政治教育的话语体系方面，学校优化传统的培养目标，注重"立德树人"的价值观念和道德观念的培育。学校教育的发展与国家的前途发展是密切相关的，没有一个人可以脱离国家的前途而考虑个体的前途，因此，学校必须紧紧围绕"一带一路"倡议及云南发展需求，并结合云南艺术学院的发展定位和人才培养目标，以毕业设计课程为核心，建立全面覆盖、种类丰富、层次递进、相互支持的设计专业课程思政体系。课程思政，以课程为"主战场"、教师为"主力军"、教学为"主渠道"，让毕业设计实践教学与思政教育走在同一条路上，将显性教育和隐性教育有机地结合起来，从而产生协同效应，构建出全员、全程、全方位的育人大格局。把云南的民族文化作为研究的范例，指导学生深入了解中华优秀文化中蕴含的丰富的思想意蕴与时代价值，教育引导学生自觉地继承和弘扬中华优秀文化。

适用方法

一、课程知识性与价值性相互渗透

　　课程思政建设是指"要实现价值塑造与知识传授、能力培养一体化推进，把专业教育与思想政治教育紧密融合，从而产生协同效应"。这表明知识性教育和价值性教育是统一的，两者是相互渗透、不可分割的。毕业设计实践教学要与思政教育并驾齐驱，将显性教育与隐性教育有机地结合起来，以培养在设计专业上优秀、在培养能力上全面、在理想信念上坚定的人才为目标，无论在每个设计学科中拥有什么样的专业背景及教学内容，都不会影响到育人这一教育作用的发挥，都应在课程教学中同时体现课程的知识性与价值性，做到以知识为基础，以价值为目的。只注重学科间的知识内容，而忽略学科间的价值导向，这是不全面的；只注重价值说教，而忽略课程间的知识，这是不客观的。在毕业设计过程中，要实现"价值导向"，首先要求学生对所学的学科有正确的认知，要对中华优秀文化的思想精髓和时代价值产生深刻的认识，要对中华文化进行自觉的继承。其次对所学知识体系中的思想政治教育因素进行深度挖掘，才能使实践性与价值自然地产生联系。课程思政要在教学过程中，潜移默化地将正确的价值观传递给学生，引导他们正确地对待问题，让课程具有知识的广度和价值的深度，这对学生顺利从校园过渡到社会大有裨益。

二、课程理论性与实践性相互统一

　　"坚持理论与实践的统一"。这一要求不仅是对思想政治教育基本规律的科学把握，也是马克思主义实践观在思想政治教育中的具体运用，为教好思政课提供了重要遵循。这种思维方式也可以被应用到课程思政的构建中。新时代，学生们应该认识到新时代的重要内涵和重要意义。中国特色社会主义重大理论成果不断为思政教学提供理论源泉，中国特色社会主义重大实践成果不断为思政教学提供实践支撑。推进思政创新，要始终坚持理论与实践相统一，充分发挥其教育导向的功能，向学生传递基本思想、历史地位、目的意义等信息，持续提升学生的思想水平、政治觉悟、道德品质和文化素养，培养他们的理性思维，引导他们将国家战略、社会需求、自身价值等要求与毕业设计相结合，把社会主义核心价值观内化为精神追求，外化为自觉行为。同时，需要注重对"主力军"教师进行思政理论和思政能力培养，使其具备良好的思想政治教育教学能力。此外，也要高度重视毕业设计实践教育。如果理论和实践不能有效地结合起来，如果学生不能为解决现实问题而进行相应的设计，那么理论教学只能是"纸上谈兵"。课程思政的构建要与现实生活、人们自身紧密结合，用实际案例解读新时代中国特色社会主义理论，指导学生深入了解中华优秀文化中蕴含的丰富的思想意蕴与时代价值，教育引导学生自觉地继承和弘扬中华文化。

三、课程整体性与个体性相互融通

毕业设计课程思政的构建是一项全局性的工作，它关系到课程、教师和学生的成长，要想取得最佳的教学效果，就必须正确处理整体和个体的关系。毕业设计实践教学和思政教育要围绕国家"一带一路"倡议和云南发展需求，结合云南艺术学院的发展定位和人才培养目标，以毕业设计课程为核心，建立全面覆盖、种类丰富、层次递进、相互支持的设计专业课程思政体系。要以整体性的思想来认识和把握课程思政建设的每个方面，明确可以产生积极作用的各种因素。通过服务于民族文化、生态文明建设的"政产学研用"创新设计人才培养模式改革，对学生各方面能力进行全方位的培养和考核。除此之外，个体思想的形成并不是一件容易的事情，它是经过个体吸收、内化接收到的信息，建立起对事物的认知，并不断发展变化的过程，是依靠对原有思想观念的不断修正和验证最终形成的。因为成长环境、教育背景、理解能力的差异，每一位学生在形成思维的过程中都存在一定的差异。因此，只有遵循个体发展的规律，才能更好地促进学生发展。课程思政要在教学目标和教学管理上形成整体性的要求，并以此为基础，结合学科特点，探索课程的个体性分类发展。立足于个体的优势分类推进课程建设，利用好思想政治教育的现有资源，实现教育整体与个体的融通。

第二节
适用路径

一、落实课程思政教育理念

（一）全面提升人才培养质量

设计专业学生的毕业设计要想体现全面的思维能力和实践能力，首先要将课程思政教学潜移默化地融入每一门课程中，不能平时教学与思政没有关系，直到完成毕业设计才临时抱佛脚，这样难以做到前后有效衔接，会大大影响对学生正确价值观的引领，以及学生对思政教学的真实感受。课程思政的推进是马克思主义科学理论与中国特色社会主义理论体系相结合的重要措施，也是思想政治教育改革的重要任务。首先，从观念上转变了对课程、教育、教学等活动的基本认知，以课程为"主战场"、教师为"主力军"、教学为"主渠道"，使毕业设计实践教学与思政教育同向同行，将显性和隐性教育相统一，形成协同作用，构建全员、全程、全方位育人的大格局。办好我国高校，办出世界一流大学，必须牢牢抓住全面提高人才培养能力这个核心点。高校办学要注重人才培养，把高校育人提升到了大局观和全局观的高度。高校要设计好转变教育思维、挖掘教学资源、改进教学方法、壮大教学队伍、完善教学管理等方面，加大课程教育的改革力度，用一体化的领导和制度化的运作，构建高层次的人才培养体系。与此同时，要对每个学科的培养计划和目标进行细致的安排，促进各个渠道、各个层次、各个环节要素的协调发展，从而使高校的人才培养质量得到全面提高。

（二）促进学生素质的全面发展

通过学生成长、成就感的获得，提升学生的综合素质，既是课程思政最终成果的体现，也是教育完成育人大格局根本任务的体现，更是育人理念深入思想深处的一种表现。只有从学生的现实需求开始，了解学生所思所想，即关注什么、需要解决什么问题，从而帮助学生解决实际问题，才能让学生明白课程思政教育是有意义的。当教育者在面对不同学生时，要因材施教，充分尊重学生，了解个性化差异，同时关注学生个性化体验与个性化作品。因为设计类专业的特点，学生拥有自己独特的表达方式，并且需要在创作和设计中进行有效的体现，这就需要将学生个人经验的积累与教师的正向指导结合起来。教师要挖掘学生发现美，在生活中感受美、表达美的能力。因此，学生的思想将会影响到一件作品的艺术高度，可以掌握学生正确的思想动态以及他们现在的所思所想，帮助他们排忧解难，培养其以乐观的态度面对现在美好幸福的生活，以轻松的状态完成本科四年的毕业设计和创作。明确课程之间的内在逻辑关系，让毕业设计实践教学与思政教育同方向发展，将显性教育和隐性教育有机地结合起来，以学生为本，发挥协同效应。在教学过程中，要引导学生心怀热爱，心存感恩，要深入挖掘学生日常生活和专业课学习中所蕴含的课程思政相关元素，有机地融入家国情怀、励精图治、人文精神、艺术修养、仁爱之心等品质。要提高学生的获得感，增强教育的说服力，就必须重视学生的情感体验。正面的情感有助于学生自主地接受教学内容，自主地进行分析选择，自主地调整行为准则，自觉地改变自己的思想，从而实现由"教"化"育"。但是负面情绪会极大地减少学生的获得感，从而降低他们学习的积极性和创造性，若他们在情感上无法产生共鸣，在教育上也将无法产生共鸣。

（三）运用现代教学手段，营造协同授课综合课堂氛围

学校环境是课程思政推进的主要途径和核心阵地，但社会环境、网络环境和家庭环境的作用同样不可忽略，它们也是与主阵地一起形成"微阵地"的重要部分。在此情况下，高校应创新和改变教育观念，在学校中建立一个与社会实践紧密联系的实践性课堂，它是对理论课的一种补充，与理论课共同构成教育教学体系。云南艺术学院为了实现全面教育的目标，除了学生的学习和生活之外，还设立了传统工艺工作站、组织了非遗传承人进校园活动、建立了实践研究基地，重视网络思想政治教育，加强学生的党建及校外实践活动等。针对设计课堂教学存在的问题，要求教师改变自己的教学理念，积极探索多种形式的教学方法，让"课程思政"成为教育的一部分，使思想政治教育渗透到整个教学过程中。例如，翻转课堂、混合式课堂教学、案例教学、微课教学等手段，充分利用线上线下教学，以问题为导向，让学生在探究的过程中展开学习，提高学生的创新思维。民族文化、手工艺等专业课程都蕴含着中国传统文化，通过这些专业课程可以使学生更加深入了解中华优

秀文化的思想精髓与时代价值，从而培养学生对中华文化遗产的自觉意识。教师可以从中华传统文化入手，将丰富多彩的民间美术作品和民间手工艺者所秉承的工匠精神融入课堂教学，向学生展现我们国家的艺术魅力。在此基础上，结合案例教学、微课教学等手段，利用信息化教学资源，提升课堂教学质量。切实拓展教学场地和教学内容，营造一种浓厚的学习气氛。新时代，高校的课程思政应该紧密地贴近学生的生活现实与实践现实，在校园中建立起一种协同育人的机制，促使高校思想政治教育理念转变，从而体现出课堂的多样化与综合化，提高协同育人的效果。

二、整合课程思政教育资源

（一）深挖课程资源突出思政功能

学校在贯彻课程思政教育理念后，要在毕业设计课程中深入挖掘思想政治教育的相关资源，在教学过程中凸显课程思政的育人功能，专业课程要从学科的定位与特点出发，选择与思想政治教育相契合的价值属性，深度挖掘课程中蕴含的育人资源。与此同时，要引导专业课程的政治立场和价值取向，建立起高校课程思政建设的一个重要支点，把课程与时代的发展、社会与国家的发展相联系，让课程具有针对性。在设计学科中，要对其具有教育意义的人物和故事进行挖掘，发现专业中的闪光点，激发学生对学科的育人资源的兴趣，从而能够在知识教学与价值教学之间找到一个有效的结合点，这对教育者更有效地运用课程资源，最终实现全课程育人是有利的。教材是教师进行课程设计最直接的依据，因此，在教学过程中，教师应该深入挖掘教材中所包含的思想政治教育资源，让学生在提升专业知识和专业技能的同时，开阔视野，陶冶情操。在课堂上，教师可以引导学生领悟设计作品的精神内涵，让学生在审美的过程中潜移默化地形成对美与丑的评判以及精神品质的提高。教师在课堂上积极教学，有助于激发学生的爱国热情，弘扬民族精神。与此同时，教师在创作实践课的时候，要以教材中的内容、设计等为依据，教育和引导学生掌握当前创作设计的方向和要求，将设计作为传播新时代家国情怀、社会主义核心价值观的载体，以提高学生的审美素养和道德素养。在深入挖掘教材内容中所蕴含的思政内涵的同时，对设计教育和思想政治教育之间的协同创新进行持续的探索，在编写教材时，要与我国实际情况相适应，不仅要将马克思主义中国化的最新理论成果融入其中，还要将经济、社会、制度、文化等各个领域的最新成果融入其中。在选择课程教材时，应注重其方向性、科学性和精确性。要深入挖掘教材所蕴含的思想意蕴，对现有教材进行理性的修正，同时要坚决抵制那些陈腐的观念和错误的观点。要立足课程，将职业道德、行业精神等内容融入专业课教材，使毕业设计课程与思想政治理论课程互动育人，为严谨的知识增添价值的温度。

（二）发展课程的第二课堂连通教育环节

课程的第二课堂是一种超越了规定的课堂教学时间，具有广泛的学习范围的新型的思政学习活动，它不仅是第一课堂的延伸，还是一个可以发挥多种功能的实践平台，其特点是具有开放性。思想政治教育第二课堂不受时间限制，并且可以采用多种方式，它拥有第一课堂所没有的广度和深度，可以有效地弥补在第一课堂教学中受教育者主体地位的缺失。在新时代背景下，为推动大学课程思政的发展，必须有一种全面育人的观念，逐步开辟和发展第二课堂，将理论课、综合素质课和实践第二课堂三者有机地结合起来。近几年，通过对第二课堂实践形式的不断探索，实现了课程思政由静态到动态的转变，有效地突破了教育的壁垒。在过去17年中持续开展的"校地合作·民族文化创意系列"中，对课程的内容进行了丰富，有效地弥补了思想政治教育实践中存在的专业性与创新性不足的问题。教育引导学生把国家战略、社会需求、自身价值的要求融入其中，把社会主义核心价值观内化为精神追求，外化为自觉行动。新时代下，大学的课程思政要致力于推动第二课堂的多样化和个性化建设，并将其与学校的地域特色、办学优势和校园资源相结合，对第二课堂的组织结构和运作模式进行规划，从而构建第二课堂的教育体系。高校可以将第二课堂的学习成果纳入对学生培养方案的考核中，让学生实践活动的价值内涵得到充实，从而达到润物细无声的教育效果。

三、转变课程思政教育方法

（一）打造特色课程形成民族文化创意系列的特色课程品牌

在新时代课程思政建设过程中，要与本校的实际相结合，把提高学生的综合素质作为基础，打造出具有本校特色的示范性课程，并将民族文化创意系列的特色课程品牌的发展深度融入其中。目前，学校创新发展课程思政的形式与方案，如17年持续开展的毕业设计课程"校地合作·民族文化创意系列"取得了不俗的成绩。云南省巍山彝族回族自治县是云南艺术学院的定点扶贫项目所在地区，近年来，在云南艺术学院的大力支持下，该项目取得了一定的成绩。设计学院开展了"2020——创意巍山：设计助力扶贫攻坚"民族文化主题创意活动，480名本科学生共完成了2700余件设计作品、120多组设计项目、10多个乡村风貌及公共设施改造项目，并以团队、小组的形式先后开展了9次调研。将设计创新的价值与当地文化经济发展结合起来，以创意的方式诠释具有地方特色的地方文化。创意香格里拉峨山是与迪庆藏族自治州香格里拉市、玉溪市峨山彝族自治县进行合作，以"多彩峨山""梦幻香格里拉"为题进行创作的。270多名毕业生打破专业界限，指导教师和学生按照课题双向选择，组成众多课题组，围绕共同的设计目标展开创作，实现了专业的交叉、融合。最终成果在省科技馆展出，多位省市有关部门的领导到现场参观和指导，新闻媒体、设计教育界广泛关注，社会反馈好评如潮，许多设计作品被企业采用，并直接产生经济效益。创意个旧主题设计活动以红河哈尼族彝族自治州个旧市党委提出的"立足有色，超越有色；立足老城，建设新城"为创意出发点，充分发挥云南艺术学院设计学科专业全、实力强的优势，全方面对个旧市进行设计创意。600多位老师和学生通过不同的设计角度，挖掘个旧的历史文化和资源特点及内涵，为建设未来文化锡都、休闲锡都、旅游锡都、生态锡都等提供了数千种创新的设计方案。这些创新设计将锡都的风韵展现得淋漓尽致，有的构思大胆新颖，有的切实可行，有的直接带来了经济效益，有的为个旧描绘了一幅美好的发展蓝图。经过几年的不懈努力和沉淀积累，2012年的创意活动迎来了更多令人欣喜的变化，寻甸县委、县政府积极联系云南艺术学院，提出"校地合作"的申请，希望能在此基础上，共同举办这一系列的"校地"活动。寻甸县委、县政府对合作目标有了清晰的认识，明确了合作双方的责任，并对合作过程进行了严格的控制。在此基础上，学校的专业导师们对于合作区域的民族文化有了更深入、更全面的了解，创作的表达方式也有了更深、更广的发展。这就意味着"创意系列"对于云南当地民族文化发展的促进作用已经被充分肯定，"创意系列"的品牌效果和价值也已经显现出来。"创意呈贡"是随着国家"一带一路"倡议为云南文化创意产业带来的新机遇，昆明市呈贡区与云南艺术学院签署协议，协同开展"2018创意呈贡"特色文化主题创意活动，立足呈贡区文化资源和地域条件优势，将云南艺术学院的办学优势与特色相结合，努力创建呈贡区的区域文化、特色文化、民族文化品牌，实现学校文化资源与当地文化资源的优势互补，促进学校与当地政府的合作，使学校的智慧资源和创新价值与当地的文化、经济、社会发展相结合。创新的主要内容有：用设计思维来审视呈贡的文化和生态发展变化，用设计的方式来推动相关的文创产业的融合，用设计的实践来诠释呈贡的特色旅游景区、"滇剧之乡"以及"花都"、梨园的品牌内涵，用设计的服务来实现"创新、协调、绿色、开放、共享"的目标。实践教育引导学生把国家战略、社会需求、自身价值的要求融入其中，把社会主义核心价值观内化为精神追求，外化为自觉的行动。特色课程的优势就是可以找到课程与思想政治教育之间精确的契合点，为其量身打造出适合自己的课程形式，从而使课程设计变得更加科学。通过形成育人品牌，可以将价值观融入能力培养过程中，从而打造出适合于学校实际情况的特色课程，并在实践过程中对学生全面发展能力进行培养。以云南少数民族文化为学习范例，教育引导学生自觉地继承与弘扬中华优秀文化的精神实质、时代价值和中华文脉（图2-1）。

（二）搭建校企合作的综合实践教学模式，培育复合人才

校企合作是高校为顺应社会发展与市场需求，以学生就业为导向，产教融合、校企联动，为社会培育高素质、高水平人才的有力举措。通过校企合作，学生可以及时将课堂上学习的理论知识应用到实践中，有利于培养学生的职业道德与职业素养，帮助学生树立正确的择业观，为就业打好基础。新时代高校课程思政的推进要充分利用企业相关资源开展思想政治教育活动，加强企业与高校之间的交流，努力搭建校企合作的桥梁。云南艺术学院"创意富民"是设计学院与富民县政府合作，打造、强化富民县原本"昆明后花园""乡村城市"的发展定位。全院380余名本、专科应届毕业生、10多位指导教师投入其中。作品在学院美术馆及富民县展出，活动受到云南省文化厅的关注，富民县委、县政府向我院师生颁发了多项集体及个人奖项，并向我院致谢和补助了部分活动经费，"校地合作""校企合作"的综合实践教学模式也日趋成熟。"校企合作·协同创新·铸造未来——云南艺术学院设计学院主题创意活动"是依托"民族艺术非物质文化遗产传承协同创新中心"的建设理念和任务开展的，旨在通过高校间、科研院所间、政府部门、行业产业以及国际学术机构间的强强联合，建构提升国家文化软实力、增强中华文化

图2-1 历年创意活动宣传海报

国际影响力的主力阵营。其在运作模式上充分开展协作，探索和建立一种从教学到创作，从创作到实践，从实践到市场，从市场到服务社会的"政产学研用"一体化人才培养模式，同时建立完成一套促使协同创新中心良性运行的机制。在内容和诉求上，通过创意设计的方法和途径推动高等教育、设计文化健康发展，着力兼顾传承富有生命力的民族艺术活态样本，并以设计领域的视野彰显地域文化、民族文化特色，凸显高等教育在创意产业方面对社会经济建设、文化建设的推动力，并且在技能教育的过程中，同步提高创新创业的能力。新时代高校课程思政建设要在专注校内教育的同时，将目光放在校外实践。高校与企业的合作基于共建共赢的目标，校企共建人才培养大大增加了二者之间的黏合度，学生可以深入企业的研发与创新，而企业为学生提供实训基地，甚至定制对口的培训课程，保证了人才培养的专业性、动态性。学生所学的知识最终要内化于自身的行为准则，在学有所成之后回报社会，在工作岗位上发挥自己的能量。

（三）结合主题创作，推动"课程思政"理论联系实际

在艺术院校中，思政育人和专业育人相结合，是一种重要的实践方式。在毕业设计中建设"课程思政"，需要将其与学科特点相结合，深入挖掘其在设计领域的思想政治教育要素，将思政理论融入设计与创新的实践中，从而将思政课程转化为"课程思政"的毕业设计。设计作品是设计专业学生的理论知识的成果转化。设计专业课基本上以实践为主要教学内容，因此，在实践教学中，教师应该引导学生发现生活中的美，挖掘出贴近生活的、能激发学生兴趣的、有教育意义的思政素材，并将思政理论与艺术创作的内容相结合。例如，要与时代的热点问题、贴近人民生活的教育素材相结合，展开主题创作，用手中的笔、心中的爱来礼赞英雄、记录时代。这样循环往复，把思政教育融入实践中，把学生的设计题材和艺术创作的实践有机地结合起来，体现出美术专业的特点，把思政理论融入专业教学中，以"创意＋教学＋思政"等多种要素，推动毕业设计"课程思政"建设。将红色经典文化以课程思政的形式引入教学，是课程思政教学中的重要环节。将其引入美术与设计课的时候，学生应从中提取一些重要的、有精神价值的、与发展现状相关的、有回忆价值的经典片段，或者是人生的记忆。红色经典文化不仅可以用人物画来体现，还可以用山水画和静物画，甚至可以用具有代表性的图像通过艺术设计概括性符号形式来体现当代设计意识。因此，对于学生来说，红色经典文化是需要深入理解并能创新运用的很重要的一部分。在高校开展思想政治教育时，要充分考虑区域文化对思想政治教育的影响。学生就读的学校和其出生的城市，都会以独特的地域文化在学生的成长历程中留下深刻的印记，到了就读高校以后，高校所处的城市和高校的教育理念也会将其所具有的地域文化潜移默化地灌输给学生，这就成为学生学习过程中无法回避的一个重要的思政信息，如云南省有民族文化、长征精神等。用这种差异化的精神内涵来影响学生，可以在教学过程中进行有效的指导，经过四年的持续学习，

将自己的所见所闻、所思所感融入本科毕业论文和设计总结中，这对其艺术认知、社会认知，乃至历史认知都会起到积极的作用。

四、发展课程思政教育队伍

（一）提高准入标准，提升政治素养

教师是高校课程思政建设中最核心的力量，在学生的成长过程中起着举足轻重的作用，应具备正确的政治理念、过硬的政治本领和高度的政治敏感性。高校要重视教师的思想政治教育工作，只有教师的思想足够坚定、能力足够扎实，才能满足新时代课程思政的建设要求。首先，要对教师进行严格的选拔。要想实现新时代高校的育人目标，教师的选聘不应将知识水平作为首要标准，而应将思想道德素养和政治素养作为重要因素。教师的政治方向、政治立场、政治态度必须端正，必须坚定地拥护中国共产党的领导，坚定地认同中国特色社会主义的道路、理论体系、制度，这些都是教师选拔的基本原则，不能有任何质疑。高校要对教师个人的意识形态进行严格的把关，在入口环节进行筛选，不能让有政治错误思想的人和立场不坚定的人进入教育队伍，哪怕他们的学术水平再高、专业能力再强，也不能让他们加入教育队伍。其次，要持续提高教师的政治素质。在新时代，"政治性"是大学教育的一个重要特征，而教师的主要任务就是帮助学生建立起正确的政治观和理想信念。要让有信念的人讲信念，大学教师要坚持党性原则，不忘初心，任何时候都要以政治修养为先，时刻保持清醒。高校一般都是在教师进入工作岗位之后，才开始对他们进行相应的培训。随着课程思政的不断深入，高校对教师的道德素质开始关注，因此，良好的道德素质在某种程度上成了教学工作开展的先决条件。高校各级党组织要加强对党建和对教师的思想政治教育，强化思政教师与非思政教师的政治理论学习，提高他们的政治敏感度和专业辨识力，让他们能够对自己所处的地位有一个清晰的认识，同时要坚持政治原则，坚守法律底线，在课堂上时刻规范自己的言行。同时，对那些违反学校有关规定，起到不良示范作用的不称职的教师进行严格处理，切实种好责任田。

（二）激发内在动力，转变角色意识

在课程思政理念下，育人已经不再是一种专属的职能，而是一项日常工作，所有教师都要参与其中。教师扮演的角色已经不再仅仅是知识的传递者和研究的引导者，随着高校教育教学的不断变革，产生了更深刻的内涵。在新媒体被完全覆盖的今天，教师不再是内容的权威和知识的唯一来源，学生获得信息的方式趋于多样化，个人思维和个人意识不断加强，对国家的发展和社会的进步都有很强的时代感。在这种情境下，师生共同成长，并且双方都具有较强的自我发展愿景。为此，必须充分挖掘高校教师自身的发展潜能，持续提高其"教""研"能力，在新时代发展中寻找到自己的角色定位。首先要建立学生学习的自觉性。教师要对学生的思维进行精确的掌握，要了解他们的需要，分析他们的心理特征，要让他们自然而然地感受，自然地理解所需掌握的知识。教师要与社会和时代的发展规律相适应，以思政课的教学规律为出发点，不断加强课堂教学基本功，探索适合自己的课堂教学方式，将课程的每一个环节都组织好，让课程充满生机。其次，建立实践性的认识。教师应从理论层面向实践层面转变，及时调整教学计划和教学方法。同时，要尽量多融入学生的学习生活中，关注身边的小事，关心国家的大事，做好学生的榜样。为进一步提高学校的教学质量和管理水平，应采取积极的措施，鼓励教师进修和参与学术交流。可以在市、校两级建立交流平台，将一个区域内优秀的师资人员聚集起来，对培训方案进行研究，达到精准育人的目的。最后，建立起团队精神。高校可通过定期开展专业课教师向思想政治理论课教师学习、新入职教师向学科名师及学科带头人学习、本校教师向外校优秀教师学习等活动，让全体教师参与到新时代课程思政的建设中来，提高高校教师的整体思想政治教育水平。在此基础上，探讨在"课程思政观"下采取"集体备课"模式，将教师的教学意识从"单打独斗"转变为"团队协作"，实现"双赢"的目标。骨干教师可建立自己的"教研工作室"，与其他专业教师共同开展教学研究，起到示范带头作用。

（三）重视师德师风，形成立德典范

在新时代，人们的物质生活发展到了一个相当高的水平，从而引起了人们的意识形态的转变。对高校而言，学生的学习生活与社会环境相互作用，因此，必须对其展开持续不断的思政引导，而引导的关键就是教师的言传身教与道德示范。2018年，教育部印发《教师教育振兴行动计划（2018—2022年）》，明确提出要"落实师德教育新要求，增强师德教育实效性"，这也标志着教师职业伦理建设被正式提上议事日程。2020年7月，人力资源社会保障部与教育部起草的《关于深化高等学校教师职称制度改革的指导意见（征求意见稿）》中，明确了"以师德为第一要务"的原则，并强调要突出"以教书育人"的实绩，在新时期加强"以师为本"的师德建设具有重要的现实意义。道德规范是一种看不见、摸不着的品质，它不能用文字来描述，也不能像理论知识那样被灌输到学生的头脑中，更多的时候，还是要依靠教师的示范作用，因此，教师应成为品德的楷模，"身行一例，胜似千言"。师德是教师的职业道德，是一名教师所要具备的基本条件，师风是职业作风，是职业群体表现出来的风气水平。因为职业的示范性和传播力，高校师德师风的表现会对学生和社会产生深刻的影响，因此，高校教师应具备强烈的责任感和使命感，始终遵守行业道德规范，加强职业道德修养，不断提高个人道德品质。学校要指导各个学科的教师以德育人、以德治学，在学生自我认知形成的重要阶段，激发学生对"德"的自觉认同和积极内化性，以"德"的知觉来认识自己，从而明确自己的人生理想。高校教师不仅仅是道德规范的规定者与监督者，还是优良品行的共同建立者，其在面对问题和解决问题时所展现出的价值取向，会自然而然地对学生产生影响，并引导学生在知识、情感、意志、行为等各方面向正面的方向转变。在新时代背景下，为推动大学课程思政的发展，更需要教师作为学生道德品质的引路人，在与学生沟通的时候，教师要用自己的言行做好表率，要成为学生的良师益友。

五、完善课程教育联动机制

（一）明确责任管理机制统筹发展

新时代，高校课程思政的实施是一个立体的项目，为了防止教育教学的"碎片化"，需要进行"自上而下"的系统设计，使教育空间得到全方位的覆盖和整体的发展。高校的党委组织、宣传部门、教务处、马克思主义学院都需要参与，共同承担起宣传和传播习近平新时代中国特色社会主义思想的任务，明确各个部门在课程思政建设中的职责，确保高校的教育理念与学校的发展目标一致。首先，大学党委要发挥引领作用，强化核心领导，大力宣传马克思主义科学理论，统筹课程思政建设的方向与高度。党委组织要做好动员、组织和领导工作，指导各级学院完成专业课程设置，并与各个院系的教师一起研究课程思政育人机制的具体落实。对内可以抽调一些人员成立专门的课程思政领导管理小组，让党委成员对各学院的教育成果直接负责，保证教学的方向正确、行动有效。对外可以定期与其他高校进行沟通，通过座谈会、主题讲座等形式，对在课程思政实施过程中获得的成功经验进行交流，这对于党委组织持续地改革课程思政的建设方案有所帮助。其次，要在宣传部门的工作中，以"潜移默化"的方式来推动"课程思政"的实施。宣传部门应充分利用各种载体，创造全方位育人的教育氛围。例如，在学校的官网上开设专栏，滚动播放全国思想政治教育的最新内容和动态，在校园公众号和校园报纸上对思政理论的学术论文进行解读，或者定期邀请专家学者对新出台的方针政策进行解读，这些都会让思想政治教育更加深入人心。最后，教学部门要探讨如何具体实施课程。各个专业在进行课程改革时的状况是不一样的，所以，教务处作为统筹部门，要结合各个学院的学科特点，制定出相应的课程规范和标准。同时，马克思主义学院具备较强的科研能力，可以把它作为高校的实习基地，将其发展为课程思政建设的研究中心，从而起到示范和引领的作用，其他学院也可以在其领导下，逐步形成适合自己的课程教育模式。

（二）构建平台配合机制长久发展

新时代高校课程思政的建设，除了上级部门的统筹安排，还需要各院系和全体教师的共同努力。高校要重新规范课程设置，根据新时代国家对于青年人才培养的要求，对现有的各类课程重新排列，加强各环节之间的交流，建立平台配合的机制，以实现长久发展。首先，要建立学科和课程之间的协调关系。高校要以人才培养方案为出发点，将课程思政理念融入学科的整体规划和发展中，并在专业课程中有机展开。例如，以学科设置为依据，对专业课、通识课、思政课的结构与比重进行合理安排，以市场需要为依据，对课程的数量与形态进行设计，以专业属性为依据，对课程的衔接与递进进行划分。有些科目的专业程度比较高，不宜包含太多的思想内容，应根据实际情况加以调整，以避免出现"一刀切"的情况。其次，加强人和课程之间的协作。大学要从学科建设的角度出发，以学科本源为中心，整合各方资源，促进学科间的协调发展。高校可搭建思政专家与各部门一线教师的交流互鉴平台，有效地链接教育工作者，发挥课程、学科、科研、组织等各方面优势。可以统一组织教师开展针对新时代教学改革的培训，还可以进行课程思政集体备课，各专业教师可以根据专家与同行的反馈，调整课程细节、打磨课程环节，成为思政能力不足的有力补充。最后，促使载体和课程相互配合。高校应充分发挥实践育人的作用，将课堂教学、校园活动、校外实践等环节有机结合，实现不同载体的功能互补，提高育人效果。高校可以通过构建校内实践基地，培养学生的职业技能，通过组建志愿者服务团队，培养学生的社会技能，并在不同的实践环境中与课堂学习相结合。

（三）制定激励评价机制保障发展

要使大学课程思政建设具有可持续发展的内在动力，建立相应的保障机制十分重要。第一，要建立一套科学的激励体系，以正面的方式激发教师的课程育人热情。高校可通过组织公开课、示范课、观摩课等方式，进行课堂教学评比。对优秀教师进行表彰，为其提供物质支持和荣誉激励。要树立典型，对在课程思政建设中有突出表现的个人和集体进行表彰，在优秀教师、先进个人、青年人才等荣誉评选中，优先考虑教学水平高、育人能力强的人。第二，要建立完善的考核体系，以规范和加强教师的课程育人意识。为了防止思想政治教育在实践过程中成为一种形式，必须有一套与之相适应的评价机制。高校应该鼓励思政课教师与非思政教师开展合作，进行教研互动，并将课程思政视野下的教育成果融入教师的绩效考核指标中。高校可以建立课程思政监督小组，从课程设置到学科建设、人员队伍、课堂呈现、教学质量、学生反馈等方面，对各学院展开质量化考核。对各个专业的教学教案进行随机抽查，对课堂教学进行随机旁听，对不符合要求的课程及时整改，让课程思政的建设实现日常化、规范化、专业化。第三，要建立健全评估体系，为教学过程的各个环节提供保障。评价体系的建立，有利于及时发现和规范课程教学中出现的问题，整体把握教育效果。在评价主体方面，要将学生自我评价、同学互相评价、课程教师评价、导师与家长评价相结合，从学生的学习能力、思想品德、协同合作等多个角度进行评价，从而全面展现学生的综合素质。在评价内容方面，课程思政教学改革是一个长期的、循序渐进的过程，随着时间的推移，其持续发生变化，因此还不能形成一个明确的量化标准，应建立动态化的评价体系。还应该不断拓宽评价对象的范围，将学生的获得感、专家的专业评价度和社会影响等因素都作为评价指标。在评价方法上，要根据评估对象、评估内容的不同而采用相应的评价方法。例如，运用观察法，在课堂上对学生的言行进行观察；运用讨论法，让学生在交流中进行深刻的思考，并对他们的表达能力和价值观做出评估；运用调查法，对学生有一个全面的认识，并对他们做出综合评价。

本章小结

本章主要讲述课程思政应用于毕业设计的方法和路径，落实教学原则，学校要坚持围绕国家战略，结合自身发展定位和人才培养目标，以毕业设计课程为核心，构建全面覆盖、类型丰富、层次递进、相互支撑的设计学科课程思政体系。课程思政，即把课程作为"主战场"，把教师作为"主力军"，把教学作为"主渠道"，让毕业设计实践教学与思政教育并驾齐驱，实现显性教育与隐性教育的有机结合，实现全员、全程、全方位育人的大格局。以云南少数民族文化为研究样本，教育引导学生对中华优秀传统文化的思想精髓与时代价值有更深层次的认识，自觉传承中华文脉。

📝 思考题

1. 毕业设计中怎么与思政有机结合？

2. 课程思政能给毕业设计带来什么启示？

3. 在课程思政与毕业设计结合路径中，学校、教师、学生怎么做？

第三章

毕业设计概述

3

第一节
毕业设计的基本概念

　　艺术设计类毕业设计指艺术设计类专业毕业生在校期间的最后一个学期或学年所开展的综合设计教学课程。它是让学生将自己在学校中所学的知识，与一个完整的设计项目/课题（真实的、模拟的、概念的均可）相结合，展开一次系统的、全面的解决设计项目课题的实践性综合培训。在艺术设计专业教学环节中，毕业设计是非常关键的一个环节，如果不能将其充分利用起来，对学生展开就业前的强化性综合训练，就代表输出了一个基本合格或者不合格的毕业生给社会和企业，这样的教学行为对企业、学生和社会都是不负责任的。毕业设计是一门对学生进行综合、系统的培训，培养和提高其综合设计能力的综合课程，它是对学生在学校学习到的专业知识的一次总结回顾，也是向社会和企业招聘设计专业人才的一次重要展示。毕业设计作为对学生在离开学校进入职业设计师生涯之前进行的一次全面的测试和考查，它是学生走向社会的一个重要的实践环节，不仅要接受社会企业对设计人才招聘的就业选择，同时是对学校教学质量的一次双向检验。

第二节
毕业设计的功能

　　毕业设计是指高校艺术设计类专业学生进行的一次完整、系统的设计项目，既是对学生学习成果的综合性总结与检阅，也是对学生职业设计的专业测试；是在教师与企业的合作下，对所取得的设计研究成果的完整记录，也是测试学生能否顺利地完成学业，获得学历证书的综合试卷。

一、学生学业总结功能

  毕业设计（论文）是学生对自己在学校所学到的知识进行整理和总结，是学生在学校学习期间的最后一次作业，它可以全方位地展示并检验学生对所学知识的掌握程度，以及运用所学知识解决实际问题的能力。撰写毕业论文的过程，也可以说是对所学专业知识进行学习、整理、消化、巩固的过程。同时，通过调查研究、收集资料以及深入实践，能学习到很多在课本上没有的知识和经验。由于过去的课程考试多采用单一的方式，考试的内容侧重于学生对所学知识的把握和领悟。知识并不是能力，而是获得能力的先决条件。要把知识变为能力，需要通过个人的社会实践活动来实现。通过毕业设计，使学生能够更好地掌握所学技能。因为大部分课程考试都侧重于对知识的记忆，而且它的范围也只局限在课本上所要求的内容，所以这样的考试就没有学生自主选择的空间（怎么考、考什么，完全以教师为主导），不能将学生的实际操作能力的提升体现出来。论文的撰写正好可以弥补这个不足。论文的一个特征就是创新性，学生提出自己的新观点、新见解或实验成果，都必须以之前所学的专业知识、理论为基础。

  毕业设计是一个教学相长、激发学生学习热情的好时机，可以把学校的人才培养状况和面貌展示出来，同时可以带动其他年级的教学工作。突破传统的学科分界，促进艺术与科学的融合和协同创新，体现了教育的主体性和使命感。教师和学生对于中华优秀文化的认识和理解，使其在教学中得到更丰富的文史哲知识的滋润，使其在设计上更具人情味，更具地方特色，彰显中华文化自身的美学价值。

  教育成果的高低，既反映了一所学校的教育质量，也反映了区域文化和艺术设计的质量。我们应该积极地寻求跨学科的发展，研究和探索与社会服务相结合的创新之路，为中国的美术与设计找到新的思路和方法。毕业创作对于学生走向世界、走向社会来说，是一个非常关键的环节，它帮助我们树立了一个伟大的理念，让我们能够站在时代的潮流之上，继承优秀的传统，在踏入社会之后，不断地发现和解决问题，找到属于自己的生活坐标，从而创造出更多能够反映时代变迁、中国之进、人民呼声的作品。

  毕业设计是大学本科教育的重要组成部分。在毕业设计的教学中，能够对学生进行综合应用的理论知识和技能的训练，培养其处理复杂的实践问题的能力。在此基础上，帮助学生建立正确的设计观念，并掌握现代设计的基本技巧，培养学生严肃认真的科学态度和严谨求实的工作作风，培养学生优良的思想品质，加强实践意识的培养，培养学生勇于实践、敢于探索、敢于创新的精神。在毕业设计完成过程中，应充分发挥其教学和教育的作用，以促进学生的科学智力结构和整体素质的培养。毕业设计可以检验学生的专业知识面、对知识的掌握程度、将理论与实际相结合解决问题的能力、实验能力、外语水平、计算机应用水平、书面及口头表达能力。毕业设计可以提高学生在实践中综合应用所学知识独立完成项目的能力。

在设计的过程中，学生将所学的理论知识应用于实际工作，既能够深化对专业理论知识的理解，又能够对书本上的理论知识进行充实和拓展，并将其转化成更高水平的经验、技能和技巧。

目前教学模式学生难以将课堂上学到的理论知识与实际生产问题相结合，学难致用。增加毕业设计这一环节，可以通过合理选择题目，引导学生有意识地对所学的知识和技能进行系统的应用，并对其进行分析思考，有利于将理论知识与实际工作有机结合起来。

毕业设计有利于学生更好地适应新的工作岗位。由于社会生活的变化，以及科学技术的进步给社会和个人带来的冲击，人们需要不断进行知识的更新，而每个人所从事的工作也不能一成不变。所有这些都需要当今大学生在获得基本的理论知识、技术的同时，要进行深入的研究。教育改革与发展不仅要体现时代的需要，而且要符合时代发展的潮流。学校教育要为学生的终身发展提供相应的知识、能力和素质基础，学生的发展高于一切。为此，我们必须更新职业教育理念，调整高职教育的内涵，既要立足于当下，又要立足于学生的未来。在课程安排上，可强化不同学科之间的关系，拓展某些相似或相关的专业知识，为学生提供"接口"，以使其胜任多种工作，奠定其学识与能力的基础。

二、教育与教学功能

毕业设计是具有研究性质的专题研究分析、设计报告，是完成教学任务、培养合格人才的一个重要的实践教学环节。通过毕业设计，能够对学生的开发和设计能力进行培养，提高他们对所学知识和技能进行分析、解决实际问题的能力，对检验学生的学习效果等具有十分重要的意义。毕业设计的目的是让学生对所学基础理论和专业知识展开一次全面、系统的回顾和归纳，通过对特定问题的剖析，将理论与实际工作紧密地联系起来，巩固和拓展理论知识，并掌握正确的思考方法和基本技巧。培养学生独立思考能力和团结协作的工作作风，提升学生计算机实际操作水平及运用计算机解决实际问题的能力，培养学生严谨的科学态度和工作作风。

毕业设计可以对学生学过的基础理论和专业知识进行巩固，提升学生运用所学专业知识展开独立思考和综合分析、解决实际问题的能力。锻炼学生掌握正确的思维方法和利用计算机解决实际问题的基本技能；加强学生对信息管理工作的理解，掌握信息处理的方法，对其进行编制技术文件等基本技能的培训，使其具备一定的实际工作能力；培养学生在学习过程中，掌握基本的文献检索和资料检索方法，并掌握新的知识。鼓励学生主动学习，获得新的知识，并学会自主学习；在实践活动中，培养学生对社会、工作的认识，并具备动手操作的能力。

通过问题反馈，为相关教学工作提供参考信息，在毕业论文中一定会存在一些问题，而这些问题在一定程度上反映了学校的教学工作。从学校和教师角度看，如果大部分学生的论文都是合格的，内容和格式都是符合要求的，并且能够表达自己的观点，那么，就证明之前的教学工作是有实际效果的，对学生素质的培养是正确的。反之，当学生的论文中出现了大量的问题时，表明他们在教学过程中所存在的问题，这就要求他们进行相应的改进与调整。

毕业论文的写作具有两个重要的教育教学意义：一是对学生所掌握的知识和能力进行综合检验；二是加强科研基本技能的培训，使其能够综合应用所学知识，独立分析、解决问题，从而为今后的科研工作奠定了坚实的基础。毕业论文是学生以毕业生的身份进行的一次最终的校内测验，它是对学生基本知识、基本理论和基本技能的总测试，也是撰写毕业论文的首要目标。

在学习期间，考试是单科进行的，它的目的就是考查学生对所学科目知识的记忆和理解程度。但毕业论文不一样，它并不是单纯地对学生进行某一学科已学知识的考核，而是侧重于考查学生运用所学知识对某一问题展开探讨和研究的能力。对学生的科学研究能力进行培养，让他们可以初步掌握开展科学研究的基本程序和方法，在毕业后，无论从事何种工作，他们都要具备一定的研究和写作能力，完成毕业论文的过程也是训练学生独立进行科学研究的过程。

毕业论文是一种具有总结性质和习作性质的文章，它具有承前启后的功能。学生在大学毕业之后或走上社会从事实际工作，或继续学习和深造。因此，毕业论文的写作过程是对以前来讲是总结，对以后而言是开路，总结以前是为了便于以后的工作和学习，标志着一个阶段的结束，以及新阶段的来临。一篇好的论文对今后的工作和学习是非常有利的，每位毕业生都应该以积极的态度、正确的方式投身论文写作中，用自己的实际行动为前一段的学习画上一个句号，为今后的工作和学习创造一个新的序曲。

三、社会功能

毕业设计的题目应该尽可能从现实出发，倡导"真题真做"，避免使用虚拟题目。因为实际的课题具有丰富的工作内容，通常实际课题所面临的情况比较复杂，影响因素也比较多，这样可以让学生更深入地参与到生产和研究中，让他们更好地把理论和实践有机地结合起来。这样可以加深他们的基础理论知识，拓展其科技知识及专业技能，在解决现实问题的同时，还可以获得新的知识和信息，有助于提升解决问题的能力。

实际课题来自生产、科研和设计等单位的社会需要，它有利于学生深入生产和科研，将教育和科研生产相结合，推动教育事业的发展。除此之外，实际课题还能培养学生在完成设计任务时的责任心。对于虚拟课题，学生缺少完成设计任务的动机。在实际课题中，设计用户是具体的，设计方案是明确的，这对激发学生参加实际设计任务的积极性和创造性有很大帮助。同时，将设计结果应用于实践，可以直接或间接地为经济建设提供帮助，也可以为社会提供服务，从而实现毕业设计的社会功能。

第三节
毕业设计的内容与基本要求

一、毕业设计的内容

艺术设计专业的毕业设计是本专业整个教学过程中的最后一环，在毕业设计的过程中，可以对学生所学到的基本理论知识进行综合应用，对解决实际问题的能力进行培养。艺术设计专业自身的特殊性决定了毕业设计能够有效提高学生的职业设计水平，增强其解决实际问题的能力，增强其就业竞争力。从总体上看，艺术设计专业的毕业设计应该包含下列内容。

（一）市场调研

在进行市场调查的过程中，要对类似产品的市场情况以及国内外的设计趋势和消费需求有一个清晰的认识，寻找真实项目/课题的毕业设计，加强和企业之间的设计合作，对毕业设计课题有一个清晰的认识，完成市场设计考察报告，从而更好地确定毕业设计项目/课题。

（二）方案构思

以设计方向为中心，展开创意思考，尽可能多地寻找问题的解决方案，并用大量的草图展现。

（三）方案确定

在指导教师和合作企业的配合下，对多个设计方案展开对比，筛选出可以深入设计并且可以实现的设计方案，对其进行不断的完善和细化，并展开人机工程、材料工艺、结构、市场等方面的研究。

（四）设计表现

其表现方法主要有手工绘制效果图、计算机模拟效果图以及工艺结构设计图三种。其中，手绘效果图在以往的教学中占据着重要的位置，但是最近几年，由于计算机辅助设计技术与三维设计软件的发展，计算机模拟效果图有取代前者的趋势，并在设计中大量使用。

（五）设计制作

基于手工绘制效果图、计算机模拟效果图和工艺结构设计图，进行比例模型和实物的制作，根据实际生产过程中的情况进行修改和完善，是当前国内设计学院研究中的一个薄弱环节。

（六）设计报告书

在完成所有的设计工作后，形成一个完整的设计概要。从前期的市场调研报告、初期的设计概念草图、中期的设计方案、后期的模型和实物的制作，再到展览设计和毕业答辩，对整个过程进行设计和整理。提炼设计总结报告和论文，编写设计目录和文件，装订成册，且形成电子演示文稿。

（七）设计答辩与展示

在进行毕业答辩的时候，学生要制作一块图文并茂的展板，以及一份电子演示文稿，来展现自己的设计过程以及最后的设计方案、设计模型和实物。不少高校艺术设计专业也会将毕业生的毕业作品与企业、社会举办的设计类人才招聘会相结合。

二、毕业设计的要求

符合客观的事物发展规律，从客观的角度来提出问题、分析问题、解决问题，这是艺术设计专业毕业设计的基本要求。毕业设计的主题必须有明确的论点以及详尽的论证。论点正确、论据充足、结构严谨、层次清晰、语言准确、简洁流畅是一个合格的毕业设计应该具备的基本要求。

（一）设计内容的科学性

设计方案要在科学的基础上，运用设计心理学和人类工效学的知识，进行论证。设计的内容必须是科学的、精确的以及满足技术要求的。

（二）设计思想的新颖性

从设计理念到作品的展示，始终遵循传承和创新相结合的原则。设计并不是原始设计客体的再现，而是一种运用智慧的发展和创新。设计应该表现出对事物的探究和创新的特点。

（三）设计过程的综合性

设计过程是科学化和先进性的设计思想、可提供的物质资源与条件，结合现代设计手法，设计应具有鲜明的综合性。

（四）设计结果的实用性

设计过程需要和设计创造紧密结合，这样才能取得良好的经济、社会效果。毕业设计就是在一定的情况下，为了能更好地发挥其作用而做的一项设计工作。

三、毕业设计的工作流程

毕业设计的工作流程如下：

（1）学院根据各专业的培养方案下发毕业设计安排文件（包括时间进度、要求、参题等）。

（2）由学院组织"怎样开展毕业设计"专题讲座，指导学生选择题目。

（3）学生可自行从网络上下载"毕业设计任务书"表格，根据要求选择题目，选择毕设导师，填写任务书。

（4）学院举办"怎样编写任务书"的在线问答活动。

（5）学生在指定期限内将任务书递交至所在总站或教学中心。

（6）总台、学习中心对任务书进行初审后，将任务书送交各专业方向负责人。

（7）各专业方向负责人对毕业设计进行审查，并在网络上发布审查结果，未通过的将进行二审。

（8）学生在导师的指导下完成毕业设计论文撰写工作。

（9）学院举办"如何编写论文"的在线问答活动。

（10）学生带着设计初稿参加毕业设计中期检查。

（11）根据中期评审教师的意见，对设计进行修改、定稿和装订。

（12）在指定期限内，将设计提交给所在的总站和教学中心。

（13）总站、学习中心将初审的设计送给各专业方向负责人。

（14）由学院组织"怎样参与毕业设计答辩"在线问答活动。

（15）考生应在总站和学习中心通知的答辩时间内进行答辩。

（16）拟申请学位的学生，如果对自己的设计不满意，可以申请放弃已合格成绩，与下一届学生一起重新进行毕业设计。

（17）答辩委员给出成绩，按规定程序通知、发放成绩。

第四节
毕业论文（设计说明书）撰写内容

毕业论文（设计说明书）撰写内容包括以下几个方面：

1. 题目

论文（设计说明书）的题目应该简洁、明确，具有概括性；字数要合适，一般不超过20个汉字。

2. 摘要

论文（设计说明书）的摘要是以简明扼要的方式总结课题内容，中文摘要约300个汉字，英文摘要需与中文摘要一致。

3. 关键词

关键词是表达设计（论文）题目内容的词汇或术语，通常不多于6个。每一个关键词由一个分号分隔，并且最后一个关键词没有标点。

4. 目录

目录是论文（设计说明书）的大纲，它是各个部分的小标题，内容要简洁。目录是按照章节编排的，并注明页码，使读者更容易阅读。章节、小节等应该用数字编号依次标明。标题应该有清晰的层次，并且和文章中的标题保持一致。

5. 正文

毕业论文（设计说明书）的正文由前言和主体两个部分组成。前言部分主要说明选题的意义和目的、主要研究内容和研究范围，以及所要解决的问题。正文部分主要包括标题、文字、图表、表格、公式等，是对设计研究工作和成果的详细表述。

6. 参考文献

参考文献是毕业论文（设计说明书）不可或缺的组成部分，也是作者对他人知识成果的承认和尊重。参考文献15篇以上（其中学术论文10篇以上，含2篇以上英文等外文论文；教材、学术专著等5部以上）。参考文献应按文中引用出现的顺序列全，附于文末。

7. 附录

不适合列入正文，但是具有一些有参考价值的东西，例如调查问卷、公式推断、源程序列表、原始数据附表等，都应该列入附录，通常附录的篇幅不应该超出正文。

第五节
毕业设计的数学目的与实施

一、毕业设计的教学目的

毕业设计作为艺术设计专业一个重要的教学环节，是衡量学生综合能力、创新能力和综合素质的一个重要指标。在毕业设计中，学生综合运用几年来所学的知识与技能，对一个具体的项目/课题进行设计、分析、解决，在进行毕业设计时，对几年来所学的知识进行全面的整理与应用，这既是一次展示和检阅，也是一次实践和锻炼。经过毕业设计的学习与实践，使学生认识到设计理念是其先决条件与关键，材料选用和工艺制作是重点。毕业设计能够避免以前学生"闭门造车"的现象，走出毕业设计只是"昙花一现"的误区，打破传统的纸上谈兵的教育模式，力求设计和制作的可行性、合理性、艺术性和完美性，变消耗性设计为商品设计。同时，提高学生适应市场、把握市场的能力。要求学生在完成毕业设计之后，不仅可以提升他们的团队工作精神、公关沟通能力、设计实践动手能力与写作能力，还可以增强他们进入社会去竞争、去创造的就业自信心。毕业设计教学目的主要有以下几个方面：

（1）提高理论与实践相结合的能力。在毕业设计过程中，学生在教师的指导下，学会信息的收集与整理，并依据一定的方法对资料进行分析，形成自己对研究对象的独特见解和研究视角，最终在毕业设计实践中运用设计专业知识进行设计实践创作，推动学生理论与实践相结合能力的提升。

（2）过程与方法目标。通过市场调研、灵感来源图片的收集、资料选购、实践操作等任务，培养学生对毕业设计的把握和完善设计细节的能力。培养学生综合运用所学知识，解决实际设计项目中系统技术问题的能力，并能够初步掌握设计项目在策划、开发、设计过程中的实际实施方法和步骤。

（3）通过毕业设计，提高学生独立思考、解决问题、分析问题的能力。培养学生主动参与学习，养成"做中学"的习惯，培养欣赏美、创造美的专业素质。

（4）利用毕业设计，提升学生创意、制图、制作及撰写设计报告及设计文档的能力。学生应该符合以下条件：对设计专业的知识进行了巩固和深化，并提升了对所学知识的综合应用能力，来完成作品的设计。能够独立研究相关问题，能够独立地分析和解决问题，具备一定的创造力，以及综合应用的能力。能够正确地使用相关的设备，了解设备的制造原理，并能够对设备进行操作。能够独立进行艺术性和独创性的设计和制作。独立撰写调研报告，准确分析实践结果，能熟练应用各种文本设计软件及绘图软件。根据课程的性质、任务、要求，在指导教师的指导下，由学生自选主题，独立设计作品并制作成品。

（5）通过毕业设计的锻炼，让学生进一步正确的树立设计思想和职业道德，培养创新思维和创新精神，使学生在工作中能做到做人与做事相结合，具备团结协作、求真务实的工作作风。

二、毕业设计的教学管理与方式

毕业设计工作是一个"校企合作，工学结合"的综合性教学活动，所以要实现毕业设计的目标，就必须对其进行科学规范的管理。为了加强毕业设计的教学管理，可以制定以下管理方法。

（一）实行导师组制

将所有的导师（包括校外兼职教师和企业设计师），按照不同的教师人数，分为4~5个小组，每个小组2~3名导师，每个小组10~20位学生。分组时，考虑到青年教师缺乏工作经验，每个小组均有一位副高级及以上职称的教师。同时，要注重将不同专长和不同学科背景的教师整合在一起，使学生得到充分的发展。

指导教师是保证毕业设计（论文）质量的责任人，指导教师队伍对确保毕业设计（论文）质量起着主导作用。高校应根据学校实际情况对指导教师做一定的要求，包括教师的职称、学历、指导学生人数、每周指导次数等，并且鼓励博士生导师、资深教授参与本科毕业设计（论文）的指导。根据对毕业生的调查，学生最希望在4个方面得到毕业设计（论文）指导教师的帮助：首先是帮助学生确定合适的选题，明确研究方向和研究目标，能够提供合适的学习材料让学生循序渐进地掌握课题知识，以"开启研究之门"；其次是在研究过程中引导学生采用正确的研究方法和研究路径；再次是在论文撰写环节，指导教师能够帮助学生指出问题和不足之处；最后也是最重要的，希望指导教师通过个人魅力激励自己努力投入毕业设计（论文）工作，包括指导教师严谨的科研态度、敏锐的洞察力、认真负责的作风和勇于创新的精神等。站在学生的角度，对学生的需求进行充分的考虑，并在此基础上发表对毕业设计（论文）指导教师要求的文件，帮助没有经验的指导教师尽快适应自己的角色。

（二）提前进入毕业设计准备阶段

一般来说，毕业设计的时间都是在寒假结束后的第二周，共十六周，很多时候时间都已经过了一半，有些学生还没想好课题类型。因此，最好的办法就是在寒假之前，将学生和导师进行双向选择，然后由导师给学生安排一个毕业设计的前期工作，让他们开始进行毕业设计。

除了在形式上延长毕业设计（论文）的工作时间外，还可以采取措施，在内涵上延长工作时间，同时要激发学生的兴趣，也就是鼓励学生将毕业设计（论文）内容和其他实践教学环节相结合。其中，实验环节、课程设置、实习环节、学科竞赛、大学生创新项目等都是实践性的环节。在实践教学环节中，学生积累了一定的实践知识和实践能力，为完成毕业设计（论文）奠定了一定的基础。以大学生创新计划和专业实习为例，包括国家级、省市级、校级在内的各级别大学生创新计划在各高校广泛深入开展。各高校对每一名学生在大三的暑假展开了专业实践活动，学校可以要求学生在实践活动中，发现企业的实用课题和前沿问题，或社会热点问题。鼓励学生在大四期间，将这些课题和问题进行分析研究，并将其作为毕业设计（论文）课题。这样能够让学生有针对性地开展专业实践活动，与此同时，专业实践的成果可以成为毕业设计（论文）的起点，从而实现专业实践和毕业设计（论文）的无缝衔接。

（三）在毕业设计中实行与企业合作开展设计项目/课题的制度

按照"校企合作，工学结合"的培养模式，在毕业设计方面尽量与社会企业合作。"校企合作"是国家对大学办学水平的全面提升，是大学从长远发展角度作出的一种战略性选择。实践教学作为人才培养中的重要内容，是应用型人才培养过程中不可忽视的环节。建立校企合作实践教学体系，需要企业对学校实践教学进行全程、深度和长期的参与，其构建途径是：明确培养目标，对实践教学环节进行统筹安排，组建以实践为导向的校企合作教学团队，完善条件和制度。建立这一制度既要解决的核心问题就是要调动企业的积极性，也要从让企业获得实际利益、学校高度重视与企业的合作、建立定期沟通协调机制、政府搭建平台四个方面来激发企业参与协同育人的动机。

（四）注意项目课题的多样性

艺术设计专业的毕业设计，涉及很多方面，包括产品设计、视觉传达设计、空间设计、媒体设计等，它不仅包括由企业提供的实物设计，还包括具有创新性的概念设计。尤其是在选题上，应注意防止实际商务项目选题达不到教学目标。

（五）毕业设计和毕业制作相结合

目前，我国高校的毕业设计多采用模拟设计项目和二维平面图纸的方式进行，与企业的实际设计项目联系不紧密，缺少对实际生产过程的真实测试。将"设计"与"制造"有机地结合起来，更有利于学生带着毕业设计课题中产生的问题去寻找合作企业，加强理论和实践的结合。

（六）加强毕业设计的过程管理

充分发挥阶段性检查的功能，由指导教师和合作企业在市场调研、方案构思、方案确定、设计表现、实物制作、设计展览与答辩等整个过程中，对学生的设计工作进行全面评价。毕业设计（论文）过程管理是一项时间节点十分明确的工作，分为师生互选、开题检查、中期检查、论文成绩评定、论文质量检查五个主要节点。每个院（系）的最后评分都是以答辩的方式进行，所以学生和导师都会比较重视。

毕业设计（论文）的开题与中期验收是保证毕业设计（论文）质量的关键步骤，也是各阶段考核的主要内容。要把毕业设计（论文）开题和中期检查工作做好，这样才可以对广大教师和学生进行有效的监督，防止在成绩评定时出现放松或放水的现象。为强化开题和中期的监督，各院（系）采取开题、中期检查抽查答辩的方法，具体做法是：每位同学都要做好答辩汇报，在答辩现场公布需要答辩的学生的名单。这样做花费的时间和努力更少，但能对全体学生和指导教师起到督促作用，同时能更好地发挥学校督导小组的督学、督教、督管职能。督导小组通过查阅资料、听取答辩意见、对论文进行抽查、对学生和教师进行访谈等方式，对毕业设计（论文）的质量进行全程监督，并运用PDCA循环（Plan-Do-Check-Action Cycle）方式，将过程中发现的问题，及时向有关师生和学院（系）进行反馈，并将各个重要环节的检查结果以简报的方式传达到学校，促使院（系）及时纠正工作偏差、改进工作方法。

（七）推进信息化平台建设

毕业设计（论文）管理过程中涉及诸多材料提交、审阅等步骤，纸质文档在流传过程中往往会出现一些不规范的操作，如学生材料不按时提交、答辩材料不齐全、指导教师答辩现场填写评阅意见等，通过信息化流程管理能杜绝类似的操作。毕业设计（论文）通过信息化平台的建设，指导教师、学生、学院教学秘书、教学院长、学校管理员、督导等在平台上具有对应的权限，可以在不同的阶段进行相关的操作，如果没有按时完成，就不能进入下一个环节，从而规范管理、强化过程控制。此外，信息化平台的应用既可以实现实时监控，也可以及时发现问题并进行实时反馈，从而提高管理效率和管理水平。

（八）强化毕业答辩程序

在毕业设计（论文）教学环节的最后阶段——答辩过程中，要对答辩与成绩评定进行严格的把关。通常的答辩工作，都是由学院组织，包括答辩的规则、程序、要求，以及各个专业的答辩。在论文答辩前的两周内，各个系组成评审团，由评审团的教师，再一次对同学们的论文进行评审。审阅教师通常是由指导教师担任的，主要考查学生毕业设计（论文）的总体情况，具体内容包括：学生调研、资料查询、资料综合、文献引用方面，设计方案选择、方案论证方面，基础理论、基本知识、基本技能方面，分析问题、解决问题、创新意识方面，设计成果、论文成果方面，工作态度、工作能力、自我管理、出勤等方面的情况，并对学生毕业设计（论文）中存在的问题和错误进行检查，并让其进行整改。

评阅教师一般由同专业教师交叉担任，主要检查学生任务完成情况、课题难易程度、成果达到的深度、设计方案选择与论文论点的正确性，毕业设计（论文）条目、文理，新的设计方法、新材料、新技术、新工艺的运用，外文内容摘要及原版外文资料翻译质量、特色项目与创新能力等方面，并对其展开评估，找出并将毕业设计（论文）中存在的错误和问题，以便让学生对其进行改进。由于大部分学生对于论文答辩都是比较紧张的，所以在论文答辩之前，导师要对学生进行充分的准备。由学校教师、专业设计人员、企业专家组成的答辩委员会。设计好答辩流程，每个学生都要在自己的作品展台前，用10~15分钟的PPT介绍自己的作品，并用5~10分钟的时间回答评委的提问。从创意、设计方案、模型实物、设计报告书的制作、设计市场价值的分析和表达能力等方面展开全面的评分，让社会和企业对学生所做的毕业设计的水平进行综合评估。每一位评委都会从不同的角度给每一位学生以无记名的方式打分，满分10分，精确至0.5分。在答辩的过程中，确保了答辩的公平性和公开性。

（九）创新毕业设计教学模式

在毕业设计（论文）的答辩之后，要举办一场正式的毕业设计作品汇报展，展览还要与企业的人才招聘会同步进行，邀请社会和企业的有关人员，在毕业设计展览会上，跟学生们展开面对面的交流，对他们的专业设计进行考查，并对他们的就业进行筛选，最终达到他们的就业意向。这样，无论是企业还是学生，都可以实现真正的双向选择，从而发挥出利用毕业设计教学环节来强化学校与企业之间的合作交流的重要功能。

三、毕业设计的质量标准与成绩考核

在艺术设计专业的教学质量中，毕业设计的质量是非常重要的因素，也是教学质量最全面的体现。在毕业设计的过程中，能够对学生的设计、创新能力和综合应用知识的能力进行全面系统的训练、培养和提高，进而满足工作岗位的需求。其实，这是一个让毕业生所掌握的知识、专业技能与就业岗位要求保持一致的重要时期，如果不能充分利用毕业设计这个环节，对学生进行就业前的加强的综合培训，将会对学生的就业和学校产生不利的影响。因此，在毕业设计教学过程中，要根据市场和企业的实际设计项目和人才的需要，制定毕业设计质量的评价标准体系，对教师进行合理的安排，有针对性地、科学地设置有实际意义的毕业设计题目，对毕业设计的过程进行严格的管理，从而提升毕业生的就业质量和竞争能力。

（一）完善"双师结构"并指导教师和社会企业的合作

目前，高职院校应该在教师资源配置方面，一是要加强"双师型"师资队伍的建设，二是要着力提升教师的设计运用和实际操作能力，让他们不仅拥有扎实的基础理论知识和较高的教学水平，还拥有较强的专业实践能力和丰富的实际工作经验，从而提高高职院校教师队伍的整体业务水平，并聘请有较高业务能力的教师来担任毕业设计的指导教师。另外，积极地从社会和企业中聘请设计师、工程师、企业家到学校对学生进行指导，并对他们的毕业设计进行评估。企业的设计师和企业家们最清楚设计岗位所需要的是怎样的人才，实行专兼结合的方式，努力对学校的教师结构进行改进，以满足专业发展不断变化的需求。

（二）制定并完善毕业设计质量考核标准体系

从国际、国内经济行业发展的要求出发，从满足设计专业岗位群的要求出发，对毕业设计质量评价标准体系进行了构建和不断完善。质量评价标准应该具备可操作性、实用性、综合性、岗位性、技巧性，可以从职业技能评价、专业知识应用评价、过程管理评价等方面来构建质量评价标准，对学生的设计创新、技术应用、职业能力进行综合评价。使得通过考试的学生能够获得国家承认的相关设计岗位资格证书，成为达到设计岗位要求的职业设计人员，不合格的学生不能毕业。

（三）以岗位需要为导向，设定毕业设计项目，改革毕业设计教学模式

目前，为中国经济社会发展培养具有创新精神的专业设计人才是当务之

急。在观念、内容和形式等方面，改革毕业设计这一最重要的实践性教学环节，构建以实际设计项目为载体的毕业设计教学模式，更好地培养学生综合应用知识的能力和设计创新的能力，加强职业技能的操作，培养适应社会需要的、满足企业需要的应用型设计人才。在毕业设计教学环节中，高职院校要以当地的实际情况为依据，与工厂、企业、设计公司合作，构建出一个稳定的校外实习与实训基地，让学生到公司、企业以具体项目作为毕业设计的内容，并在企业聘请专业技术人员作为兼职指导教师，在现场展开全程指导，教师对学生的毕业设计全过程进行跟踪指导。在社会资源有限、产业不发达或企业不集中的地区，可以在学校内部展开毕业设计，以国际与国内市场需要为依据，有针对性地、有实际意义地、科学地确定毕业设计题目，到行业和企业中，邀请职业设计师或企业家到学校来对学生进行指导，并利用学校的实验、实训设备与场所完成毕业设计。

（四）加强毕业设计教学环节管理

制定相应的管理制度和实施细则，严格纪律，强化毕业设计过程管理和监督，使学生在完成毕业设计的同时，形成专业素养，养成良好的职业习惯和设计方法。当指导教师下达任务书之后，学生会以此为依据，通过阅读有关的文献资料、到企业进行调查，从而论证课题实施方案的可行性、技术先进性，并提出比较具体的技术路线和研究方法，从而完成开题。利用撰写开题报告的方式，不仅可以提高学生的主观能动性，还可以及时地发现并改正前期项目准备工作中出现的问题，强化过程管理与阶段考核。

学生的毕业设计（论文）能否顺利完成，与教师的指导密切相关。所以，在这一阶段，导师需要每天到班级进行指导。一方面，可以让学生遇到的问题得到及时解决，从而保证学生可以按时、保质保量地完成毕业设计（论文）。另一方面，导师也可以随时了解每一位学生的学习情况，这样就可以让一些想要投机取巧的学生摆正心态，踏实学习。学校应对毕业设计（论文）统一管理，平时不定期检查毕业设计（论文）工作的正常运行；另外，还进行毕业设计（论文）的分阶段考核，主要考查学生本阶段任务完成情况，包括工作进度、工作质量、上一阶段存在问题的更正纠偏，改进指导方法等，以强化指导教师的责任心，使学生顺利完成毕业设计（论文）。

总之，毕业设计是复杂的多样化、综合性设计实践，加强毕业设计环节的教学管理，在此基础上，提出了一种新的毕业设计教学模式。要想在新时代获得更大的进步和发展，就必须把握时代潮流，结合社会和企业的需要，把好学生的毕业设计关，培养一批批优秀的设计人才。

四、毕业设计的教学质量与评价指标

（一）毕业设计的质量标准

（1）毕业设计的选题应该是企业、公司、社会团体等领域中的实际设计课题（项目），真题真做，或者是一种具有原创性的概念型设计作品，并且要展现出一定的创新性、深度和广度。

（2）能较好地表现出作者在所学理论和专业知识方面的综合运用，并具有较强的独立分析和解决问题的能力，以及独到的见解和创造力。

（3）能够参考并使用与项目有关的文献（包括外国文献）。设计思路清晰，具备良好的综合研究、分析、解决问题的能力，具备一定的独立工作能力。

（4）图纸的内容符合国家标准，并符合标准的标题栏；画面的幅面（包括创意草图）及数量达到本专业所需的基本标准；工程设计型、产品研发型图纸需构建完整设计模式，并符合企业使用所需条件。

（5）毕业设计报告书完整、内容正确、概念清晰、数据可信、文字通顺、字体整齐、图样齐整、文字规范。

（二）毕业设计的评价标准

毕业设计作品评价根据设计专业和设计类型可以分为两大部分，即以设计项目（实物作品）为主和以设计方案（图纸）为主，分别给予不同的评分标准。

五、答辩、展览、人才招聘"三位一体"

把毕业设计答辩、毕业设计作品展和人才招聘这三个环节有机地结合起来，邀请企业领导、行业协会专家参加毕业设计答辩和参观设计作品展，为毕业生和社会企业之间架起一座桥梁，全方位推动毕业生的就业。在对毕业设计教学环节进行改革和整合的基础上，也对毕业设计答辩环节进行了改革，由毕业设计指导教师、企业家、设计师、行业协会领导组成答辩考评委员会。每个学生都要在自己的设计展台上进行答辩，让社会和企业对学生的毕业设计水平进行综合评估，并根据设计方案、模型、实物、设计报告等打分。在毕业设计经过答辩之后，将正式开展毕业设计作品汇报展，并在毕业设计作品展览和企业人才招聘会同步进行，邀请学校所属区域的企事业单位在展会上与学生进行面对面的沟通，最终确定他们的就业方向，使企业和学生实现就业和招聘的双向选择。

第六节
毕业设计的能力培养

一、端正学生的学习态度

作为即将毕业的学生，其可以将毕业设计视为结束学习生涯的里程碑。对于即将走上工作岗位的学生来说，毕业设计也许是最后一段全日制的学习课程，从这以后，就要逐渐适应社会，融入工作岗位，迈向独立。因此，完成好毕业设计的所有任务是对自身的提高，也为展开新的人生阶段奉上一份有意义的礼物。所以，在此过程中，学生必须端正态度、竭尽全力，锻炼提高、展示自我。学生可以通过毕业设计这门课程检验自己的能力与专业水平，也可以说是为即将迎来的工作准备一份大礼，可以在实践中施展自己的才能，展示自己的才华与天分，让自己对服装设计的领悟与掌控能力充分地施展出来，让毕业设计成为回报学校、回报自己、回报父母的视觉盛宴。全面提高，综合发展。学生可以将毕业设计视为一次提升自己全方位综合能力的集训。相较于之前的学习任务而言，毕业设计的任务要求学生全力以赴，从而达到学生时代的最高标准，全面提升自己的专业能力。学生毕业后也许对之前所学的知识已经记忆模糊，但始终能铭记毕业设计带来的愉悦，因为这次综合的训练让学生将知识活学活用，甚至激励其为之奋斗。

二、培养创新能力与设计思维表现能力

为了更好地培养学生的创造性思维，在毕业设计过程中，要注意到初期的创造性，并且要对学生的创造性思维进行充分的时间安排。从论文答辩开始，到方案的深入研究阶段，都被称为"瓶颈"。在这一阶段，学生们是第一次比较独立地进行计划并创新，因此他们在方法上难免会感到困惑，经常会出现这样的情况：花了很多的时间，但是迟迟拿不出一个成型的方案。对于这个问题，导师必须有足够的耐心，并意识到在这个艰难的思索与探索的过程中，正是学生能力获得极大提高的时期。在教学方法上，要循循善诱、循序渐进。在有创造性的初期，不要给学生太多思想上的约束。在教学中，教师应以"没有否定"为基础，鼓励学生自由思考，而不能过早地将自己的思维局限在自己的思维范围内。在时间方面，如果学生真的可以做到合理地投入自己的精力，那么就应该遵守设计专业的教学规则，给予学生一个相对宽松的时间计划。其实，早期的发散思维才是最有价值的，这种头脑风暴的过程，可以让师生共同进步。当学生经过了足够的思维发散性、创造性的培养后，教师应及时对其进行介入。设计作为艺术学科，它与纯粹的艺术有着区别，有其独特之处。设计者需要在表现形式和实际运用之间找到一个平衡点。所以，指导教师要根据自己的经验，对学生进行恰当的指导，让他们的思想始终处于正确的轨道上，还可以有针对性地鼓励学生学习相关的工艺制造方法，参观实验实习基地和工厂，让他们在获得具体知识的同时更好地理解设计工作的限制，并掌握平衡的专业特征。除了让学生对客观条件的局限有一个全面的认识外，教师还会指导学生在前期的思维发散中梳理自己的思路，明确最后的设计方向，以便进行下一步的工作。在发散思维阶段，学生较小的思维局限于大脑灵活的特征，而在确定思路的整理方向上，教师的指导经验起着无可替代的作用。

三、培养市场调查与文献检索能力

在毕业设计的初期，资料的收集与整理是一个不可或缺的阶段，而数据的收集与整理是毕业设计的重要依据，因此，这些数据也必须被反映到提交的毕业设计资料中。

（一）市场调查能力

设计最直接、最直观、最有效的数据来源，是对真实的市场调研。通过实地的参观考察、访谈和问卷调查等形式，能够得到第一手的数据，对于学生的毕业设计具有很大的指导意义。以下是一些最基本的市场调查形式进行简要的阐述。

（1）问卷调查：问卷是一种更专业化的数据搜集方式，能得到最有针对性的第一手数据。在此项研究中，无论是从问卷调查的设计，还是从抽样调查的选取，以及对调查结果的统计等方面，都可以为学生提供有效的信息。但是，随着社会分工的细化，正式的市场调研通常都是由专门的公司来完成的。在进行问卷调查时，受自身专业知识、取样方法、精力、时间等方面的限制，很难获得行之有效的客观结论。通过实践，可以使学生获得更多的经验，从而更好地提高综合素质。

（2）参观考察：无论是商场卖场，还是生产企业，或者是产品使用的真实环境，这些都可以作为参观考察的内容。但最重要的是，要有针对性地、合理地选择参观对象。在参观之前，要认真明确参观的目的，并在参观的过程中合理地使用记录手段（如摄影、摄像、笔记、草图、产品样本索取等），参观完之后，要及时地对资料进行归纳整理。

（3）访谈：访谈属于一种比较深入的、相互影响的沟通方式，访谈的对象可以是有关行业的专家学者、行业内的从业人员、产品的使用者等。采访的重点在于采访前的精心策划、采访目标的确定、采访时间的把握、采访材料的收集等。

（二）文献检索能力

图书、学术期刊等仍是学生学习的主要资源，通过毕业设计，能够让学生在利用图书馆资源的同时，对文献资料进行收集和整理。因为设计学是一门新学科，所以现有的文献资源比较少，因此在检索资料的时候，可以进行一些跨学科的检索，这样往往能够得到一些具有启发意义的重要信息。随着互联网的不断发展，电子文件的搜索功能已经成为人们获取信息的重要途径。在检索文献时，不能局限于使用简单而实用的搜索引擎，而是要学习如何从海量的资讯中快速筛选出有价值的资讯。这就对学生提出了更高层次的要求，如正确地使用关键词、合理地使用组合词搜索、合理地使用连接词和省略词等。通过对这些电子资源的充分利用，能够有效地了解当前行业内的研究成果，获得必要的参考基础，并了解学术研究的空白领域，以便更好地开展工作。

四、规范的学术文件写作能力

毕业论文是毕业设计中不可或缺的一部分，它既是对学生进行基础理论研究的基本要求，又是对他们进行规范的学术文献撰写能力的培养。众所周知，我国的学术期刊对文章的内容和形式有着非常严格的规定，这样做是为了在维持学术研究的严谨和规范的前提下，确立一种学术表达的基本标准，并为广泛的学术交流奠定必要的基础。学生应先有清晰的认识，对学术文献的书写要有严谨的规范，而非一成不变的死板要求。这种严谨的学习态度，对于将来从事科研、升学、实际工作等，都有很大的影响。在毕业论文写作过程中，无论文章的总体结构、字体大小、标点等方面，都必须做到严谨规范。对于本科毕业论文的格式要求，我们会在第四章中详细说明。

五、综合的表达能力

设计的结果，要求设计者能够清楚而有效地与受众进行沟通。随着时间的推移，再加上设计专业自身的特点，它的表现形式变得越来越多样化、复杂化。整个毕业设计，尤其是毕业论文答辩过程，是对学生进行科学研究的一个重要环节，有利于综合素质的培养与提高。在毕业设计答辩中，主要包括以下几个方面。

（1）语言：严谨、清晰、富有表现力的语言，可以帮助学生在简短的答辩时间内，清楚地向评委阐述自己的设计理念，并对自己的设计成果进行描述。

（2）文字：在毕业论文、设计说明、展板、PPT等所有的过程中，文字都会出现在毕业设计的每一个过程中，简洁、明确的文字表达能力是最重要的表达工具。

（3）图表：形象化的图形能更清楚、更直接地传达设计者的设计理念。

（4）其他多媒体手段：伴随着多媒体技术的不断发展，视频、声音、动画等多媒体手段越来越多地与毕业答辩的过程融合在一起，从而大大地丰富了表达手段，并提高了表达效果。综合运用这些能力，可以让学生提升自己的思维表达能力，在未来的求职就业、学术研究、商业演示等多种场合和领域，都可以得到实际的应用。在本书的最后一章中，我们将对以上几种方法进行有效的综合运用，进行详细的论述。

本章小结

　　本章讲述的毕业设计现状、基本概况、设计专业毕业设计中需要培养的各种能力，同时针对毕业设计中出现的问题给出了合理的建议以及解决方法，设计毕业设计的所有工作，归根结底要落实在学生的能力培养。

　　在毕业设计的实践环节中，可以对学生在本科期间所学的专业知识和技能的掌握情况进行全方位的考察，强化了学生在设计的组合应用、结构设计、工艺制作、汇报展示等方面的专业知识，并进行了综合锻炼，从而提升了学生在分析和解决实际问题方面的能力。在教师的指导下，学生能够根据自己的实际情况，独立地完成自己的毕业设计工作。完成课程中的学术任务，以测试学生对所学的知识的掌握，以及基本的分析与解决问题的能力。全面地总结和回顾学习结果，可以拓宽学生学习的知识面，进一步培养其适应市场的能力，缩短与市场的磨合期。

📋 思考题

1. 设计专业毕业设计的现状如何？
2. 设计专业毕业设计存在哪些主要问题？
3. 为了把毕业设计做好，需要培养哪些能力？

第四章

毕业设计的规范流程

4

作为高等设计院校本科教学计划的一个重要组成部分，毕业设计是培养学生在学习过程中综合运用所学的理论知识以及对问题进行分析和解决的能力，同时是对学生进行科学研究基本训练的一个重要的培养过程，也是本科学生申请学士学位的重要依据。在毕业设计的设计和制作过程中，能够深化学生的专业理论知识，对其基础专业技能展开综合训练，同时可以培养他们的科研能力，以及严谨求实的科学态度。毕业设计制作还是对教学质量进行全面检测的一种方式，是促进教学改进、改革，进一步提升教学质量的基础和动力。毕业设计的实施是一个系统的流程，它按照学院相对应的教学课程来进行安排，每个阶段都有其对应的具体实施计划表和实施内容。毕业设计的基本流程大体包括市场企业考察与调研、毕业设计项目选题与定位、设计创意与草图、正式设计方案与模型实物制作、毕业设计报告与论文及毕业答辩、设计展览与就业招聘六个环节。

市场企业考察与调研

  毕业设计的第一步就是进行毕业设计的考察和田野调研，应该根据不同的设计专业、不同的设计项目或课题，对考察的路线和调研的方式进行规划和制定。通常情况下，毕业设计的考察与调研一般安排在毕业的上一个学期开学之前的1~2周，基于各专业的毕业设计，有目的地进行社会考察与调研，使毕业生走出校门，深入市场与设计生产的第一线，进行专业考察与实践。毕业设计的考察团和研究活动应由导师带领，属于"游学"教学活动，应避免沦为"旅游"的一种形式。要求学生们紧密结合主题，收集相关专业的资料和资料，整理并写出设计调查研究的报告，对项目进行初步的构想与定位。

一、市场企业考察与调研的目的及作用

  通过对市场及企业的调研进行相关资料的收集，资料收集的目的是为有效的毕业设计决策服务。通过资料的搜集，可以培养学生的想象力，刺激其创新意识，从而做出既适合市场需要，又与其他品牌不同的设计。通过调研搜集相关资料，对其进行分析，得出相应的设计信息，根据信息推动设计项目的初步构思和定位。具体起到以下两个作用。

（一）基础性作用

  毕业设计的撰写，一般都是从对现有数据的分析和研究入手，经过思考、行动和消化，才能让自己的视野更加开阔、思维更加敏捷、思想更加丰富，最终才能创造出新的毕业设计成果。所以，从客观事实入手，对材料进行全面的把握，这既是所有正确观点的源泉，也是完成毕业设计的前提。

（二）指导性的作用

  在进行毕业设计构思的时候，应该对前人的思想、经验和研究成果进行

充分的借鉴和吸收，以目前的科技水平为基础，以最新的标准和规范为基础。这些资料可以帮助我们对某一类型的毕业设计项目有一个比较全面的认识，从而对其研究现状有一个比较全面的认识。例如，在"民族服装设计创新"这一设计项目中，在对其相关信息搜集的过程中，学生可以了解到民族服装的经营现状以及目前的发展趋势等。民族服装的消费人群是哪些？市场定价时的价格区间是多少？服装设计过程中需要避免哪些因素的运用？服装的面料和加工工艺之间要如何衔接？等等。并以此为根据，对毕业设计项目的可行性、实用性和创新性进行评价。从这一点可以看出，在毕业设计中，数据和信息的获取对于完成毕业设计十分重要。

所以，在毕业设计中，资料是必不可少的一部分，同时是一种必要的先决条件。在写作之前，资料是激发思维、提炼观点的先决条件；在写作过程中，材料是对设计和创造的支持。

二、资料收集的原则

（一）典型实用性原则

典型资料是指能体现事物本质、特征和共性的具有代表性的资料。具有代表性的素材，可以让设计更具体、更直观、更有说服力。具有代表性的资料的选用，要求设计人员对其进行深入的研究、仔细的对比、慎重的挑选。以室内设计为例，学生选择的是住宅建筑的装饰与装修设计，因为现在的住宅装饰与装修设计有中国传统风格、民族民俗风格、古典欧式风格、现代风格等，所以在确定了设计风格之后，就需要收集能够体现出实用性、环保性、个性化的典型设计案例，对其进行研究，收集与绿色设计、简约设计、自然设计等有关的理念与信息，这样就可以为设计方案的初稿与定位奠定坚实的基础。其中，"实用资料"是为指导学生完成毕业设计所需的重要内容和关键环节提供的有用资料。资料是好的，但不实用，不能引导设计工作，这种资料就不能作为采纳的对象。

（二）真实可靠性原则

资料的真实性、准确性和可靠性对毕业设计质量有直接的影响。只有使用真实、可靠的数据，才能进行推导、论证、设计、实验，并最终得到正确的结果。要确保信息的准确性，还要做到：对于直接信息，要亲自收集，再三确认；对于直接资料，应进行多方面的考据，以查明其来源；还要注意数据的部分真实性与全部真实性的区别。例如，某市政广场的园林规划设计，要从政府规划部门、建设部门搜集到广场所在的地形、地貌、当地的气候特征，以及树木植被的种类，要将使用的设计规范、定额标准、制图规程要求都做到准确，要有一种严肃认真的科学态度、一种实事求是的良好作风，才能设计出一件优秀的作品。

（三）新颖性原则

这里的"新颖性"包括两个方面的意思：第一，新的事物、新的理论、新的发现、新的方向，都是最近才出现的；第二，表示一件东西虽然很久以前就存在了，但是它的价值却没有被人发现。所以，新颖性不仅仅是对产生的时间有所要求，更重要的是要从大众都知道的资料里，发掘出一些其他人还没有使用过的资料。

例如，在传统的玉雕作品的设计与创作中，其内容大多来自人物山水、花鸟鱼虫等题材，它的表现方式已经过于传统缺乏创新性。在收集数据的时候，应该将当地的景观、风土人情，与现代的玉雕创作融合在一起，体现出"传统与现代、理想与现实、文化与价值"的和谐统一，这就是新设计、新创意。

三、资料收集的途径

资料收集的途径可以分为两种：一种是二手资料的收集；另一种是实地资料的收集，也称为一手资料。

二手资料是指已经被整理过的资料。二手资料可以通过多种方式发布，如网络、电视、广播、书籍、杂志、报纸、调查报告、音像资料等，既可以采用文字形式，也可以采用图片形式，还可以采用动态的媒体传播方式等。通过查找、阅读、购买、交换、接收等方式，收集与研究项目相关的资料。

二手资料搜集法是研究人员在收集已有数据时，采用的一种收集、分析、研究和使用的一种方法。通过收集二手资料，不仅能够得到间接的资料，还能够快速地掌握相关的信息，让自己对市场形势有一个初步的了解，为下一步深入调查打下坚实的基础。

实地资料的采集又叫作第一手资料的采集，需要自己亲自去经历采集数据的活动，以实地考察、问卷调查等方式进行市场调查。

（一）实地资料的收集途径

1. 田野调查资料收集途径

田野调查是设计研究中最为常见的资料收集途径之一，它需要学生亲自去调研地感受当地的民族习俗、生活习惯、了解研究对象的相关社会与文化构成等，有利于掌握当地的地域特征和文化特色，是一种了解研究对象最为直接的方式（图4-1）。

2. 商业市场资料收集途径

在与设计有关的领域，商业市场是学习和调研的第二大课堂。商业市场的现状及发展趋势等是当下设计发展趋势、市场需求、流行风格等的直接反映。目前，我国已经形成了一些专业商品的销售市场及集散地，例如广东省肇庆市所属的县级市四会市，它是中国最大的玉石翡翠集散地，形成了集翡翠加工及批发为一体的专业集散地，对于玉石翡翠相关的研究者来说，该地就是最好的商业市场资料收集的调研点之一。

面对各类专业的商业市场，学生可以以不同的角色进入市场，从不同的角度去获取所需要的市场信息和专业资料（图4-2）。

3. 专业博览会及博物馆资料收集途径

国际与国内每年都会定期举行许多专业的博览会，这可为众多设计相关从业者带来最新的设计潮流资讯，是设计专业学生收集专

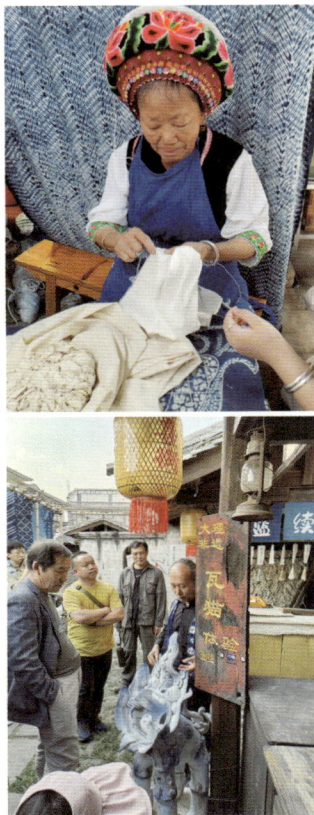

图4-1　实地调研

图4-2　腾冲市林云缅甸琥珀交易大厅

业信息的重要途径之一。如国内的中国国际珠宝展，它由中国珠宝玉石首饰行业协会和珠宝玉石首饰国检集团两大权威机构联合主办，总面积达30000平方米，展商数1000多家，汇聚近珠宝制造商、批发商、零售商和加盟商，聚焦行业发展的新动向、新趋势、新产品、新技术，构建一个高效、全面、可靠的行业交流沟通和贸易合作的平台。

通过参加这些国外和国内的展会，学生可以最直接地去观察当下相关的设计流行趋势、设计观念、设计材料等内容，对设计从业者而言具有积极的促进作用。与此同时，参加博览会不仅有机会与各个行业权威人士、学科领头人等交谈获取行业信息，同时会与众多行业从事者建立联系，如行业内的供给商、设计师、销售平台等，这些有利于学生形成自己对行业的整体了解（图4-3）。

除了参加专业的博览会外，学生还可以积极地浏览各大博物馆，博物馆馆内的藏品可以为学生提供相应的物质文化参考。与此同时，许多博物馆会定期举行专业的展览，这同样可以成为学生收集资料学习专业知识的途径（图4-4）。

4. 工厂及设计公司资料收集途径

现代的工业生产方式已经成为一种主要的产品生产模式，一个产品的生产周期是多个生产环节的总和，而个人通常只能起到辅助作用，所以，要想全面地理解设计项目和设计的产品，就必须让学生们到多个不同的工厂去现场观摩、学习和考察。只有掌握了第一手的资料，对专业的生产工艺、设备和材料都了如指掌，并且要与厂家密切配合，一起参与到产品的设计和制造中，才可以确保毕业设计中的每一个环节都可以被执行到位，确保设计项目顺利完成。

除了对工厂的考察外，想要通过参观了解设计，还有一条路可以走，那就是去一些知名的专业设计机构，对它们展开现场考察和顶岗实习。在学校和教室中的设计教育，跟在一个真实的设计工作室中相比，仍然存在着很大的差异。因此，要想了解设计，最好的办法就是亲身体验实际的设计项目的操作过程（图4-5）。

图4-3 中国昆明国际石博会展览

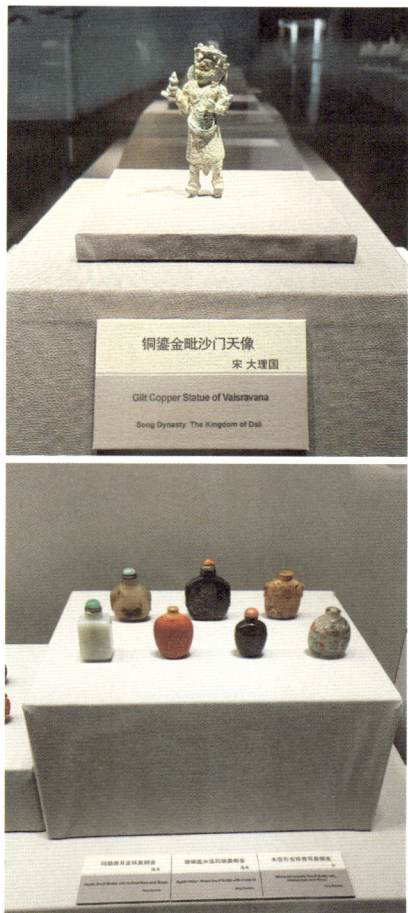

图4-4 博物馆资料收集

图4-5　工厂资料收集

（二）二手资料的收集途径

二手资料的收集包括网络、电视、广播、书籍、报纸、调研报告等形式，其优势在于可以快速地通过这些信息了解行业的基本状况。

1. 传统的书籍、期刊、报纸等文献获取途径

在对书籍、期刊、报纸等文献的获取方式上，主要可以通过各大图书馆、文化馆、地方文化办以及博物馆等渠道获得，其优点是可以补足一些如互联网上所没有的电子版本等，与互联网信息搜集作为互补，而它也存在查阅不方便、资料过于老旧等不足。

2. 现代互联网信息搜索获取途径

目前，网络信息技术越来越发达，科技也在不断地改变着我们的生存和学习的方式，并导致现代设计逐渐朝着网络化、虚拟化、国际化以及个性化等方向发展。互联网已经成为我们搜索资料最为常见的方式，我们可以直接通过互联网找寻工业设计、建筑设计、服装设计、视觉传达设计等设计方面的知识，以及与之相关的电子商务、网络购物、产品生产工艺等专业信息，并下载保存相应的图文信息等，通过归纳整理与分析，为自己的毕业设计开发做铺垫。

除了使用如百度等搜索网站，学生还可以按照自己所设计的专业方向，有针对性地对一些设计大国、设计大师以及设计公司等相关网页进行分类收藏，形成自己独特的"信息库"，以便及时跟踪最新的设计资讯。

除此之外，我国有很多很好的专业设计网站，例如设计在线、ABBS建筑论坛、万方数据知识服务平台、中国期刊网、超星数字图书馆等（图4-6、图4-7）。

图4-6 设计在线网页截图

图4-7 万方数据知识服务平台网页

四、资料收集的方法

资料收集是采用科学的方法，有目的、系统地收集、记录和整理市场上的信息，从而分析市场变化的态势和过程，研究市场变化的特点和规律，为市场预测、经营决策、设计研究等提供依据的活动过程，是一种创新性的调研活动。主要的方法有观察法、访谈法、亲身体验法和文献检索法。

（一）观察法

观察法指研究人员以一个市场的旁观者的身份，对其进行身临其境的观察，通过用眼看、用耳听、用手记等方式，对消费者的行为和客观事物展开观察。在观察过程中，具体包括对人的语言、表情、动作、流动情况等方面的观察，还有产品上柜时间、销售情况、产品风格特点、销售员销售特征等方面的观察，进而可以获得第一手的市场信息。

当然，由于观察法是通过调研者自身的观察进行调研，因此在调研时，应做到客观、选择具有代表性的对象和时间进行调研，避免只观察表面现象。

观察方法的基本程序为：选择研究对象—确定研究主题—实施观察和记录—数据分析。例如，选择"西双版纳傣族竹器研究"作为主题的研究对象，在确定了研究对象后，再深入思考，解决该设计主题所需的研究内容，也就是所需资料的内容。图4-8为"西双版纳傣族竹器研究"为主题的研究内容思维导图，带着疑问进行调查研究，并提出有针对性的问题，这将有助于最终做出营销策划和设计决策的决定。根据研究对象制定出相应的研究计划表，以研究计划为指导完成逐项工作（表4-1）。这么多的研究内容，不是一两天就能做完的，必须要在日常生活中养成一个好的习惯，掌握好这个方法的要领，在提升自己的观察力的同时，也要不断地积累经验。

西双版纳

自然环境
— 云南省最南端，与江城县、普洱市澜沧县为邻，与老挝、缅甸山水相连，邻近泰国和越南 → 受中原文化影响较小
— 属热带季风气候 — 潮湿炎热，适合竹子生长

人文环境
— 民族 — 有傣族、汉族、哈尼族、彝族等十三个世居民族
— 傣族支系 — 傣泐：使用傣文，傣泐语
— 信仰
  — 南传佛教 — 佛教文化渗透生活
  — 原始宗教

产品分类
— 生产用具 — 竹纺车、竹织机、竹梭子、竹渔篓、竹渔笼、竹渔箩、竹挑箩、竹扁担、竹筐、竹籈箕、竹扇、竹晒席等
— 生活用具 — 竹席、竹筒、竹饭盒
— 宗教用具 — 佛像、竹编小供桌、竹编托盘、竹编蜡条盒等
— 其他 — 商品容器、包装 → 普洱茶经济的发展

生产者
— 传承人 — 岩叫章、岩稍晚
— 其他 — 村民

使用者
— 人群
  — 过去：村民
  — 现在：村民和工艺品爱好者、旅游者、茶商等
— 销售 — 自产自销、中间销售与自产自销相结合

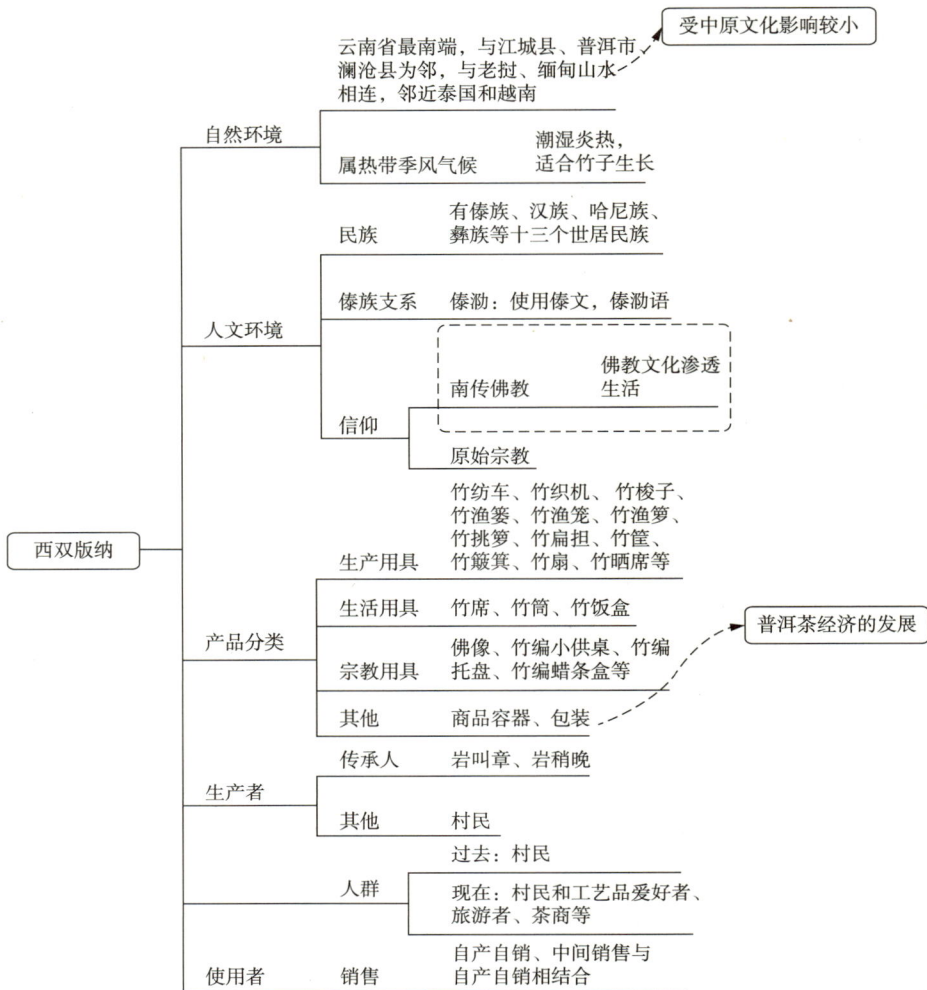

图4-8　调研内容思维导图

表4-1　调研记录表

时间	调研地点	调研对象	联系方式	备注
八月	德宏州文化馆	李老师	微信	1.了解德宏傣族竹编情况 2.简单了解当地的风土人情
	德宏州图书馆			1.查找关于竹编的记录 2.史料当地人竹编用器的使用情况
	芒市	东风路、丙午路		竹编一条街
		轩岗乡等波村		竹编村
九月	西双版纳文化馆			1.了解版纳傣族竹编情况 2.了解传承人及当地情况
	西双版纳图书馆			1.查找关于竹编的记录 2.史料中当地人竹编用器的使用情况 3.补充当地的自然人文环境

时间	调研地点	调研对象	联系方式	备注
九月	勐混镇曼贺勐村	岩稍晚、岩叫章（传承人）	微信、电话	1.在一期调研的基础上进一步了解竹编用器的使用 2.深入了解当地的生活习惯
	勐仑镇城子村			了解当地的竹编用器使用情况
考察主要内容	1.傣族地区的文史资料 2.对手中现有的资料和情况的真实性进行验证 3.竹编器具的进一步收集，在明确的分类下有意识地收集整理，主要从饮具、盛具、餐具、茶具、服饰、消暑器具、家具、玩具、农具、渔具、文房用具、乐器、战争用具等方面 4.这些器具中哪些是当地人仍在使用的，主要用途是什么			

（二）访谈法

访谈法是一种以问卷调查为目的，从调查对象那里收集信息的方法。它的特点是访问的灵活性，无论是否有调查问卷，都可以进行。学生们可以设计一份结构严谨的问卷，在采访的过程中，严格按照问卷预备的问题顺序进行提问，也可以在采访的过程中，自由地提出自己事先准备或临时想到的各种问题，并且，在对这些问题回答时，也允许调查对象有充分的自由权利。在问题的预设上，可以从产品的制作工艺、制作材料、造型设计、纹样寓意、使用习惯及主要销售人群等角度去构建问题，这使其能够在后期产品设计与制作中更具有直接相关性。

访谈法要注意访问人群的确定性，访谈对象一般是与你所研究的方向相关或者是你的目标群体，不可随意或随机访谈，避免访谈结果的空洞和不相干性，且访谈的人数不应过少，以防得到的结果产生片面性（图4-9）。

（三）体验法

体验法是指调研者自己参与到实际的产品使用过程中。在以往的产品设计与制作过程中，设计者只是从效果图或者3D模型去了解他的设计作品，缺乏真实的体验感受。体验法则是通过让作者或者其同伴去使用产品，能让调研者体会到效果和真人使用之间的差距，并从中找到不足或优点，进行改进或发扬。

图4-9 实地访谈照片

图4-10　学生进行陶艺体验照片

同时，这种调研方式能够让调研者更为直观地感受到产品的功能是否能满足需求、产品的造型是否能满足人机工程等，让调研者对产品设计有更深刻的认识（图4-10）。

（四）文献检索法

文献检索法主要是通过互联网、电视、图书、调研报告等资料进行收集整理。它既包括纸质书籍、期刊、古籍等形式，也包括网络图片、音频、视频等形式，主要的检索方法有线下图书馆、文化局、博物馆等，以及互联网，如知网、万方、中华书局等渠道。

五、资料收集的内容

（一）产品信息

产品调查是把产品本身作为主要内容，研究和分析产品的过去和现状。产品的现状包括产品的基本功能、内部构造、外观造型、材质特性、生产过程、制造流程、销售趋势等多个方面，产品的过去涉及对产品历史发展状态的研究，还广泛包括产品变革、迭代更新的原因及存在形式等内容。

产品调查的对象还包括同类型其他品牌的产品，要及时地了解与之类似的竞争产品的全面信息，并对其设计亮点、整体销售和市场份额进行分析，要做到知己知彼，方能百战不殆。

此外，在调查过程中，还存在着一个十分重要的环节，那就是与设计有关的政策及法规也应该被纳入产品调查的范围中，在参加国际竞争的设计项目中，要特别重视这一点。通过对产品的深入研究，并对其进行归纳和分析，可以有效地防止在商业设计中容易产生的同质性，从而保证了以产品差异性、专有性为目标的设计意图和设计方法能够得到有效实施。

（二）消费者信息

不同的消费者会根据各自的生活方式和消费水平等，不同程度地汲取流行元素，例如，有的人非常追求时尚，有的人属于时尚的迟缓派，有的人则对时尚完全没有感觉；有的人喜欢职业风格，有的人则喜欢休闲风格，有的人喜欢淑女风格，有的人则喜欢运动风格等。因此，设计师需要对顾客的消费习惯、消费心理进行研究，给予有针对性、适时性的设计。而对于设计而言，只有适合的才是最好的。

（三）市场信息

市场调查指的是以设计对象的行销区域为目标，从环境因素（设计物与环境的关系）的角度展开调查和分析，其中环境因素包括经济形势、地域环境、社会文化环境、政治局势及市场竞争环境等方面。

（四）社会信息

社会调查是从社会需求、社会因素（人与设计对象的关系）的角度展开的，一般是对消费市场、消费动机与行为、消费方式与习惯、消费者期望值等与消费者有关的内容进行调查研究。消费者是市场的核心，也是设计的最终目标，在进行市场研究时，应该根据市场学的原则，对消费者的性别、年龄、民族、风俗习惯、职业、受教育程度、兴趣爱好、经济状况、社会关系、需求层次等方面进行深入研究，了解消费者对设计的需求与期待，找出目前存在的问题与可能需要的内容，其研究的目标是了解社会需求、预测消费规模、确定目标受众。

六、资料的分析与整理

资料的分析整理是指按照调查的目标，采用科学的手段，对调查所得的资料进行初步的处理，如审查、检查、分类、汇总等，是将其系统化、条理化，并以集中、简洁的形式展现出来，将调查对象的整体状况反映出来的过程。资料整理应遵循以下原则：真实性、合格性、准确性、完整性、系统性、统一性、简明性和新颖性。

在初步完成毕业设计有关材料的搜索之后，按照设计课题的要求，要对所有的信息展开定性、定量分析，经过筛选和加工，把分散、零乱、错综复杂的材料转化为系统的、有用的材料。整理材料的工作主要分为以下四个方面。

1. 鉴别

在获取了资料之后，要对可能直接用于毕业设计的重要资料的真实性和价值进行进一步的验证和评价，以确保其准确性和说服力。

2. 比较

材料对比的过程就是去伪存真、去粗取精的过程。经过对这些材料进行分析和对比，可以明确哪些材料是重要的、哪些材料是次要的、哪些材料是有价值的、哪些材料是没有价值的，从而来决定取舍。

3. 提炼

筛选出的材料，从中提炼出真正有用的标准、公式、规程等，运用到设计论证中，可以促进材料的综合性得到更大的提升，发掘出材料部分与部分之间、部分与整体之间的内在联系，从而反映出研究对象的本质。

4. 补充

在对材料进行整理的过程中，可以找出材料中存在的薄弱之处、遗漏之处、可疑之处，这些都需要对材料进行及时的补充和完善，这样才能让设计工作变得更细致、更有效。

第二节
毕业设计项目选题与定位

一、毕业设计项目

毕业设计必须是一个系统的、全面的、有计划的、有步骤的、有目的的、有针对性的研究。因此，选择合适的毕业设计课题显得尤为重要。在选择题目的时候，要能够将学生的专业设计能力和水平充分地反映出来，但在选择题目的时候，更要注重题目的创新性和实战性。因为，毕业设计是大学生以自己的设计作业，向社会企业做报告的最后结果，它也是从大学生到职业设计师角色转换的重要过程，这对教师和学生来说都是一次巨大的挑战。毕业设计是一项有实际意义的课题，它既能服务于设计实践，又能服务于就业竞争。选题工作通常是在"双向选择"的基础上，通过导师与学生之间的协商来确定的。首先，每一位导师根据自己的专业特点及研究现状，选择自己感兴趣的主题，并将其公布于众。毕业设计项目所涵盖的内容较为广泛，包括了各种类型，例如，实战课题、概念课题、模拟课题等。学生可以根据自己的特点和兴趣，选择自己的导师和题目，并与自己的发展方向相结合。题目的难度应以学生能够在限定的时间内通过自己的努力而达到为准。

因此，在毕业设计课题的选择上，可按如下原则确定。

1. 课题与课程相匹配原则

学生按照学院课程要求，通过四年相关课程的学习，完成相应的课程任务，依托课程的学习了解相关专业方向的内容，因此，在选题过程中应当建立在与相关学习课程相匹配的原则上进行，以免出现对研究内容不了解，对研究领域不熟悉的情况，导致最终难以毕业的局面。

2. 理论与实践结合原则

在进行题目选择时，要充分体现出理论与实践相结合的原则，将自己的研究课题同实践需求结合起来考虑，要考虑到当下社会和企业的实际需求，以现实需求为设计课题的出发点，这样才能提高课题的实践性和综合竞争力。

3. 创新性精神和独立设计原则

创新是推动设计发展的重要因素，创新精神也是设计师的立命之本。在课题的选择上，学生应该充分发挥其创新、创意精神，并且要结合当地经济产业的需要，用设计创新去体现出地区的特色文化创意，通过创新设计为当地的经济产业提供更多的服务，将创新性思考与当下国内外流行资讯和行业发展动态等相结合，促使学生的选题具备新颖性，能够为社会发展中的设计需求提供新的解决思路，并且完成自己最终的毕业设计。

4. 多学科、多领域交叉原则

大学所培养的是综合性人才，在立足于自己学科知识的前提下，应该鼓励学生跨专业、跨学科展开合作，这有利于学生理论知识和综合素质等的培养，并且通过多学科、多领域的跨界组合，能够促进学科之间的交流，产生新的设计创意，同时增强学生的团队合作精神。

5. 独立选题原则

在进行选题分配上，应该遵循一人一题目的原则，这使学生能够全程参与到课程的实践过程中，让学生更为系统地了解设计项目展开的各个环节，确保每个学生都能得到全方位的培训，最终实现毕业设计的教学目标。

二、设计项目定位的意义

在完成了毕业设计调研报告，并确定了毕业设计的选题之后，要以调研的结果为依据，对设计项目的方向进行定位，并对海量的信息与资料开展科学的分析，并对其进行深入的研究。毕业设计调研的主题范围比较广，因此，确定设计的主题定位及对设计元素的提炼，显得尤为重要。一项成功的设计项目，必须要找到设计创新的突破口，找到独特的设计元素，而这些创新突破和设计元素，其实就是从对市场的调查和分析中得出的结论。

三、设计项目定位的方法

在毕业设计项目定位的方法中，指导教师应该以每一位毕业生的个性与爱好、知识结构与专业水平、未来就业岗位与企业设计需求为依据，帮助学生对其进行设计定位。应从新产品的开发和设计的工作过程与流程出发，对新产品的设计项目进行计划，第一步就是要明确新产品的设计方向，确定新产品的设计目标。

因为社会企业对设计开发的要求存在差异，不同专业的设计方向与生产经营模式也存在差异，所以会有不同的设计定位和设计方法。不过，在总体上，新产品开发设计项目可被划分为三种类型，分别是：原创性产品设计、改良性产品设计和工程项目配套设计。

（一）原创性的创新设计

"新材料""新工艺"和"新技术"都是针对人类潜在的需要，以新材料、新工艺和新技术为基础而进行的，具有创造性的产品开发与设计。随着时间的推移，人们的生活方式发生了改变，人们对于设计的要求也发生了改变。因此，创意设计是没有界限的，总能不断地产生出新的设计。

原创性的产品开发是当代设计师的一项重大任务，它是设计师创造力的最大表现，是设计师创造力的集中表现，也是人类文化智慧的闪光。身为当代设计师，必须树立创新观念，始终有一种敏锐的发现问题的感觉，以及一种对新知识、新生活的渴望，对新生活、新事物，保持一种创作的冲动。

（二）创造新生活的设计开发

开创新生活，持续提升生活质量、改变生活形态，要依靠拥有全新创意的新产品，来推动生活结构、习惯方式的根本性改变。同时，我们需要充分站在设计发展的趋势去思考问题，从人性化、个性化、生态化的方向，加深对创新生活设计的构思，以新生活形态为基础的产品开发，要从结构、习惯、方式的进步意义上，打破旧的产品形态，用全新的产品创造新的生活结构，让人们的生活形态得到根本的改善。

（三）以新技术和新数据为基础进行开发和设计

新技术、新材料是人类文明、科学知识、生产劳动的最新积累，新技术、新材料的本质含义都必须以产品的形式体现出来。生活用品的制作与材料，从传统的木、石、皮革、竹、藤等天然原始材料，发展到如今的金属、塑料、玻璃、人工合成材料等，为现代生活提供了一种全新的产品形态。制造技术已经从传统的手工技艺发展到工业时代的机械化生产，再到信息时代的计算机辅助制造（CAM），设计手段也从手工绘图发展到计算机辅助设计（CAD），科技是推动工业设计发展的根本力量。

（四）对未来进行概念性设计

设计项目的设计开发是以未来为导向的，它要在现实与未来之间，构建出一座座由先卫性概念所设计出来的产品桥梁，勾勒出人类对未来美好生活的憧憬。"明天会更好"不仅仅是在意念上表达了人对未来的期望，也只有通过持续地突破和创新，用全新的产品形态去表现，才可以将人们带到一个新的、更美好的新世界。

概念设计往往能带来新的设计趋势，并对设计的发展产生一定的影响。如果将设计的整体范畴比喻为一个金字塔的话，那么概念设计和原创设计应当位于金字塔的顶端。它的智慧之光，从上到下，贯穿和影响着每一个层次的设计。因此，在创意训练、启发思维等方面，概念设计是培养设计师的一种强有力的武器。在整体设计思维方式的训练中，培养创意、掌握艺术设计要素和结构规律，概念设计一直处于十分重要的地位。概念设计就像一把金色的钥匙，打开了通往创作自由世界的大门。

（五）改良性产品开发设计

改良性产品开发设计指的是以已有的产品为基础，对其进行整体优化，并对其进行局部改进，从而使其更加完美，更加符合人的需要、市场的需要、环境的需要，或者更符合新的制造工艺和新的数据。随着社会的不断发展，科技的不断进步，人们对产品进行改进的可能性也越来越大。特别是对中国制造企业而言，改进产品的研发与设计，是中国制造企业快速赶超国际先进水平的一种行之有效的方法。20世纪80年代，中国的现代设计刚刚起步，在短短的二十年内就达到了世界上发达国家的水平，很多中国的制造业，都是靠着自己的努力，一步步走到今天的。

改良性产品开发设计，必须从对现有产品的"不良"方面进行分析入手，也就是对其不足的分析。一般都是有目标地对零件进行性能分析，在材料、工艺、结构等方面进行改善。

第三节
设计创意与草图

设计创意指的是利用创造性思维进行构想，并逐步展开、逐步深化，不断重复、反复推敲的过程。从一开始的冥思苦想，到天马行空的思绪飘飞，到不断捕捉到灵感的火花、不断地找到设计上的突破。从新视点起步，从新功能着眼，从新资料、新工艺作为切入点，让产品开发设计中的每一个构成要素都能被创新思维所激活，用生动的手绘草图来记录它们的思维火花，尽力将这些思维的闪光点慢慢地转化为新产品设计最初的创意草图，并从最初的框架上开拓出新产品的基本形式。草图可以分成概念草图、提炼草图、构造草图等。

在这一阶段，学生需要绘制大量的手绘草图，并通过文字描述来表达自己的想法，需要不断地重复和精炼，导师要善于帮助学生找到具有创造力和开发潜能的设计要素，可以采用"头脑风暴"的方式，通过个人的分散设计和集体的讨论，来确定自己的设计方案。

快速、清晰地绘制草图，是一个设计师与别人沟通的最重要的图形语言，设计草图的表现手段很多，如使用铅笔、钢笔、炭笔、彩色铅笔、马克笔等，不管其形状多么丰富，创意草图都不受任何的限制，只要能够熟练地掌握造型技巧，并且能够快速地表达出空间思想。在技巧上，大多采用简洁的速写式线条。在进行创意草图设计的时候，要将脑海中天马行空的想法与灵感、创意的火花，用图形的方式进行记录。在整个设计构思中，阶段性、小结性的想法，都要用形象来记录一个完整的设计过程，要有大量的草图的完整形象记录。与此同时，还要持续地用新的草图来归纳、提炼和修改设计思路，最终形成一个初步的设计造型形象，为下一步的深入设计和细节研究奠定坚实的基础。绘制草图是一个由"朦胧"到"清晰"、由模糊到明确的过程，在此阶段，需要与设计公司（委托方）进行沟通，将模糊不清的设计理念具体化，经过"明确—模糊—精炼—延伸—再精炼—再延伸"的循环，最终形成一个具有最优效果的初步设计方案（图4-11）。

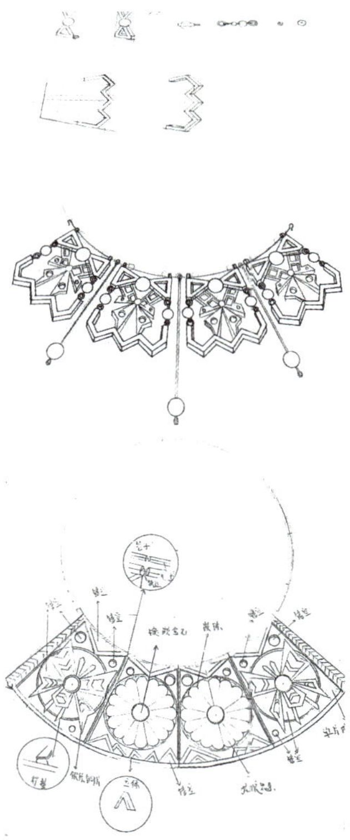

图4-11　设计草图

一、设计创意的思维

创意是设计创新的根本，同时是设计作品创新的关键点。创新设计的思维规律告诉我们，只有站在不同的角度去思考，才可以更好地将新的产品进行创新，所以，我们可以从下面几个方面来考虑设计的创新思维。

（一）创新思维

1.使用功能

每一个产品的出现，都会有一个相应的服务对象，也就是该产品的用户。而满足用户的具体使用需求则是该产品的根本任务。工业设计不同于纯粹的艺术创作，其本质是实用和美学相结合。实用功能是设计赖以生存的灵魂与生命，实用功能是产品设计的先决条件。

2.制造与工艺

一个好的产品设计不仅不能通过图纸或者电脑上的**3D**图形来实现，更重要的是它可以通过实际的生产来实现量产。并且要符合材料、结构、工艺的要求，不然，无论多么美丽的设计、多么别具一格的构思，都只是一张纸，无法实现。因此，设计必须与材料、结构和工艺紧密结合，以材料和技术为依据。

3. 文化的蕴涵和美学的创造性

工业设计兼具生活实用品和文化艺术品的两个特点，它既要满足人们在日常工作和生活中的实际需要，也要满足大众对美化环境、创造美的艺术的审美需要。在形态上，工业设计一定要遵守艺术造型的审美规律和形式美法则，在许多特殊的空间里，工业产品本身就是一件室内展示艺术品，或者是一种拥有雕塑形式美的艺术形态。针对以上几个关键因素，对各因素进行整合，并从中找到新的视角和切入点，是设计和创新的首要任务。设计的创造力，最重要的是想好要设计什么类型的产品。人们为什么要这么做？既有的产品又以何种形式与功能来满足新的消费者需要？如何使用新的技术和材料？如何打破旧有的造型方式，表达新的理念？设计师的目的是使其在价值、审美上为人们所理解、为顾客所接受，并满足生产技术、成本核算的需要，最后将其转化为实物，投放到市场上，从而产生经济效益的设计创意。

（二）创意思维的表达方法

1. 直接表述法

直接表述法指将事物最典型、最本质的形和意，以直接反映出明显的感性形象为目的，从而创造出表明企业或商品的图形标志，并使受众理解与其直接对应的语义和概念。因为表达法是直截了当的，它所表达的内容也是清晰、突出、准确的，并且容易被人理解和接受。表达方式适用于表达某一特定的内容，在表达方式上要尽可能简洁，在意象的选取上要有一定的典型性和独特性。

直接表达的方式有写实、归纳和夸张三种。写实手法指的是对事物的形态特征进行真实性描述（如写实绘画或摄影）的表现，也就是对事物的再现。归纳手法指将主体形象进行简化，对于具有比较显著形体特征的主体，通过对其进行归纳和概括，可以让主体形象的主要特征变得更为清楚。夸张手法指通过变化来达到主体的鲜明突出，对夸张不仅要有所取舍，也要有所强调，让主体形象不合理，却又合情合理，让表现手法富有浪漫的情趣。归纳法和夸张法的共同之处在于，它们都会在一定程度上改变主体的意象。

2. 联想表达法

联想创意技法，就是通过联想，在看似不相干的事物中，找到一种内在的联系，从而形成新的含义，并使其切合实际、可靠、新颖、易懂的一种思维方式。这样的关系，就是建立联想的桥梁，并由此引出正确的计划。通过联想，能够找到具象对象的象征意义，找到抽象概念的具象表现，因此能够给人以强烈的刺激和冲击。

象征是由比喻和联想组合而成的，它在表达意义上更加抽象，在表达形式上更加浓缩。比如，长城和黄河代表了中国，金字塔代表了埃及，枫叶代表了加拿大。作为象征的媒介，其意义的表达应该是永恒的、不可随意改变。在象征表现中，还应注意颜色的象征性运用。

3. 扩散思维法

扩散思维法指将一个思考对象作为核心，向多个方向进行传播，从而引发出一系列新的、能够解决问题的想法，也被称为求异思维或辐射思维，它是创造性思维的一种主要表现形式。其特点主要表现为流利性、灵活性和独特性三个层面。流利性就是能够在很短的时间里，用更多的概念、想法来表示，是一种思想的传播"个数"的指示器。灵活性使思想活动异常活跃，具有很强的随机和变化性，并以思想传播的"类别"为特征。独特性就是能够产生一些匪夷所思的想法。

扩散思维不拘泥于已有的知识或传统观念，而是从对象的一个特定性质或现象出发，进行放射性思维，以不同的方向，多角度、多层次去思考、探索，设想各种发展的可能性，最终得到若干个与原对象完全不同的新形象。在构想的最初阶段，这个方法起到了很大的作用。

4. 超前思维法

这种方法超越了时间和空间的发展限制，以历史发展规律和现有物质基础为依据，把人类思维引导到未来的特定意识。要在这一领域有所突破，设计师必须培养具有预见性、前瞻性、独立思考和创造性思维的能力。

设计的先进性是指设计者以一种符号的形式，通过媒体表达，超越了时间和空间，并在将来的某一段时间里，不会过时。在具体的设计实践中，设计的先进性思想本质上就是一种超然的思想，它从人对客观世界的普遍反映上升到现实的物质，然后返回并渗透到社会的每个方面。

人们对世界的认识越深刻，就越能感受到大自然的错综复杂及千变万化的多样性、奇巧性，越是不满足于对世界物质现象已习惯的表现方法，就越要求对其进行更新。因此，人们在真实的世界中，持续对事物进行认知，从中汲取营养，经常会打破传统和时空的局限，在艺术表现上，挖掘出不拘一格、异常奇妙的变异形态，从而实现艺术构思的新颖性，这就是一种超现实思维方式。

在实际应用到设计中的时候，这种思维模式依然要遵守相关的知识规律，奇想不能随意偏离正常的逻辑，即使有了一个新颖的想法，但是欣赏的人完全无法接受，如果不能将它与现实进行对比，它就不会具有吸引力，还会造成人们对它的误解和不理解。

5. 反向思维法

思维是一种多方位的心理活动，一般可以分为常规思维和反常规思维，即反向思维。

反向思维能够使受阻的思路产生新的思考通道，产生新的导向，寻找到新的特质。以反向思维为设计构思的出发点，有利于得出一些新的设计结果，这些结果往往是反逻辑或者矛盾的，能够得到一种幽默、反讽的感觉，有利于推动设计的新境界，打破规则，形成有序的设计美学的感觉。

二、设计草图

（一）设计草图的概念

设计是一种策划，是一种创意，它以视觉传达的方式将设计活动的全过程呈现出来，而设计草图是设计的一种表现方式，它是设计方案的一部分。设计草图能将设计师的设计思想以图形的方式表达，具有较强的计划性和可操作性。

图4-12　铅笔设计草图

（二）设计草图的表现方法

在设计草图的表现主要分为手绘表达和电脑绘图两种形式。

1. 手绘表达

手绘表达主要运用铅笔、彩铅、水粉、马克笔等（图4-12）。

2. 电脑绘图

电脑绘图主要运用 Photoshop、SketchBook 及平板电脑上使用的

Procreate等（图4-13）。

图4-13 Procreate电脑绘制草图

（三）设计草图的提炼与设计目标的定位

　　设计定位指以设计前期的信息调研分析为基础，结合大量的草图创意，对一个具体设计产品项目的使用功能、材料、工艺、结构、尺度、造型和风格进行综合，最终形成的设计目标。每次接到一项产品开发设计任务，是立即开始设计，还是首先进行广泛地信息检索，用全新的视角去绘制创意构思草图，逐渐将其具体化，并在此基础上确定设计的目标和方向，这是一个设计方法论的问题，还是设计开发具体程序的问题。在工业产品的开发与设计过程中，对设计的定位像是在海上找准了航标、找准了位置，就会"事半功倍"；任何一个微小的错误都可能使整个的开发计划偏离正轨，最终导致失败。

1. 设计目标的审视与分解

　　在面对一个特定的设计项目时，我们要用一种新的视角来看待它，应该主动抛弃掉脑海中已有的刻板模式和陈旧的经验，以一种客观的视角来审视我们的设计目标，充分吸收当下一些新兴的设计观念，让自己的创作灵感得到充分发挥，从而去开发和设计出新的产品。在开始着手进行设计并绘制草图之前，要先在脑海中将设计定位的有关要素搞清楚，然后对产品开发的目标进行细化和分解，甚至还可以列出一个基本提纲和框图，从对产品构成要素的细化分解中，得到很多在本次开发设计中需要解决的问题。例如，开发和设计一款文化旅游产品，应该根据当前旅游消费市场的状况，对其进行大量的调研和数据分析，并对所搜集到的信息进行分析和对比处理，包括市场热销品、产品的种类、产品的造型、材料、风格及目标人群等内容。随后，再对相关的构成元素进行展开分解，具体包括：消费群体、消费市场、生产商、销售渠道、产品价格、广告宣传等内容，完成分析后，还需结合当下较为流行的资讯，了解国际和国内文旅产品的流行款式和主要卖点等，以此对设计目标进行审视和分析，从中找到设计目标明确有效的诉求点。

2. 为设计目标找出最优点

设计定位是一种理论性、一般性的要求，它更应该具有原则性、指向性及抽象性。不能将产品的具体外形和具体形象等同于设计的定位。在产品开发和设计的全过程中，它仅仅扮演着一个设计导向，或者设计目标的角色。在进行造型设计时，首先要明确设计方向，这是进行造型设计的前提与基础。但是，在现实的设计工作中，设计的定位也在发生着改变，而改变的原因就是在设计的过程中，对创新进行进一步的深化，整个设计的过程就是一个思想的跳跃性和流畅性的动态过程，从概念性到具体化，从具象性到模糊化（在新的出发点上会有新的想法），这是一个重复的、螺旋式的向上发展的过程，尤其需要与合作的公司、客户进行讨论、协商、磨合、论证。所以，设计草图的精炼和目标定位本身就是一个不断寻求最优点的过程，同时是制定产品开发的策略方针。产品开发是一个涉及许多因素的系统设计，也是一个不断滚动性的连续工作的环节。一个新产品的开发，势必会使一些老产品逐步淘汰，并引导出接力棒式的下一个开发战略。因此，要寻求设计目标的最优点，应该把各种条件和基本要素作为基点，以此为基点，对其进行定性、定量的分析，并以此为基础、以此为依据，逆向构思，建立起设计目标的最优点，这就是寻求最优点的发展策略。

3. 设计定位的定性和定量分析

新的设计项目的展开是一个多因素相互关联、相互制约、相互制约的方法论体系，同时是一个不断变化、不断发展、不断完善的动态过程。所以，设计项目体系的组成是多变的，它对于新产品开发和设计的组成是十分复杂的，它同时具有感性和理性两个方面。在感性方面，主要体现在对无定数、定理的转化过程中；在理性方面，则是在某种原则的支持下，进行必要的建构。

因而，通过对项目设计与开发进行定性与定量的分析与评价，依据定性分析得出项目设计与开发的明确诉求点，同时通过定量分析，分析出项目设计与开发过程中的诸多影响因素，对其进行数据化处理和对比分析等，使我们能够更加清楚地梳理出项目设计与开发的脉络，从而更好地达到目的，更好地把握方法。

正式设计方案与模型实物制作

在科技日益发展的当下，设计相关工作也随着工业化的发展而发展，设计已不仅是一个设计师自我意识的表达，更多的是一种社会群体行为。在这一过程中，我们需要加强协作和分工，通过消费者、设计师、生产厂家、工程师和销售商，来实现真正的设计。在完成初步的设计草图后，我们需要对各类信息与需求进行综合，同时根据这些信息与需求对设计方案进行深入优化，可以通过多方案比较择优等方式，得到我们较为满意的设计方案。与此同时，需要对设计的效果图、模型等进行准确、真实、充分地分析，对其材料、工艺、造型、肌理、结构及色彩等进行设计评估等活动，确保我们的设计能够最终落地实现。

一、正式设计方案的完善

（一）设计方案的筛选

设计是一种策划性活动，它是一个复杂的系统过程。在项目设计的过程中，任何设计方案都不可能一蹴而就，都经过了无数遍严格的验证和考量，若想达到满意的预期效果，就需要我们对设计方案进行筛选。

设计师的设计构思过程是一个从模糊到具体，从抽象的形象到具象化形象的过程。在这个过程中，设计师的构思也会随着设计构思的逐步具象化而又转为抽象化，这是一个不断循环的过程，也是一种新的方案的产生，同时在新的方案上又演变出更新的方案的过程。因此，设计师的设计构思通常会衍生出几个甚至几十个不同的设计结果和初步设计草图，尽管这些设计草图都是设计师设计构思的表达和体现，但是在表达的时候总是会与现实的想法存在一定的距离，同时，这些初步的设计方案大多还存在着各式各样的不足。因此，为了能够达到预期的设计目标，我们需要在设计项目的初步设计方案完成后对其进行筛选。

在对设计方案进行筛选时，我们不是凭着心情去挑选，而是应该遵从相应的原则，客观地去对方案进行筛选，这样才能确保最终设计方案的可靠性和合理性。为此，我们应该遵循以下相应的原则进行筛选。

1. 较高的实用性

实用性是产品设计与开发需要满足的第一要点，任何形式的设计方案都应该满足实用性的原则。在设计过程中，设计师应该从使用者的角度去思考产品的实用性原则，即该产品的功能，每件产品的诞生都必须具备满足某种使用目的的功能，只有实用性原则得到满足才能体现设计产品的价值。

2. 较高的安全性

安全性是产品设计开发中重要的一点，安全性体现出的是设计师对于生命产出安全的重视，也是设计师社会责任的重要体现。设计项目、设计方案所表达的安全性体现在材料、结构、造型、功能等方面，如天然有机材料可以减少产品在使用过程中对人体的损坏，符合力学、工学等的结构组成，能够提高使用过程中的安全性，平滑圆润的造型可以降低产品对身体造成意外伤害的概率，这些都是设计项目安全性的重要体现。

3. 较好的舒适性

舒适性是使用者在满足使用目的的又一个重要的要求，在设计过程中确保设计产品舒适度的最大化，使我们所设计产品、服饰、建筑等更加体现人性化的思考，同时使用者在使用过程中也能得到更好的使用体验。

4. 满足人机工程学的要求

人机工程是设计中的重要原则之一，它要求设计师在进行设计时充分考虑设计产品使用情况的阈值，并且产品需要有较高的工作环境适应性，考虑设计产品的广泛适用性而非标准的"平均人"原则，如设计一款侧把壶，我们需要充分考虑壶嘴的开口方向及壶柄的大小、长短、倾斜角度、材料等，以方便不同使用者在使用时都能获得较好的使用效果。因此，满足人机工程学的要求是项目设计开发的重要原则之一。

5. 工艺的可实现性

设计项目是否能够最终落地，不仅要充分考虑设计方案本身是否具有独特性，同时要充分考虑现实的工艺技术情况，工艺技术是设计方案实现的途径，若是没有工艺支撑，再好的设计方案也只能是空想而无法实现。

6. 形式的创新性

设计是一项社会性活动，同时是提高设计项目附加价值的重要手段之一。其中形式的创新是设计项目能否获得青睐的重要因素，因此，在设计项目挑选和优化的过程中，作为设计师，我们应该充分发挥设计项目的创新性，以独特的设计风格去突出方案的特性，最终赢得市场的认可。

7. 良好的使用语义

设计项目、设计方案都有自己对应的产品语义，它所研究的是产品在使用环境中的象征特征，具体包括产品的视觉识别性、产品给人的心理感受等，它能使设计师更为准确地将产品的情感因素表达在产品的形态上，如在玉雕设计中，不同的设计题材和表现形式会给使用者呈现不同的使用语义，如豌豆有着纳福的寓意，而金蟾则有着招财的寓意，两者体现出不同的使用语义，不同的使用语义针对不同的消费需求，因此，对使用语义的考虑有利于对消费需求的把握。

8. 满足可持续发展的要求

可持续发展是当下设计发展的趋势之一，也是社会发展的必然结果，设计作为一种社会性人类活动，是社会的反映。这就要求我们在进行设计时要考虑到人类长远的未来，将资源开发、生态环境保护等因素纳入设计的目标和出发点，在满足产品功能的同时，又能满足可持续发展的需求。

9. 造型、结构、色彩等的优美性

产品的美感及它所营造出来的产品魅力是产品实用性中不可或缺的一部分，一个优美的产品势必会让使用者感到心情愉悦，它具体体现在产品的造型设计、结构组成、色彩搭配等方面，"美"是多方面的综合，这就需要我们设计师针对产品的各方面进行专业考虑。

根据上述相关的原则，对众多初步设计方案即设计草图进行筛选，以相关原则为"打分"标准，这样能够客观且快速地比较出不同设计方案的优势和不足，有利于后期对方案的优化，促使设计方案能够最终落实。

（二）设计方案的优化

优化是完善设计方案的重要环节，它能够使设计师的设计构思更加接近满意和合理的状态。在完成设计方案筛选后，我们需要从中遴选出几个具有较高可实现性的方案，并根据相应的要求对设计方案进行优化处理。此时，设计师要对设计方案相关的影响因素进行全面的考虑，包括设计方案的功能要求、材料特性、造型特征、比例尺度、制作工艺及色彩表现等内容。因此，我们在进行设计方案优化过程中应该注意以下几个关键内容。

1. 尽量绘制出设计方案各部分的结构图及分解图

通过带有比例尺度的设计草图，将设计产品的主要信息表达出来，包括

产品的外观特征、结构特征、内部结构构造、材料特性、加工工艺等。

2. 结合人体工程学相关理论知识进行产品尺度的推敲分析

在设计初期，设计产品的尺度通常只是一个模糊的概念，并未进行系统的论证，因此，在设计方案优化阶段，务必将人体工程学相关理论运用到产品的具体设计当中，这样才能确保产品生产出来能够满足使用者舒适的使用体验。

3. 绘制产品关键部位的构造图

在设计草图阶段应该将产品关键部位的结构设计图一并表达出来，它可以表达出关键部分构造图的结构特征及与之相关的工艺，关键部分的结构图，可以使设计师和生产部门更加了解产品的特性及制作难度等。

4. 考虑材质、肌理、色彩的不同组合效果

在设计方案优化阶段，对于设计产品的整体造型、色彩等方面的组合都需要进行多次尝试与调整，需要依据客户需求及设计目标来进行分析。

5. 细化产品的具体尺寸

在完成设计方案材料选择、肌理呈现、色彩搭配、造型特征等的设计后，应该按照相应的尺寸比例对设计方案进行标注，一般可以采用1∶1的图幅比例进行绘制。这样所得的设计稿有着与真实大小相一致的视觉感受，让设计师、客户及制造商等更为直观地了解产品。

6. 考虑产品的系列化设计

在对设计方案优化的过程中，既要注意设计产品之间的系列感，在设计构思时要注意整体与局部的关系、系列与单体的关系，也要让单体具有独自特色的同时，又能服务于整体的需要，以系列化产品的形式生成，这样更能表达出学生设计方案的主题思想，有利于培养学生系列创作的能力。

设计方案优化是系统性的过程，它考验着毕业生对于学科知识与实践相结合的能力，同时需要毕业生们不断地与制造商、委托单位甚至商场等多方进行沟通联系，做到对设计需求和制造条件等的统一。在完成设计方案的优化后，设计师根据个人的习惯，可以用手绘或者电绘辅助绘图的形式，将其对产品的具体细节给展现出来，这就需要设计师通过擅长的方式将设计方案中产品的造型、功能、结构、材料、肌理等信息转化为更加具体的设计效果图和施工图等，使客户及制造商等能够更为直观地了解产品未来的样式。

7. 设计效果图

设计是一种创意策划活动，它以视觉传达的方式将设计活动的全过程呈现出来，而设计效果图是一种设计表达方式，它是设计方案的一个组成部分。

设计效果图是将设计者的设计思想以图形的方式表达出来，具有强烈的可视性和实用性。

设计效果图是在我们完成设计草图的绘制后所要进行的下一步操作，根据初步的设计方案草图，对设计方案进行细化，将产品的基本外形以更加完善的三视图、立体透视图的形式表现出来，从而实现对产品外形的初步设计。三维立体效果图采用了空间投射和透视的方式，通过色彩运用和立体表现的方式，表现出一种反映现实感觉的效果，并在结构、透视、材料、光影和色彩等方面，进行了更细致的表现，以求在视觉上获得一种更贴近现实的感觉（图4-14）。

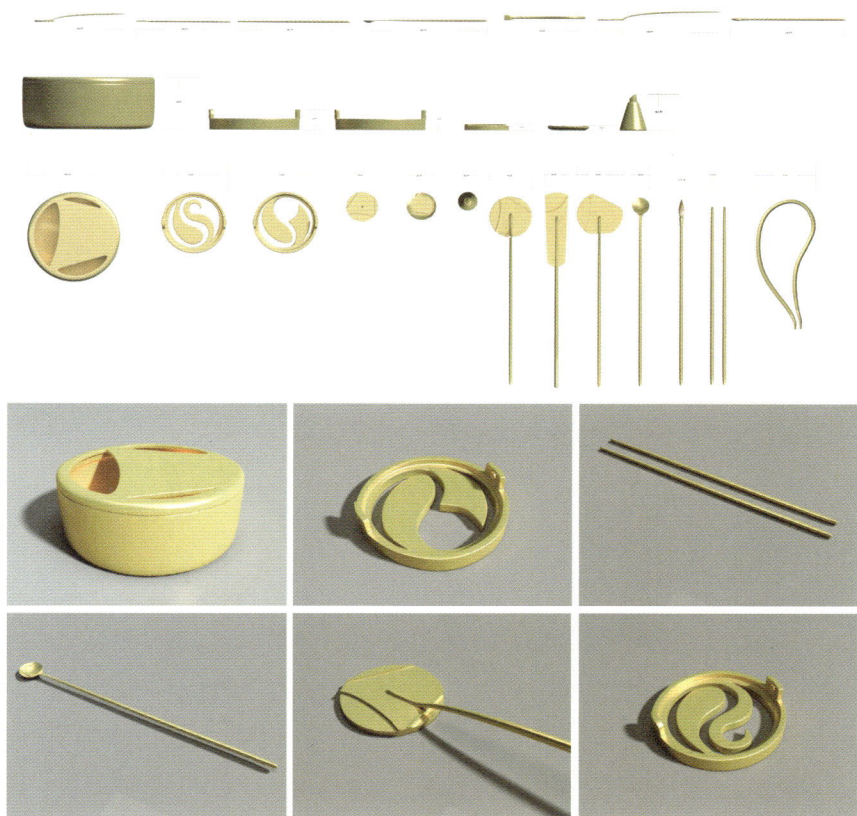

图4-14 产品效果图

效果图主要分为手绘效果图和电脑绘制效果图两个大类。手绘效果图包括马克笔技法、线描加淡彩技法、色粉画法、水粉、水彩画法及喷绘画法等，各种画法所呈现出的效果也各不相同，可以根据不同的设计方向及内容进行选择；电脑绘图则通常分为平面绘图与3D绘图两个种类，平面绘图主要以电脑计算机和平板电脑为工具，配合鼠标及电容笔进行绘制，常用软件有Adobe Photoshop、Adobe Illustrator、Corel DRAW及平板端SketchBook、

Procreate，其画法与手绘相同，而3D绘图则多以3Ds Max、Maya、Rhino、Cinema 4D等，电脑绘图凭借优秀的渲染和快捷的出图效率等备受新一代设计师的喜爱。

设计效果图，是设计师从初步的设计构思，到设计草图，再从设计草图细化、提炼后所得到的设计图，它以足够接近产品未来现实样式的形式呈现，具有较强的说明性和启发性，是让制造商、客户等能够直观的了解产品未来样式的重要手段之一。因此，作为设计专业的学生，应该熟练地使用各类绘画表现技法和方式，通过手绘或者电脑绘图的形式，将设计构思逐一表现出来，将电脑绘图、3D模型构建等作为设计师的重要设计工具。

二、模型与实物的制作

（一）模型制作

模型制作是设计由方案向实物转化过程中重要的一环，模型的制作在设计专业中极为常见，其不仅是产品设计专业所需要学习和实践的内容，而同样是环境设计、服装与服饰设计甚至动画等专业也会涉及的。

模型作为一种设计语言，在设计过程中有着重要的作用。设计是一个从概念到具体化的过程，在这个过程中，需要设计师通过手绘及建模的方式把设计理念给呈现出来，随着技术的进步，我们当下已经可以通过电脑绘制三维效果图，但是其根本还是以二维平面的形式来反映三维空间，没法全面反映出产品的真实效果。而模型则刚好通过三维立体的形式，真实地将产品的特征展现出来，是更为直观、更为实在的设计方案表现形式，因此，模型作为一种设计表现语言，在设计方案向实物转化的过程中有着重要的作用。

模型按照用途分类，可以分为草模、展示模型及手板样机三个类型。其中，草模又被称为"粗模"，它是一种在设计前期，帮助设计师大致了解产品外形的非正式模型，广泛运用于产品设计、环境设计及视觉传达设计等专业中。展示模型也称表现性模型，它主要对未来产品的外观形态、色彩搭配、材质肌理、结构组合等内容进行展示，要求具有较强的真实感。手板样机也就是我们俗称的"样机"，它是一种在产品即将量产前的模型，具有较高的实验性，设计师、生产商需要对其进行实际使用体验，了解产品的各项因素。

模型按照制作方式分类，可以分为电脑建模和手工模型两个大类。其中，电脑建模也称为3D建模，它是通过计算机三维制作软件，在虚拟三维空间构建出具有三维数据的模型，能够呈现出更为直观的设计效果。3D建模相较于传统的手工模型制作，具有快捷性、易更改性、可复制性、个性化等特点，主要常用软件有Rhino、Alias、Solid Works、Pro/E等（图4-15）；手工模型也被称为实物模型或实体模型，实体模型的制作过程是目的较强的分析过程，通过实体模型，针对设计产品中的某些问题进行分析，如产品的造型特征、色彩特征等，在材料的选择上一般包括石膏、绿蜡、木板、超轻黏土等。

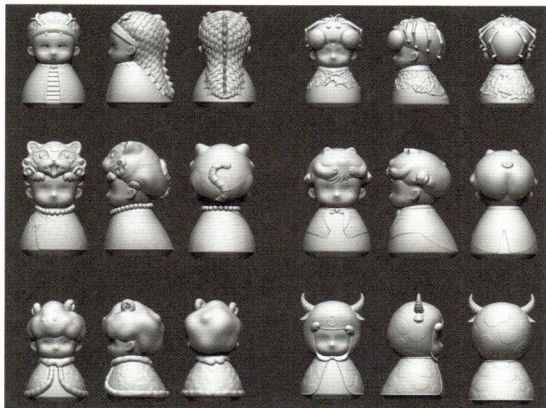

图4-15　Rhino软件所构建的3D模型图

　　模型制作无论是电脑模型还是手工模型，都需要设计师掌握模型制作方法，模型是连接最终产品的重要一环，有着重要的作用和意义，因此，作为设计专业的学生，我们应该加强对模型制作方法的了解和掌握，提高设计水平。

（二）确定设计方案

　　设计方案是一种应用科学，也是一种系统理论指导下，以应用科学的方法解决实际问题的方法论。设计方案的制作过程也是系统而合理的规划过程，在此过程中，按照一定的步骤，对每个阶段进行具体的规划，并根据计划，逐一地完成各阶段的任务。在完成设计方案的优化及模型的制作后，根据效果图及模型的反馈，针对不同的部分进行修改，最终得到理想的效果，确认设计方案。

　　在确认设计方案后，我们需要对设计产品的制造工艺及施工图进行输出。其作为设计项目落地前的最后一道工序，需要根据相关技术规范及制图规范等，给出具体的施工图，如组装图、元件图、零件图等，并附上相关的加工工艺说明及材料说明等。同时，对工艺图纸、效果图等进行档案管理，做好存储，以便不断地复制使用。

（三）实物制作

　　在确认设计方案后就进入实物制作环节，在这个环节，由于专业方向的不同，在制作方式和过程上都会有所不同，但大致可以分为三个方面，即电脑设计制作、设计作品输出及手工制作。

1. 电脑设计制作

随着科学技术的不断升级，电脑设计制作成为重要的设计手段。利用鼠标、键盘及数位板等硬件结合着各类设计软件就能完成设计项目，无论是三维运动还是超现实场景，这些都可以在电脑上实现。电脑设计制作还能帮助设计师快速的汇集设计信息，提高设计师的工作效率，是艺术结合技术的重要表现，如当下较为火热的AI算法绘图，它是数字信息技术及数字算法技术升级下的产物，可以依据使用者文字信息输入或者图片信息输入，计算出使用者的设计要求，这些都极大地推动了设计的创新发展。但与此同时，我们需要认识到电脑设计制作无论其表现的内容如何丰富，表现的效果如何逼真，其最终决定设计的高度的还是归结于设计师本身的艺术修养。

电脑设计制作在设计领域中的运用主要集中在四个方面：其一是平面设计，其二是三维立体影像设计，其三是各种建模、绘图等辅助设计方面，其四是网页、多媒体、数字动画设计等方面。如平面设计中常用的Photoshop、CorelDRAW、illustrator等软件为主，环境设计以AutoCAD、3Ds Max、3D Home等软件为主，网页及多媒体设计以Fireworks、FrontPage、Flash及Premiere、After Effects等视频软件为主，动画设计主要以3Ds Max、Flash、MAYA、Unreal Engine 4等软件为主（图4-16）。

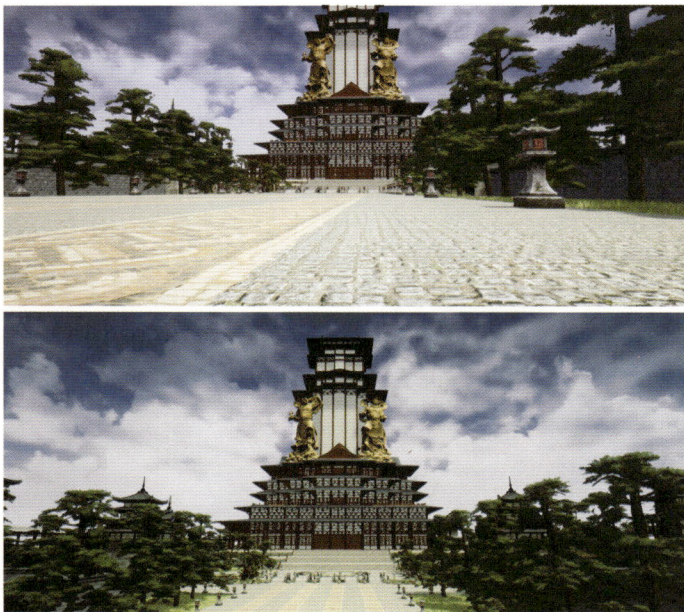

图4-16　Unreal Engine 4（虚幻引擎4）所制作的游戏场景

2. 设计作品输出

在利用电脑完成设计作品的制作后，便到了设计作品的输出环节。设计作品也会因为专业的不同，呈现不同的输出方式。

（1）数码印刷。数码印刷是指将电子文件直接成像于印刷介质。它凭借着易修改、出图快等特性被运用在书籍、作品集、宣传手册、海报、包装设计等项目当中，也是平面设计专业常用的表现手段之一。

（2）数字信息输出。数字信息输出是指将视频、图像、声音等进行二进制数字代码转化，并通过计算机在通信互联网上传输。它主要包括数字视频、数字音频等内容，主要运用于数字媒体艺术专业，它是在完成数字视频、动画、音频等内容的制作后，通过互联网、磁盘、光盘等途径，将制作好的内容进行存储及传输，最终在相关设备上进行播放和运用。

（3）3D打印。它是一种增材制造技术，以数字模型文件为基础，运用粉末状金属材料或者塑料材料，通过逐层堆叠打印的方式对物体进行构建。它主要运用于产品设计及环境设计专业等，凭借着极高的效率，极高的精准性及易修改性被广泛运用在设计制作当中。

3. 手工制作

手工制作在不同的设计专业方向中有着不同的呈现，主要包括包装成型、产品模型制作、服饰及配饰制作、展板制作、建筑模型制作等方面。

（1）包装成型。它是把包装盒从印刷后的平面状态经过切割、压痕、折叠、组合等方式转换为立体状态。它主要是将纸、木、竹、布等包装材料使用对应的加工手段，令其达到外观平整、美观、服帖，结构牢固、稳定的状态。

（2）产品模型制作。产品模型制作常用的材料有石膏、黏土、绿蜡、木材、金属等，依据不同材料的特性采用对应的加工方式，如绿蜡模型的制作。它首先是按照设计好的造型将蜡块的大体形状切出，在此基础上运用雕刻刀、打磨机等工具对其具体造型、结构进行雕刻，雕刻完成后，利用砂纸、抛光布、抛光轮等进行抛光，以求达到真实产品的大小。

（3）服装及服饰制作。它主要包括两个方面，一方面是服装结构设计，俗称"制版"。它是对服装结构、裁剪样式等进行合理的分析和布局，确保服装最终能够实现；另一方面服装工艺，是借助手工或机器的方式将服装裁片进行缝制，论证服装结构与工艺的合理性。无论是服装结构还是工艺，两者是相辅相成的，准确合理的结构是服装能够落地生产的根本，精湛的工艺则是最终服装落实的技术保障。

服饰是构成服装完整性的重要元素，一个完整的服装作品离不开与它相配套的饰品，包括首饰、鞋帽、箱包、雨伞、手套、围巾等。例如，首饰设计中，我们需要考虑首饰材料的选择及与之对应的加工工艺，如玉雕工艺、金属工艺等；箱包、雨伞、帽子等设计则需要考虑造型的同时对材料本身的美感进行表现。

（4）展板制作。展板是指用于发布、展示信息时使用的板状介质。它主要用于产品信息展示、设计说明信息展示、平面设计作品展示等内容，它是将预先打印好的印刷品利用双面胶或者PP背胶的方式固定在相应的KT板上，在完成固定后，按照对应的要求将多余的KT板边缘进行裁剪，最终得到理想的成品。

（5）建筑模型制作。建模模型是以三维立体的形式，将二维抽象的建筑图纸转化为立体的建筑模型。通过将 KT 版、亚克力板、木板及塑料板凳材料按照裁剪、切割、拼接、组装等方式进行加工，得到一件微缩的建筑模型，通过模型可以直观、形象地表达出设计师的设计构想和意图。

实物的制作过程是毕业设计的一个重要环节，它是通过实践论证四年所学知识的重要手段，也是毕业生提升自身综合能力的一次重要尝试。在此过程中，需要毕业生与制造商、消费者、商户等社会层面进行对接，并对产品图纸、结构零件、材质工艺、造型尺度、制造成本、产品销售等进行系统化的学习，是毕业生从设计专业学生转向设计师的重要过程。

第五节
开题报告与论文

论文开题答辩是指由导师组织的毕业设计组的学生就如何完成毕业论文进行的一次小型答辩。与毕业设计答辩有区别的地方在于，它在形式和工程方面可以更加灵活。它的主要内容包括学生对开题报告的陈述以及教师的提问。它的主要目标是对学生的毕业设计开题工作做好了充分的准备，并用互动交流的方式，进一步发现问题并解决问题。

一、毕业设计任务书

确定了选题后，老师应将被指导的同学集中到一起，向他们发放毕业设计的任务。毕业设计课题是指确定毕业设计课题的书面形式，其主要内容有：

（1）毕业设计（论文）题目。

（2）毕业设计（论文）基本内容。

（3）毕业设计（论文）专题。

在确定了课题之后，应该尽快将课题的任务书发给学生，以便他们更好地了解课题的内容，并能更好地进行论文的开题与答辩。

二、开题报告和开题答辩

开题报告是毕业设计中的重要环节，其主要内容包括：

（1）选题的目的、意义。

（2）开题的基本内容。

（3）完成期限和主要措施。

（4）预期达到的目标。

（5）主要参考文献。

（6）指导教师意见（包括毕业实习）。

（7）系审查意见。

（8）学院审查意见。

我们可以发现，开题报告属于毕业设计的提纲性文件。在编写开题报告的过程中，教师和学生能够一起对课题的意义和可行性进行讨论，从而对研究方法和实施措施进行确定，并对计划进行明确的安排。因此，我们必须对这个环节给予足够的重视，以便能够尽早发现毕业设计中存在的问题，并采取相应的对策。如有需要，可对选题进行适当的调整或变更，从而使毕业设计工作顺利进行。

三、开题报告的内容

开题报告报告通常包含题目、立论依据（选题的目的与意义、国内外研究现状）、研究方案（研究过程、拟解决的关键问题研究方法、研究计划、参考文献）等要素。

（一）题目

毕业论文的题目是对论文主旨的高度总结，要求：

1. 精确、标准

要准确地概括研究的问题，体现研究的深度和广度，体现研究的性质，体现实验研究的基本要求——处理因素、受试对象及实验效应等。词汇和句子要科学、规范。

2. 言简意赅

尽量用最少的字来表述，通常不会多于20个字。

（二）立论依据

1. 选题目的与意义

选题的目的与意义也就是要回答为什么要进行研究，并给出研究的价值和需要的背景。通常情况下，首先要讨论的是现实需求，即从存在的问题中得出研究的实际意义，之后才能讨论其理论和学术价值，要求要具体、客观，还要有针对性，要注重资料的分析，要注意时代、地区或单位发展的需求，切忌空洞的口号。例如，要编制一个建筑工程的脚手架搭拆施工方案，就必须对该工程的工程规模、结构形式、施工特点等进行分析，明确该工程在脚手架搭拆的时候，存在哪些安全和质量方面的隐患，必须制定出一套专项施工方案，并严格执行，才能将这些隐患排除掉，使其顺利进行。要根据现实情况，具体描述、重点描述。

2. 国内外研究现状

国内外研究状况也就是文献综述，必须要有参考资料，参考资料既要与研究问题有关，也不能太过局限。不相关的散射是无限的，太过狭隘也违反了学科交叉、渗透的原则，造成了视野的狭窄、思想的窒息。所谓综述的"综"，就是对一个特定时期内，某个学科的研究情况进行总结；"述"不是讲故事，而是评述，讲的是自己的独特见解。我们要重视分析和研究，善于找出问题，突出所选课题的地位、优势和切入点；抛弃成见，不引用与老师和自己的意见相反的意见，显然是一种错误。综述的对象，除观点外，还可以是材料与方法等。

另外，应该对文献综述中所引的重要参考资料进行著录，它既能体现出作者的论据的真实性，又能体现出对原作者创作成果的尊重。

（三）研究方案

1. 研究过程

研究过程是对整个研究在时间及顺序上的安排，要分阶段进行，对每一阶段的起止时间、相应的研究内容及成果都要有明确的规定，各阶段之间不能有间断，以确保研究进程的连续性。

2. 拟解决的关键问题

拟解决的关键问题是对可能面临的最主要的、最基本的、最关键的困难与问题，要有准确、科学的估计和判断，并采取切实可行的对策与措施。

条件分析突出了仪器装备等物性条件的优点。要对协作单位及分工进行明确，要进行合理分工，对各自的工作及职责进行明确，与此同时，要注意全体人员的紧密配合。建议建立指导小组，并在确定指导小组成员时，从课题研究的实际需求出发，以知识结构的互补性为基础。

3. 研究方法

我们首先要明确的是，在科研过程中，什么是科学的研究方法？在大中小学的教学过程中，使用得比较多的有文献法、调查法、实验法、行动研究法、访谈法等；我们在介绍自己的论文方法时，并不是要说明方法的概念，而是要说明你是怎样运用研究方法的。例如，问卷调查法，要说明你的问卷是不是自制的？或者说，他是在借鉴别人的经验？我们是在学习如何运用，不要把研究方法列举得太多，只讲一两条，把重点放在研究上。

4. 研究计划

研究阶段主要指的是我们在选择题目的时候，从思考阶段直到论文的成熟期。在这一部分，我们必须对每个阶段要做些什么工作，有明确的目标，还应该明确呈现出什么样的成果。各阶段要有具体的分工，每一阶段都有谁具体负责，谁来处理有关的事情；各阶段的时间安排应做到合理，有步骤、有计划地进行。

5. 参考文献

格式要规范，要注意论文作者、论文标题、出版社或杂志的名字、英文字母大写、杂志类型、出版日期（若为书目，则应注明页数）等。而且，每个部分都有一个标点，字体大小也都是小五号。对来源不同的稿件，应区分其稿件种类。

四、制定开题报告的意义

在已经初步定好选题，并对有关的资料粗略地收集和整理后，接下来就是要及时地写出毕业论文的开题报告了。在撰写毕业论文时，为何要着重确定题目的内容？从校方实施教育而言：第一，制订一项计划，是完成论文写作的一个关键步骤。第二，为毕业生提供了一个相互学习的平台，并避免了论文的内容重复；使导师能及时掌握研究生的最新课题和科研情况，并能对其进行有效的指导。从毕业生自身而言：第一，能够使调查动机更加清晰，从而提高调查的针对性。第二，有助于理解工作过程，降低研究的混乱程度。第三，有助于了解调查程序，并克服调查的目光短浅。第四，可以把握研究本质，调动研究的自觉性。

五、毕业论文的撰写

毕业设计的题目选好以后，就进入了毕业设计的写作阶段。毕业设计的写作可以因所学专业、实习岗位、顶岗内容等的不同存在较大的差异。但是，在开始毕业设计的写作之前，如果能够了解毕业设计写作的一般要求、熟悉毕业设计资料搜集整理的办法、掌握毕业设计的具体内容、了解毕业设计写作的常见问题及解决办法，按照毕业设计的基本格式，有计划、有步骤地开展毕业设计写作，一定能够起到事半功倍的作用。设计专业本科毕业论文对格式标准有较高的要求，但通常论文长度不会太长，一般为5000~10000字。设计专业的本科毕业论文，对于理论研究的深度通常不会有太高的要求，但是论文的内容一定要完整清晰、论点明确、言之有物。以下就从文章的基本层面进行具体分析。

（一）背景分析

背景分析包含对历史背景、社会背景、市场调查等内容的分析，其研究目标是要明确本论题的提出背景及实际意义。这一部分的内容通常是从毕业设计前期工作中所做的市场调查及对资料收集中进行分析提炼而来的，它的资料基础相对来说比较丰富。但是，在撰写这一部分的时候，一定要注意对篇幅进行控制，要把握好要点，还要注意对其进行精炼，切忌随意堆砌，这样就会使论文中的重要理论分析部分弱化。

（二）理论分析

在毕业论文中，理论分析是最能反映出作者学术理论水准的一个环节，因此，在这一环节中应该突出重点。如前所述，对毕业设计进行理论探讨时，要有宏观的视野、细微处的视野。论题可以非常具体，可以从细节入手，但也要懂得扩展和深化，将对具体问题的分析，上升到理论的高度，发掘出普遍的规律。

（三）理论与自身设计实践的结合

如果能够将理论分析的成果与作者的设计实践结合起来，用设计实践的成果来检验理论分析的正确性，那么将会使论文的内容更加丰富、更加具有说服力。在这一部分，与设计说明书对设计思维过程，设计作品细节的详尽阐述相比，作者应该选择设计思考中与论文论点相匹配的部分进行重点讨论。

第六节
毕业答辩、设计展览与就业招聘

一、什么是毕业答辩

毕业答辩指答辩委员会成员或答辩小组成员（以下简称答辩老师）和撰写毕业设计的学生进行面对面的交流，答辩老师会针对论文中所涉及的有关问题进行提问，并要求学生进行面谈。这一问题包含"问""答"，也许还包含"辩"。毕业设计答辩作为一种论证方式，可以借助这种答辩的方式对学生论文质量进行检验。毕业设计答辩具有以下特点。

（一）答辩双方存在着显著的不平等

毕业设计答辩的两个参与方的人数并不相等，其中一方是毕业设计的作者，只有一个人；另一方是由教师或相关专家三人或三人以上组成的答辩团。答辩团或答辩委员总是处在主动的、审查的位置上，毕业设计的创作者总是处在一个被动、被审视的位置上，而且双方在知识、阅历、资历和经验上存在着很大的差距。

（二）毕业答辩需要提前做好准备

毕业设计答辩涉及的学科很多，因此，作者应在答辩之前做好充分的准备工作，以保证顺利通过。在答辩会上，参与答辩会的教师们，会以答辩会上的学生们所提交的毕业设计为基础，制定相应的题目，一般都会有三个或更多的问题。并且，答辩组准备的题目，对于毕业设计的作者来说是保密的，只会在答辩的时候公开。在教师提问之后，通常会让学生进行正面回答。

所以，在进行论文答辩之前，虽也需要准备论文答辩，却很难针对论文中所提的题目，只需对自己完成的论文及相关题目，进行广泛的思考与准备。

（三）表达方式以问答为主，辩论为辅

毕业设计答辩通常采用回答的方式，由答辩老师提出问题，作者做出回答。在提问和回答中，可能会有一些作者和答辩教师的意见不一致，从而发生争论。但是，就整体而言，毕业设计答辩主要采用的是问答的方式，并辅以不同意见的争论。

二、毕业设计答辩的目的

（一）检查学生对研究课题的了解以及现场论证论题的能力

一般来说，从学生递交的毕业设计就可以看出，其对自己所撰写的毕业设计的了解程度及论证论题的能力。但是因为各种原因，其中一些问题并没有被全面地阐述，可能其受到了整体结构的限制，不方便进行全面地阐述，还有一些问题可能是，作者认为这个问题不重要，或者没有必要对其进行详细阐述，还有可能因为作者无法深入或说得不清晰而刻意避开这个薄弱的环节，或作者本身并没有意识到这个缺陷等。在回答这些问题时，我们可以更好地了解其为什么没有进行更深层次的分析，从而了解学生对于自己所撰写的毕业设计的认知程度、理解深度及现场论证论题的能力。

（二）检查学生专业知识的深度和广度

虽然从毕业设计中，我们可以看到学生所掌握的知识有多深、多广，但毕业设计的首要目标并不是测试学生知识的深度和广度，它更多是在考验学生对所学知识的综合运用，以及对问题进行独立分析与解决的能力，进行科学研究工作的培养与锻炼。在毕业设计过程中，答辩学生所使用的一些知识，他们的确掌握了，并且能够将其融会贯通，应用到工作中；有些可能只是一知半解，还没有将其转化为自己的知识；还有可能是借鉴了别人的内容，连它的根本意思都不明白。在答辩会上，答辩老师将毕业设计中阐述不清楚、

不详细、不完备、不确切、不完善的地方，让答辩学生在现场进行回答，通过这种方式，看出学生在所讨论的问题上是否有深入广泛的知识基础、创造性的见解以及足够扎实的理论基础。

（三）审查答辩学生毕业设计的真实性

由于受到弄虚作假等不正之风的影响，导致部分学生在毕业设计（论文）中出现抄袭剽窃、请人代笔等不良行为，而急于求成、心浮气躁的风气，更是让这一不良行为有了蔓延的趋势。例如，一些专科生、本科生、硕士乃至博士，都请了"枪手"为他们写毕业论文。也有一些学生，因为太忙（如做生意、打工），没有把大部分的精力放在学习上，所以在提交毕业设计之前，也会"苦思冥想"，然后胡乱地提交一份论文，试图糊弄过去。尽管指导老师应该对其进行严格把关，但是一个指导老师要同时指导多位学生进行不同课题、不同范围的毕业设计，因此，对于作假、作弊的情况，很难做到毫无疏漏。所以，通过答辩，能够增强对毕业设计真伪的审核力度，还可以遏制不良现象、端正学风、净化学术道德。

（四）通过毕业设计的必经程序

学生要按时毕业，就必须参加并通过毕业设计答辩。所以，为了能够顺利地通过毕业设计的答辩，答辩的学生一定要对学校组织的毕业设计答辩的要求有所了解，并进行针对性的准备，对毕业设计的相关问题进行深入探讨和研究，还要对毕业设计中所用到的基础材料有一定的了解，同时对其基本理论、基本原则、基本思想有一个清晰的认识。

三、毕业设计答辩的程序

从一个想法到一个设计方案，再到一个项目的最终成果，历经几个月的时间，这期间的辛苦可想而知，经过了这么长时间的努力，在忐忑之中，毕业答辩的日期也逐渐临近。因此，为了顺利通过毕业答辩，在毕业答辩之前做好充分的准备工作是非常必要的。一般情况下，毕业答辩前都会有2~3天的准备时间，具体安排如下。

1. 检查毕业设计作品

用1天左右的时间来检查毕业设计作品及毕业设计材料中的疏漏，对于遗漏、破损、错误，要有充足的时间来进行补充和更正。

2. 核对完成毕业设计作业的数量

根据学校毕业设计任务书要求，对作品的数量、内容等进行检查是否专业、规范，有没有明显的差错；以前完成的作品有没有因为保存得不够好而造成损坏；从总体上看，这部作品有没有有待修补的缺陷；检查已刻录的光盘是否能顺利打开、浏览和演示；检查电子文件，看看是否有什么遗漏的地方。如有问题，应及时改正。

3. 检查文字材料

对于文字材料更是要一字一句地核对，而且要一次又一次地校对。一般情况下，文章中会有很多的错字、漏字、别字、串行、错行、乱行、标点符号的遗漏、乱用、英文翻译不准确、语法错误、注解和参考文献的顺序不对、信息缺失、文献陈旧，这都是文字或者校对的问题，只要发现了，及时改正就可以了。但事实是，在经过了几次修改之后，已经形成了一篇完整的文章，仍然存在着许多不通顺、不连贯、不符合逻辑、不合乎语法的词语，因此我们需要进行多次检查。

在此，我们再强调一些要点。

第一，文字的字间距和行间距必须一致。在同一文本中，出现多种行距、间距格式，在阅读过程中会显得十分不美观。此外，还会间接地反映出该学生的学习态度，很容易给人留下不好的印象。

第二，正文的题目要简洁、序号要一致。正文的各个层次的标题一般都是章节的主语，在篇幅方面，要做到言简意赅，各层次的标题之间要体现出一定的逻辑联系，排列方式要统一。

第三，参考文献要合乎规范。根据要求，应在参考书目内列2~3本参考书目、论文或网络资料。

第四，注解和文献必须使用的注解规范。注释可以有脚注，也可以有尾注，注释与参考文献的注解应该统一，按次序进行排列，应当包括作者名称、书名（或论文名称）、出版社、发表时间、页数，以便查找。对网页材料的引用也要有清晰的注解。

第五，语句通顺。就语言最普遍的要求而言，叙事要流利，语言要合乎文法，段落要有结构。

4. 设计作品展示布置

用半日的时间提前安排好展览的安排，避免在答辩过程中因为手忙脚乱而影响正常答辩。在此工作结束之后，要将小型的作品（包括光盘、文本资料等）集中放置在坚固、便于携带的手提袋或纸盒里，对于易碎品要分开用报纸或软布包裹好，然后集中放置，容易损坏和害怕被压的作品要分开放置，或者尽可能不要挤压大型的作品，如已经装帧的海报和效果图等，要将它们集中用绳子捆起来，留出提手，以便于集中运输。将作品放在一起，可以防止作品在答辩的时候丢失。

5. 答辩工作准备

用半天的时间周密安排答辩流程，如对作品的展示和设计过程的介绍、回答老师的提问及答谢词的时间进行合理的分配。其中，对设计过程的介绍尤为重要，最好是在纸张上，按照一定的顺序，将提纲一一列出来，确定优先次序，选取主要内容进行详尽的阐述，对次要内容进行简要介绍。想象答辩教师可能会问什么问题，并准备好回答。在答辩快结束的时候，一定要记得致谢词，感谢的内容并不在于多少，而是情感的真实表达。

6. 放松自己，调整情绪

在完成上述的工作事项后，应该利用剩余的时间使自己放松，如散步、聊天，以保证精力充沛，以最好的状态参加答辩。

四、毕业注意事项及答辩技巧

在毕业答辩的过程中，除了完善毕业设计及毕业论文之外，还需要注意答辩时的临场发挥，为此在答辩时有必要掌握一些注意事项及答辩技巧。

（一）注意事项

1. 衣着得体，仪态端庄

衣着可以直接反映一个人的文化素养和精神面貌，也是衡量人们对自己第一印象好坏的一个重要指标，一套得体的衣服更是对别人的尊重。在毕业答辩这样一个严肃的场合，虽然并不需要特意打扮自己，但是，作为所有人关注的焦点，答辩者的着装至少要得体，仪态要端庄，避免蓬头垢面、袒胸露背或者奇装异服，更不能穿拖鞋进入答辩会场。

2. 彬彬有礼，举止文雅

请注意礼貌问题，上台要向各位评委问好，征得评委的同意后再开始陈述。陈述及介绍作品时应礼貌地目视评委，表情自然、谈吐大方、举止得体，语音、语调、语速适中。答辩结束时，即使你因为答辩的不顺利而情绪低落，也不能因为不愿意而草草收场，一定要感谢所有的评委，然后彬彬有礼地离开。记住，在评委面前表现得彬彬有礼、信心十足，对答辩大有裨益。

3. 准备充分，信心倍增

自信不仅来自对自己实力的肯定，同时来自自己一丝不苟的治学态度以及在此过程中所付出的艰辛努力，除对自己的设计作品拥有充足的信心之外，在答辩之前做好各项工作的充分准备，也会给自己增加很多的信心。对于每一名毕业生来说，他们都没有参加过毕业答辩，但是也都非常重视毕业答辩，如果能够在自己答辩之前到现场观看，了解评委们是怎么评价、怎么提问、怎么要求的，而他们又是怎么回答的，这无疑会给自己的答辩提供很好的参考。因此，在他人进行答辩的时候，切记不能置身事外，要向他人学习，有了准备，在答辩的时候自然会充满自信。

4. 排除干扰，轻松表达

要善于调节自己的心理状态，不要被紧张的情绪所困扰。紧张的情绪对答辩者的临场发挥和正常表现造成了很大的影响，使其很难按照既定的计划来进行，这就很容易让人失去清醒的头脑，导致行为显得机械刻板、语言表达不出自己的意思。因此，在人群较为集中的答辩现场，最好的办法就是集中精神，专注，放松。如果在答辩开始的时候遇到了一些小挫折，也不用太过担心，在整个过程中都要保持微笑，保持良好的状态。

5. 相互尊重，取长补短

答辩是一种很好的学习交流方式，也是一种增进感情的方式，但有些毕业生却没有这种觉悟，只顾着自己，不顾他人的感受。有些提前答辩的毕业生在答辩完毕后，就兴致勃勃地在现场高谈阔论，严重干扰了答辩的进行；也有些毕业生在答辩完毕后就匆匆离去，对他人的答辩毫无兴趣；还有些毕业生在等待答辩时或答辩完毕后并不着急离场，全程静静旁观，鼓励并帮助其他同学。

前两者无疑错失了一个绝佳的学习机会。后者则擅长处理人际关系，有很强的综合能力。实际上，答辩就是一种交流，一种学习，一种提高的过程，它涉及思维方式、研究路径、收集数据、提炼观点和整理问题。各种观点的发表，都是互相学习的最好时机。

6. 讨好卖乖，物极必反

如果知道自己在专业设计方面的能力有限，那么就应该积极地与指导教师多沟通、多交流，将自己的时间和精力投入设计当中，以期在短时间内取得一个跨越性的进步。不要在答辩时"临时抱佛脚"，用阿谀奉承的手段博取答辩老师的欢心，投机取巧只可能会使事情更糟。

（二）答辩技巧

所谓答辩，既有"答"又有"辩"，即答辩人可以就某一问题作相应的辩论。这一环节，毕业生的专业素养、理论分析、语言组织、应变能力，都是毕业生的"软肋"，也是"瓶颈"。大部分学生都会觉得，如果不能回答出评委的问题，就会失去毕业的机会，以致会产生畏惧心理，影响自己的表现。但事实并非如此，评委的即兴问题，一般情况下是没有标准答案的。如果毕业生拥有最基本的专业知识且观点正确，那么很多问题都可以通过，这些问题的答案可能出现在作品中，也可能出现在文字中，还可能就是毕业生随口说出的一句话，总之不会有多大的偏差，大家不用太过紧张。

适当地掌握一些答辩技巧，对答辩有很大的帮助，以下几点可供参考。

1. 突出特色，扬长避短

从客观的角度来看，即使一件再出色的设计作品，也不可能是完美的。因此，在对毕业设计作品进行介绍的时候，要知道如何发挥自己的优势，避开自己的短处，将自己的设计特点突显出来，而不能将介绍的内容局限在一些表面的、有目共睹的、人所共知的内容上。

2. 追求细节，生动演示

一些重要的或者特别的设计，常常有一些细节被忽略掉。毕业生可以在向评委们介绍设计作品的时候，面对面向他们展示最重要的部分，一边解释一边示范，这样既直观又生动，又不会让"亮点"被掩盖。

3. 集中精力，听清提问

在答辩教师提出问题的时候，要有礼貌地看着老师，注意倾听，不要死记硬背，而要结合自己的理解回答。如果没有理解清楚问题，可以礼貌地要求其重复一次，或说出你对问题的理解，如"请问是不是这个意思"，在得到肯定的答复之后就可以回答了。如果不确定的话，就不要急于回答，否则极有可能答非所问。

4. 有把握，大胆辩论

对有自信的提问，做出完整的解答，从而在该题目中发挥出自己的长处。若遇有疑问或辩驳，可提出合理的论据，适时展示自己的才干及学识。在有把握的前提下，千万不能因为别人的一句话而退缩，那样只会让人觉得心虚、缺乏自信，同时会因此错失一次展现自己的机会。

5. 把握不大，谨慎辩论

对于某些问题，毕业生可能会觉得似曾相识，即使不想轻易放弃，也一定要慎重对待，因为答辩老师的问题一定是有事实依据的。因此，在面对这样的问题时，最好先进行"试探"，看看答辩老师的反应，再做出相应的判断。如果对方在认真听，那就证明自己的想法是对的，就可以大胆回答了；如果被评委打断后给予一些提示，在得到提示后，如果有信心就继续作答，如果没有信心就放弃并虚心向评委请教。这样做虽然表面上看起来好像没有成功，但能让所有人都看到了不轻言放弃并敢于争取的一面。

6. 没有把握，虚心请教

在不确定的事情上，不要乱说话，也不要想着糊弄过去，可以坦诚地表示"自己对这一点还不是很了解，还请各位老师多多指点"，同时很认真地说"以后会好好学习的"。需要注意的是，千万不要随便用这种方法，因为评委对问题的难易都很了解，如果遇到的问题比较难，那么这么做不代表不懂，而是证明虚心好学，能够得到评委的喜欢和理解；相反，如果随便放弃一道常识题，那么就会暴露答辩人的无知。

7. 懂进退，知取舍

有时候，答辩老师会对毕业生千辛万苦设计的作品"百般挑剔"，原因有二：一是关于"亮点"的问题，考察是属于"有心栽花"还是"无心插柳"；二是关于"糟粕"的问题，主要是考验设计师的"自知之明"。因此，并非全部"挑剔"都是针对缺点的，有的时候还会针对优点。你要有正确的判断力，而不是"勇敢"地"承认错误"，表面上谦虚，实际上却是心虚。"有心栽花"的时候，会明白答辩老师想要的是什么答案，"无心插柳"的时候，则不会明白答辩老师想要什么答案。就算工作有很大的瑕疵，但贵在有"自知之明"，要敢于承认自己的不足，并且积极地请老师提出改善建议，表明自己以后在设计上会更加小心，不会再重蹈覆辙。对于自己的错误，不要辩解，更不能狡辩，强词夺理会使你错上加错。

五、毕业设计展览的目的

毕业设计展览的目的是对艺术学院设计专业教学的设计成果进行全面的展示，更重要的是让社会企业人士可以加深对设计教育的理解，通过毕业答辩、毕业展览、就业招募"三位一体"的综合性活动，让业界人士可以更直观地认识到学生的设计水准及实力，并发掘其潜力及特色，这对于每个参加展览的学生而言，都是一种有益的经验及挑战，也是一种互相学习及与社会交流的机会。此外，毕业设计展览期间还能让后来者更清楚地了解自己所处的院校和所学专业的优势，了解将来的设计发展方向和就业市场的需要；学会毕业设计的激情，学会追求完美的设计态度，学会如何与社会、公司合作，找到自己未来的发展方向。与此同时，可以让学生更加真实地了解本专业指导老师的专业设计能力和学术水平，让下一届的同学们真正地重视毕业设计的创作，并在毕业设计之前认真地打好自己的专业基础。

六、毕业设计展览的方法

毕业设计展览是艺术设计专业毕业生毕业设计所取得的最后成果。

毕业设计展览的开展，为毕业生提供了一个展示自己作品的舞台，同时为社会各界寻找优秀的设计人才搭建了一个平台。

因此，必须在学校教育和就业部门的配合下，在学院、系部和专业的领导下，由教师对毕业生进行直接的指导，统筹安排，精心组织，团队协作，班级合作，尽可能地将毕业设计的结果集中展示，并将学生的专业成绩报告给社会和企业，以及学校和家长，让社会和企业"挑选"。将学生的特长和特点充分地发挥出来，在三维的空间展示设计中，从整体展览的设计到各个专业的展区，从毕业设计展馆到社会和企业的人才招聘洽谈场所，从立体的实物模型到平面的展板设计，从真实的作品展示到虚拟的多媒体演示，从完整的设计报告书到个人简历，从展览海报到作品标签，从社会和企业邀请函到毕业生个人名片，从展览招聘活动的整体组织到具体的项目细节，都需要进行全方位、多角度的融合。

七、毕业设计展览设计的要求及方法

（一）毕业设计展示设计的要求

毕业设计是学生专业技能、个人才华和综合素质的集中体现，是对学校教学水平的评价，也是对教师水平的评价。由于毕业设计展览承载了较多的内容与功能，那么就一定要在展览设计中得到充分的体现。首先，可以反映毕业生在大学里学到的专业知识，它是一个真实的记录与展示。与此同时，它体现了高等教育毕业设计"以真实项目为载体、以校企合作为途径、以工学结合为方法"教学理念的设计成果。在毕业设计的全过程中，布展设计是一项非常重要的工作，无论是老师还是学生，都应该全力以赴，积极参与。其次，对各专业的设计成果进行了集中展示，同时对视觉识别系统（VI）进行了统一的宣传，并对各专业进行了全方位的宣传，使其能够反映各专业的特色。例如，平面设计中的图案设计具有较强的视觉冲击力，重视对企业品牌和形象的设计和传播；在工业产品的设计中，主要注重实体的三维模型；环境美术设计主要是对建筑和环境进行空间设计，并在此基础上适当地添加建筑、景观和室内空间的规划模型和沙盘；服装类专业以三维立体的着装模式和走秀模式为主。作为高校，在毕业设计过程中，要注重对学生综合素质和团队协作精神的培养。

（二）毕业设计展示设计的方法

在毕业设计展示中，要重视对整个过程的规划和包装，可以对每一届毕业展览的 VI 形象进行设计，对招贴海报、请柬信封、名片标签，甚至是文化衫（T 恤），进行统一的设计，这样才能更好地面向社会和企业进行宣传和推广。

举办毕业作品展是一项综合设计工程，所以应该以学生为主体，辅以教师的指导，在相关经费方面，学生团队可以自行进行规划，争取企业的赞助，学校也可以给予适当的资助。

在毕业设计展示中，可以采用校内与校外两种空间展示方式。校内如多功能厅、走廊、餐厅、会议室、大礼堂、体育馆、图书馆等空间，这样既方便了学校的学生们自由地交流和观看，又能节省场地租金等成本，还能进行更长时间的展览。在学校之外，可以在美术馆、博物馆、文化艺术中心等公共场所进行毕业展览，这样可以方便地向社会、企业、市民进行汇报，还可以提高学校和专业的知名度。但是，学校外的收费比较高，展出时间也比较短。

（三）毕业设计展示版面的设计与制作

毕业设计中最重要的工作是展示版面的布局设计，包括两大方面，一是内容设计，二是形式设计，这两大方面设计的好坏，直接关系到毕业设计的成败。版面设计是展示毕业设计成果的重要手段之一，其中文字、图片、构图、编排、色彩等是版面中最基础的要素，而这些要素所构成的版面是向受众传递信息的主要载体，所以，我们必须给予版面设计足够的关注。各专业的版面都要有统一的规范和大小，包括版面眉和版面底的标牌；以毕业设计报告的内容为基础，对设计作品的图片和文字进行提炼，同时也是对学生平面排版设计能力的一种训练，导师要给予指导。

实际上，经常会有一些同学没有注意到这一点，造成毕业设计不理想，不仅影响了设计的整体效果，而且会给社会和企业界的人留下不好的印象。"细致入微"是一名专业设计师的必备素质，而"细致入微"地完成设计工作，则是学生在毕业设计工作中取得成功的关键。

八、毕业设计展览与就业招聘的结合

在毕业设计答辩结束之后，就会进入设计展示与就业招聘阶段。这是一个收获的季节，是设计学院师生们向社会、企业报告自己的教学成果，并与企业开展合作交流的一年中的一次开放性的学术活动，同时也是一次设计人才就业推荐的招聘会。因此，最好的办法是把毕业设计展和企业设计人才招聘会结合起来，并邀请本地及邻近地区的企业及机构，在展会上与毕业生面对面进行沟通，并开展招聘、考察等活动，最终达成就业意向，这对企业和学生来说，都是一种真正的双向选择。

每年一度的毕业生设计作品展，可谓设计院校的年度盛会。毕业生在自己的努力下，将自己几年的研究成果，尤其是毕业设计项目的成果，呈现给社会、企业、学校和家长。"毕业答辩""毕业展示"和"就业招聘""三位一体"的创新教学模式，为"学校与社会，学生与企业""校与企，工与学"提供了一个广阔的平台。"三位一体"的毕业设计展，不仅展现了年轻设计师的锋芒和朝气，更通过展览促进就业，搭建了年轻学子走向专业设计师的一座桥梁。

本章小结

本章主要介绍了设计专业毕业设计的标准流程，对毕业设计的每一个环节进行了详细的说明和分析，对在毕业设计过程中每一个阶段可能会出现的问题进行了说明并给出了相应的解决办法。设计专业毕业设计的流程主要包括以下几个部分：前期准备工作、熟悉设计流程并做好技术准备、设计的实现阶段、论文撰写阶段、设计演示与论文答辩阶段。

论文的前期准备工作，主要有选题的确定、开题报告的撰写、任务书的撰写、文献的检索和资料的搜集，以及项目的总体计划和预算。在前期的筹备工作中，要注重选题，同时要注重对毕业设计时间的整体安排。在完成前期的准备工作之后，接下来要做的就是对自己所选择的方向的具体设计与实现流程，以及所使用到的技能与技术进行了解。在大学的前几年，大家都已经学习了相关的专业技能和相关的软件技术，而在这个阶段，主要是针对自己的选题方向展开有针对性的学习，并对之前学过的知识进行总结。在毕业设计的过程中，设计的实现阶段是一个非常重要的阶段，包括设计思路、创意与草图实现、设计效果表现、设计的表达、设计思维的文字表达等各个环节。

在撰写论文的阶段，要注重毕业论文的写作格式、排版规范，更要注重将本人的思考、创作过程以图形的方式完整呈现。在展示的过程中，必须将自己的思路与创作过程表达得一清二楚。设计演示与论文答辩是毕业设计的最后一个阶段，在准备演示文档时，要注重结构明晰和长度控制恰当，在答辩过程中应注意仪表与时间的掌握，除此之外，还必须掌握一些答辩的方法与技巧。

📋 思考题

1. 毕业设计的流程主要分为哪几个阶段？

2. 毕业设计的前期准备应该做好哪些工作？

3. 根据你的选题方向，详细地描述一下选题方向的具体设计和实现流程，以及需要什么专业技能和专业软件？

4. 设计的实现阶段具体包括哪些环节？

5. 如何更好地写好毕业论文？

6. 设计演示与论文答辩应该注意哪些问题？

第五章

主要设计学类专业的
实施步骤与案例

5

毕业

设计

设计学门类下涵盖多个设计专业，各高校开设的设计方向众多，本章将以云南艺术学院设计学院作为教学案例，通过不同专业的设计案例介绍毕业设计具体实施步骤。

云南艺术学院设计学院始建于1984年，是云南工艺美术教育及艺术设计教育的发源地。2006年获得"设计艺术学"硕士学位授权并开始招生。经过35年的改革发展，设计学院以人为本，围绕人才培养，树立了"学习民间，注重素质养成，服务社会，强化实践创新"的办学理念，成为以本科教育为主，稳步发展研究生教育，具有相当办学规模的专业教育、创作、服务机构。对云南省的艺术设计教育发展发挥了较好的引领作用。

根据教育部2012年新发布的本科专业目录和2018年《普通高等学校本科专业类教学质量国家标准》调整后，现有环境设计、视觉传达设计、产品设计、服装与服饰设计、数字媒体艺术5个本科专业。其中环境设计专业下设室内设计方向和景观设计方向，产品设计专业下设民族艺术与设计方向。39年来，设计学院坚持教育教学改革，厚积薄发，形成了自身办学特色和优势。"校地合作"民族文化创意系列主题设计活动，"校企合作·协同创新·铸造未来"创意活动系列，"非物质文化遗产传承人进设计课堂"，文化和旅游部、教育部"中国非物质文化遗产传承人群研修培训"，"创意集市"等教学及实践活动成为我院特色办学的亮点。2010—2017年，分别获云南省高等教育教学成果奖一等奖1项、二等奖2项。

第一节
产品设计专业毕业设计实施步骤

一、专业概述

（一）专业介绍

云南艺术学院产品设计专业在2019年获批国家级一流本科专业建设点，2020年专业核心课程"云南特色民间工艺"被认定为国家级一流本科课程。

产品设计专业是由2000年艺术设计专业下设"民族民间工艺与旅游商品设计"方向所衍生的，2006年获"设计艺术学"硕士学位授权，2012年变更为产品设计专业，2019年12月，获教育部批准成为首批国家级一流本科专业建设点，进入全国高校455个同类布点专业并排名前4%。迄今与文化和旅游部共建"大理传统工艺工作站"，被授予云南省特色旅游商品研发中心、云南省非物质文化遗产保护传承基地、云南省文化产业创意设计人才培训基地。其专业实践教学中心被授予云南省高校实验教学示范中心和工程研究中心，2013年成为国家综合改革试点专业，2015年遴选为"中国非物质文化遗产传承人群研培计划"承办高校、云南省高等院校本科品牌专业。专业以云南省"民族团结示范区""生态文明建设排头兵"和"面向南亚、东南亚辐射中心"的建设发展定位为契机，立足于云南特色手工艺文化研究，将地域文化、民间工艺及设计相融合，重视田野与文献（格物与研考）、文化与情感（人类与自然）、工艺与设计（存蓄与传承）的关系研究，并应用到教学、科研与创作中。本着"务实、求新、善美"的精神，协同创新，夯实专业优势和影响力，努力建设成为全国乃至全球的一流产品设计专业。

（二）教学目标

引导学生通过对自然环境、工艺传承、人文情感、民族文化的认识与学习，达成文化认同与自信，并建立自然生态和谐思维；掌握产品设计的原理及规律，帮助学生树立高情感与高科技并行的意识形态观，具备挖掘、存蓄、凝练情感与文化并将其转化为文化创意产品的研究方法与实践能力，培养传承中华优秀传统文化、具有新生活美学造物观的高素质复合型人才。具体表现为：

（1）掌握产品设计专业方向相关领域的基本理论知识。

（2）掌握产品设计专业方向领域相关的设计方法和制作技术。

（3）掌握产品设计专业相关的工艺流程和制作能力。

（4）熟悉产品设计专业方向领域的相关方针、政策和法规。

（5）了解产品设计专业领域发展前景、发展动态及发展走向。

（6）具备初步科研能力和实际工作能力，并且具有一定的思考判断能力。

（三）专业特色

1. 展现地方特色民族文化

产品设计专业经历23年的发展已经形成了自己独特的专业特色风格，设计学院从2004年至今发展形成了系列"校地合作"的设计发展新模式，即毕业创作和实习与地级市（自治州）政府合作，在对地级市（自治州）文化、经济特点进行研究的基础上，针对地级市（自治州）的需要展开全面的创意和设计。在多年的设计实践中，不仅教学效果好，即学生实践能力显著提高，许多设计创意作品被地级市（自治州）政府或企业采用，社会效益也很显著，即通过与地级市（自治州）政府联合举行的大规模毕业设计作品展，有效提升了地级市（自治州）的文化声誉和形象。学院至今已与腾冲、喜洲、富民、峨山、香格里拉、石林、鹤庆、瑞丽、个旧、呈贡等地建立并实践了合作模式，2023年又与晋宁县委县政府携手举办了"2023创意"毕业设计的实践创作教学活动。一系列"创意"主题活动的开展，为云南的民族文化建设、旅游建设，特别是文化产业的发展提供了助推力，也在全国艺术院校中树立了成功典范。

在此过程中，产品设计专业从金属工艺、木雕工艺、玉雕工艺、布艺等专业方向出发，创意地进行实地调研考察，收集各地各民族的特色文化元素，并经过整理、分析，最终进行设计转化，形成具有地方特色民族文化的产品。

2. 融合地方特色民间工艺

设计学院自2008年以来开始着手建设实践教学实验实训体系，在过去14年间，成立了"云南省高等学校实验教学示范中心"，其中与此相配套的实践教学实验室19个、传统工艺工作站2个，以这些工作室为依托，已成功举办了7次"非遗传承人进校园"、7次人才培训和各类设计实践活动。在此过程中，设计学院将云南地方特色的民族民艺引入教学课堂，如云南会泽的特色斑铜工艺、大理西洲的白族扎染工艺、云南剑川的白族木雕工艺、西双版纳的傣族黑陶烧制工艺以及腾冲、瑞丽的玉雕工艺等，将传统民族民间工艺同现代产品设计相融合，通过产品设计持续输出云南优秀民族文化的当代价值观，为促进云南地区文化创意产业持续健康发展作出贡献，让广大人民群众感悟中华文化，向世界展现国人的文化自信和民族自信，同时形成了产品设计专业别具地方特色工艺的特征。

3. 协同创新平台融合

产品设计专业在教学与改革过程中，将企业及行业内工程师、工艺大师等列入队伍，将学校的师资与企业及行业师资相融合，他们有着丰富的实际操作经验，在教学上达到理论与实践的完美融合。经过多年的教学探索，设计学院建立了"校企教学合作模式"，并取得了丰富的成果，如建立了大理传统工艺工作站以及剑川传统工艺工作站等。与此同时，学院同云南省非物质文化遗产保护中心以及云南省文化产业文化创意人才培训基地等达成合作关系，为产品设计专业的教学展开提供了强大的平台支撑。

4. 专业方向

产品设计专业自2000年成立至今，依托云南地域文化、特色民族民间工艺文化等优秀资源，形成了金属、布艺、木雕、陶艺、玉雕、综合材料等工艺，并以工艺为依托，培养了大批掌握特色民族民间工艺和具有创意设计能力的复合型人才。

（1）金属工艺。主要基于云南特色民族民间工艺形成了珐琅彩、乌铜走银、锡工艺、银饰锻制等多种工艺。

（2）布艺。主要包括大理扎染、编织、刺绣等特色民间工艺。

（3）木雕。木雕工艺是我国传统的民间工艺之一，在云南剑川较为出名，设计学院与剑川的多位木雕工艺传承人达成合作关系，主要培养学生对于家具、文创产品等的创作。

（4）陶艺。产品设计专业的陶艺研究不仅立足于当下，吸收了当下流行的电镀、高温釉等，还积极地融合云南当地的传统制陶工艺，如建水的紫陶制作工艺以及西双版纳的土陶制作工艺等，学生根据教学熟悉掌握拉坯成型、泥板成型、泥塑成型、泥条盘筑、捏塑、素坯彩绘等工艺。

（5）玉雕。玉雕工艺在云南流传已久，已经形成自己独特的玉石消费市场，如瑞丽和腾冲等。对于产品设计专业而言，主要通过与腾冲、瑞丽的玉雕大师合作，通过教学，使学生熟练掌握选料、定料、切料、画料、雕刻、打磨抛光等工序，帮助学生独立完成玉雕作品的创作与实践。

二、实施步骤

（一）市场调研

市场调研的主要内容在于收集与研究对象相关的资料，其目的是为后续设计方案的展开做铺垫。

资料搜集是产品设计的首个重要环节，它是后期设计展开的基础。调研是设计展开的基础，是设计展开所必要的重要环节，是展开创意理念的资料支撑和灵感来源。它应该是一个颇具实验意味的过程，是为了支持或发现某一特定主题所做的调查、研究。在创作过程中，调研是不可缺少的方法，是创意灵感、设计信息、表现内容等的重要来源并为系列设计提供故事情节支撑。调研是一项非常个人化的行为，通过它的外在表现，人们可以深入透视设计师的思想、追求、趣味及想象力和创造性。

1. 市场调研的目的

市场调研的目的在于对与研究对象相关的资料进行收集。资料搜集是产品设计展开的前提条件。通过对资料的搜集，能够在后期的资料、文献整理分析当中，以科学的方法和客观的角度去判断、分析和解释所搜集到的资料，从而了解产品设计、生产、销售的资料和情报等，使后期进行产品设计时能够对市场有较为全面的认识。

2. 市场调研的方法

产品设计专业方向在资料搜集方法上与其他设计专业方向基本一致，通过对资料搜集方法的掌握，能够更好地进行资料搜集，主要包括以下几点。

（1）观察调查法。是指调研者以旁观者的身份进行实地观察，通过眼看、耳听、手记的方式，对调研对象进行观察。如在调研顾客行为的时候，可以留意顾客和营业员的对话，注意他（她）的语言、表情，任何让心灵有所激荡的事物都可以成为设计灵感的来源，任何在视觉形式上吸引人的素材都可以收集起来。接下来对它们进行筛选，归纳讲述一个属于设计者的故事、动作和身体语言等。在调研品牌产品的售卖情况时，可以在一段时间内多次、持续地跟进观察，以了解新品的上市时间和规律、销售情况，同时结合观察记录产品的主要材料特点、主要工艺特点、主要造型特点、产品细节处理、搭配方式和风格特征等，掌握第一手的品牌信息。

通过对品牌产品的调研，能够很好地获取到一些行业动向，真正了解当下的市场需求，为后期的设计创作打下基础。

（2）访谈法。是指通过询问的方式向调研对象搜集资料的一种方法。该方法的优点在于访问灵活，在有无问卷的情况下均可进行，同学们既可以设计一份结构严谨的问卷，在访问过程中严格遵循问卷预备的问题顺序提问，也可以在访问过程中自由询问自己预先准备或临时想到的各种问题。同时，在调研对象回答这些问题时，同样允许他（她）有充分的自由。

在问题的预设上可以从产品的制作工艺、材料、造型、纹样的寓意以及主要销售人群等角度构建问题，使其能够在后期产品设计与制作中更具有直接相关性。

访谈法要注意访问的人群的确定，访谈对象一般是与自己所研究的方向相关或者是自己的目标群体，不可随意或随机访谈，应避免访谈结果的空洞和不相干性，且访谈的人数不应过少，以防结果的片面性。

（3）专题讨论法。专题讨论法是由专业相关的6~10人，在一个拥有丰富理论知识及实践经验的主持人的组织下，以"文化沙龙"的形式展开，参与人员基本都是围绕一个产品设计的主题发表自己的观点，在讨论进行时，参与人员应当主动参与讨论、自由发言，而主持人则应该保持客观立场，并从一而终地使讨论的焦点聚集在本次谈论的主题上。

这种调研方式具有一定的"试探性"，因其参与者相对较少，很难具有完全的代表性，因此，可以借助专题谈论法提前试探性地了解所研究的方向是否具有可行性，若结果呈现消极反馈，则可以改变思路提前预设其他方案，达到最优调研效果。

（4）体验法。体验法是指调研者自己参与到实际的产品使用过程中。在以往的产品设计与制作过程中，设计者只是以效果图或者3D模型了解他的设计作品，缺乏真实的体验感受。体验法则是通过让作者或者同伴使用产品，让调研者领会到效果和真人使用之间的差距，并从中找到不足或优点，进行改进或发扬。

同时，这种调研方式能够让调研者更为直观地感受到产品的功能能否满足需求、产品的造型能否满足人机工程等，让调研者对产品设计有更深刻的认识。

（5）实验法。实验法是研究各因素之间因果关系的一种有效手段，它通过对实验对象和环境以及实验过程的有效控制，达到分辨各产品设计因素之间的相互影响以及影响程度，从而为毕业设计者的设计提供意见参考。在实验过程中，一般包括实验组和对照组，通常采用对比研究的方式论证研究目的的正确性。例如，在产品设计过程中，可以将部分消费者作为调研对象，根据他们的需求对产品进行不同的改进，在产品的造型、制作工艺、材料构成等方面进行调整，最后得出实验结论。

3.市场调研的内容

收集资料之前需要针对主题进行有目的的内容收集，包括产品信息、消费者信息、市场信息、社会信息、流行资讯、产业链信息等。

（1）产品信息。产品信息首先从国际著名产品设计大师的时尚发布会和国际奢侈品牌、设计师品牌和原创性品牌中去捕捉，因为这些品牌设计师的发布会原创性强，能引导服饰潮流，具有视觉冲击力强烈的设计特点。同时，这些有着悠久历史的品牌或者具有设计师个性的品牌，都包含着强烈的品牌文化、品牌个性和品牌魅力。

（2）消费者信息。不同的消费者会根据自己的生活方式和个性特点，对产品有着不同的消费需求。例如，有些人非常追逐极致的性价比，有些人则单纯地喜欢风格造型，还有一些人则对功能和造型都无感，而是单纯因为品牌效应或者明星效应而购买产品。所以，作为产品设计师有必要去研究消费者的消费习惯、消费心理，给予针对性强、适时性强的设计。对于产品设计而言，只有适合的产品才是最好的产品。

（3）市场信息。不同的市场针对的消费群体是不一样的，不同的商场定位吸引了不同的消费群体。同样是百货商场，有的针对当地高端消费的时尚消费群体，有的针对普通老百姓的消费群体，有些针对时尚年轻的群体，有些则面向大众。可见，不同的市场中，即使是同一品牌其所陈列货品的特点也是不一样的。对于未来的设计师而言，只有了解市场才能对这个瞬息万变的市场保持高度敏锐的观察力。

（4）社会信息。产品设计是一个创造性的活动，产品的产生离不开它所处的社会环境，是一个国家、一个民族在一定社会时期政治、经济、文化、艺术、宗教等社会思潮和文化进步的反映。因此，在进行产品设计创作的时候，一定要关注社会政策的动向，关注社会艺术形态、主流设计思潮等的动向，把握社会信息，以更好地了解设计发展的动向。对于产品设计而言，社会信息的搜集是必要的。

过去，消费者对于产品的需求起决定性作用的基本是它的功能因素，只有当产品的功能满足消费者的诉求时，产品才能完成销售的使命。如今，随着社会的进步、生活水平的提高，消费者的消费需求变得更加多元化，除了对产品本身的功能需求外，还对产品的造型、装饰以及背后的文化属性提出了更高的要求。这就促使设计师务必对市场信息进行搜集，关注市场信息的变化以洞察它的发展趋势，顺势而为的产品才能更好地服务于社会，展现它的实际价值。

（5）流行资讯。在信息技术不断发展的当下，世界各地虽远距千里，但发布和接收信息的渠道比起以往几乎呈现几何式的增长，各地不断涌现的设计信息让人感到目不暇接，各种产品设计相关的信息也犹如海浪一般扑面而来。其中，我们应该关注的是各大时尚杂志、世界知名品牌以及大型时尚产品、科技产品的发布会等信息，从中找到当下正流行的时尚趋势。

（6）产业链信息。产品设计的种类包罗万象，几乎涵盖了生活中吃、穿、住、行的各个方面。但无论是哪一种物品，都无法避免对其产业链的考量，其中包括对产品材料的考量、对产品制作工艺的考量等。

材料是产品设计的物质支撑，设计师要了解某类产品的产业链信息。例如，在首饰设计当中，若因为某些因素的影响导致银价下跌时，设计师能够把握产业链的信息，加大对银料的够买力度和相关产品的研发力度，在后续银价回温时，就能够帮助公司或者企业获得更高额的利益。

4. 市场调研的渠道

（1）田野调查。田野调查是设计研究中最为常见的资料收集途径之一，需要学生亲自去调研地感受当地的民族习俗、生活习惯，了解研究对象的相关社会与文化构成等，它有利于掌握当地的地域特征和文化特色，是一种最为直接的了解研究对象的方式（图5-1）。

（2）专业商场调查。商业市场是设计相关专业学习与调研的第二大课堂。商业市场的现状及发展趋势等是当下设计发展趋势、市场需求、流行风格等的直接反映，目前，我国已经形成了一些专业商品的销售市场及集散地。如浙江省的义乌市，它是我国最大的小商品集散中心，同时是我国最大的小商品出口基地之一。以珠宝首饰设计专业方向来说，如一年一次的中国昆明国际石博览会，它汇集了中国以及东南亚国家的各个珠宝商，带来宝石原料、珠宝款式、流行资讯等信息，是进行珠宝专业商场调查的重要途径之一（图5-2）。

（3）互联网。当下，互联网信息技术日益发达，产品设计专业毕业生可以通过互联网进行市场调研。

图5-1 罗平县大水井乡棠梨凹村苗族特色刺绣前期调研照片

图5-2 专业市场前期调研

5. 资料分析的方法

在完成研究对象相关资料的收集后，需要对资料进行整理与分析，依据一定的方法对信息进行筛选，从而更好地为产品设计方案开展做铺垫。

资料分析一般情况下使用归纳分析法、对比分析法、演绎分析法以及结构分析法。调研者可以根据自己的实际情况，采取一种或者多种分析方法结合的方式展开资料分析。

（1）归纳分析法。常见的归纳分析法可分为完全归纳分析法和不完全归纳分析法。完全归纳分析法是根据调查中的每一个对象都具有或都不具有的某种属性，归纳出某事物该类对象都具有的或都不具有的的这种属性的归纳方法。不完全归纳分析法是根据调查中的部分对象都具有或都不具有的某种属性（且没有反例），从而推论出某事物该类对象都具有的或者都不具有的这种属性的归纳方法。这种方法建立在经验基础上，具有一定的可靠性，简单易行，但具有偶然性。为了克服这种偶然性，需要扩大调查对象和范围。

（2）对比分析法。对比分析法是把两个或两个以上事物的调查资料相比较，从而确定它们之间的相同和不同的逻辑方法。例如，在调查分析中，找出当今时尚市场总的流行趋势、总的款式造型特点，以及当今艺术风格的潮流、文化特征等，再对每个品牌的个性进行提炼，就能比较好地分析出市场所需，找到设计的突破口。

（3）演绎分析法。在市场调查当中，演绎分析法指的是将调查数据的总体分解为各个部分，构成一种数据分类方式，并在此基础上，对这些数据进行研究，分别掌握它们的特点和本质，再将这些分类数据所获得的信息进行整合，从而构成一种对调查数据的总体认识的逻辑方法。例如，对调研品牌的橱窗设计、单品设计特点、工艺、材料、款式造型等各项品类逐项进行提炼、对比，分析出不同设计师、品牌等的用料、工艺、细节设计、整体包装以及卖场形象、销售方式等的特点。

（4）结构分析法。任何事物都是由几个部分、几个方面和几个要素组成的，而组成这几个部分的内部关系又是一种比较稳定的关系，这就是所谓的"结构"。通过对一件事物的结构、成分和作用进行分析，提高对一个事物本质更深层次的理解，这种方法被称为结构分析法。在调查中不难发现，就同一家公司的文创产品来说，虽说都是民族风格的文创产品，但内部构成的品类上有帆布包、玩偶、抱枕、T恤、明信片、U盘等。每个品牌在品类的结构比例侧重上也会有所不同，如有些品牌以文具用品文创为主，那么它的便利贴、笔袋、胶带、笔等产品品类就较为丰富；而有些品牌以服饰类的文创产品为主，则其T恤、帆布包、首饰、方巾等的品类则相对会多一些。

完成资料的整理与分析后，获得我们所需的信息，即可根据信息进行设计的构思与草图的创作。

（二）设计构思与草图

产品设计的设计构思阶段，需要依据相关的构思原则及方法对产品进行初步的构思，在完成大致构思后，设计师可以用草图的方式将其表现出来。

1. 设计构思原则

（1）使用者需求分析原则。产品只有满足用户的某种需求才具有价值和意义，设计也是为了满足用户需求而展开的。因此，只有明确了用户具体想要什么、需要什么，设计才能顺利进行。但需要说明的是，客户的需求与最终开发出来的产品并不是等同的概念，二者存在着微妙的差别。用户需求在某种程度上与开发设计的产品没有直接关系，它们并不是最终选择并贯彻实施的概念。

通常用户对于自身的需求并不是十分明确，而多是一些不确定的"要求"或"希望"，如座椅更舒适些、工具操作更方便些等。这些"要求"和"希望"恰是获取用户需求概念的"原始数据"，设计人员所要做的就是将这些不明确的问题具体化、条理化，形成清晰明确的概念。因此，需要对客户的需求进行调研，收集客户的相关需求，这也是进行前期调研和资料分析的重要原因所在。

所以，在初步构思的时候，一定要对使用者的需求进行充分的考虑，并以此作为进行产品设计构思的重要原则之一。

（2）产品结构与功能分析原则。功能、技术和审美是产品设计的重要因素。在技术条件允许的范围内，以美的造型实现产品的功能，是产品设计的基本内容。产品本身并不是设计的目的，产品所提供的功能才是其存在的意义所在。所以，在研究相应的技术原理的基础上考虑产品所需功能的实现路径和方式，也就是设计的出发点。简单地讲，就是要把用户所希望的"功能"或"作用"转化为具体的、可操作的目的或手段，如实现"照明"这一功能的途径有太阳光照、LED照明、蜡烛、白炽灯、反射光等。如此，通过对模糊的功能进行细化和具体化，能够对实现功能的技术和方式做出相应的预测和评估，作为初步设计构想的参考。

对于结构工程师来说，功能分析包括三部分：第一部分是对技术上能够实现的功能进行判断，这一部分通过产品的技术参数表达出来；第二部分是通过对产品的成本进行分析，找到一种可以达到相同效果的方法；第三部分是进行可靠性的定量及定性分析。经过功能分析，针对不同的功能部分给出独立的解决方案，然后将解决方案组合起来，形成产品整体形态。这与设计师对待功能的方式有根本性的区别：设计师通常是将产品的整体功能细分成不同的功能部分，然后对各个功能部分进行深入分析，其工作方式更像雕塑家从粗形到细琢的工作方式。在确定产品设计概念的过程中，这两种分析方式需要进行适当的平衡。在对产品的功能进行综合分析之后，基本上可以确定出设计和创意的方向

除了功能的排布与分析，设计也逃不开各种生产条件的制约。能否合理地适应当下生产制造技术水平的限制，将成为今后工程成功与否的关键。如果超出现有技术所能达到的程度，那么再好的创意和构思也只能停留在概念阶段，难以投放市场。因此，在构思方案之初，设计师必须对相关的各种生产技术以及工艺条件进行深入的研究，并形成具体的概念，在构思方案过程中以一种积极主动的配合精神协调技术现实与创意理想之间的矛盾。

2. 设计构思方法

通过前期对市场及文献资料的分析与总结，根据使用者需求及产品功能对产品进行初步的设计构思。

设计指运用创造性思维进行构思，将脑海中的构思逐步展开、逐步推导、不断更改、反复推敲的过程。从一开始的煞费苦心，到古今中外、浮想联翩，不停地寻求设计上的突破点。以新视角、新功能观为出发点，以新材料特性、新工艺特征为切入点，以创新思维为方法，让产品开发设计中的每一个构成要素都活起来。用形象的手绘草图记录思维的火花，努力把这些思维的闪光点演变成新产品设计的初步创意草图，从初步的设计构思上扩展出新产品的基本样态。就初步的产品设计开发而言，利用草图进行表现十分重要，草图的绘制越熟练，所表现的形象就越接近脑海中的想法，因为所有的造型、样式构成都是经过大脑传递给双手的，简练的设计草图能以简单的线条表示出诸多用文字形式难以说明清楚的"构思"。草图通常分为概念草图、提炼草图和结构草图等。因此，要想快速高效地构思出设计方案，就需要我们掌握一定的构思方法。

（1）大脑激荡法。大脑激荡法又称为头脑风暴法，是最为常见的设计创作方法，由美国人奥斯本（Osborn）在1989年率先提出。该法采用会议的形式，在良好的创作气氛中发表个人见解从而进行集体创造，参与人员一般为

5~10人，参与者应该忽视职务高低，平等地、自由地发表见解，充分发挥个体想象力。通过发言，补充各自知识空隙，并互相激发创意，促使新的设计灵感产生。这里要注意的是，毕业设计小组成员一般在3人以下，可以邀请其他小组成员一起参加。

（2）综摄法。综摄法指以已知的事物为媒介，将看似毫无关联、互不相同的知识要素组合起来，创造出新的设想，即吸取各种科学知识并综合在一起，创造出新的产品或方法。综摄法的运用将有助于设计师们发挥其潜在的创造能力。

（3）特性列举法。特性列举法是指通过对研究对象进行分析，一一罗列出其特征，然后针对其特征进行探讨，考虑其能否改进、如何改进。要先根据功能分析、功能评价的指向，确定一个明确的课题，课题一般宜小不宜大。若是所研究的课题较大，应当将其先分解为几个小课题，再从各个视角、各个层次详尽地列举对象的各种特征，包含形容词特征、名词特征以及动词特征等。

（4）类比法。类比法是一种创造性的思维方法，它以事物的相似性为基础，进行联想、延伸、扩展，在不同中寻找相同，在相同中寻找不同。这样可从中得到启发、找到办法，获得创造性成果。常用的类比法有直接类比、拟人类比、因果类比、综合类比等。

3. 设计草图

手绘草图是一种快速记录思维构想的方式，它是从无到有、从抽象到具体，将思维具象化的过程，也是一个体现复杂创造思维的过程。草图可以记录、表现稍纵即逝的构思及过程，也可以用于团队成员间的沟通与交流。同时大量的草图还能够活跃设计思维，使创造性构思得以延展，尤其是团队成员往往能从中受到很大启发，并激发出创作灵感。它具有快速、清晰以及交流的特点。

能够快速、清晰地绘制草图，是一名设计师与别人进行沟通的最主要方式，是一种图形语言。设计草图的表现方式很多，如用铅笔、钢笔、炭笔、彩铅笔、马克笔等，不管形式怎样地变化，创意草图的表现都不应该受限于任何工具和方法，它只对造型能力和空间思维有要求。在技法上，它多用简单的速写式线条来表现。在进行创意草图设计的时候，要将脑海中天马行空的想法与灵感、创意的火花用图形的方式进行记录，在整个设计构思中，阶段性、小结性的想法也要用文字和图像来记录，一个完整的设计过程要有大量完整的草图绘制记录。与此同时，要持续地用新的草图来归纳、提炼和修改前面的设计思路，最终形成一个初步的设计造型，为下一步设计的深入和细节研究奠定坚实的基础。绘制草图的过程是让设计创意构思从"暧昧"转变到"清晰"的过程，在这个阶段与企业的沟通和研讨也是极为重要的。使模糊的设计概念逐步具象化，通过模糊—具象—提炼—扩展—再提炼的过程，循环往复，最终形成最佳的初步设计方案（图5-3）。

图5-3　民族类珠宝设计草图

（三）设计方案确定与深化

在完成产品的初步设计草图后，需要对其进行筛选和设计方案优化，因为尽管设计师极力地想将自己的想法和构思表达出来，但在表现的时候总会与实际有一定的差距，同时，初步的设计方案大多存在着各种不足，因此需要对其进行筛选和进一步的优化，以保证最终的设计方案能达到"最佳"的效果。

1. 设计方案筛选

在对设计方案进行筛选的时候，我们应该遵循相应的原则，以确保最终方案的可靠性和合理性。

（1）高的实用性。

（2）高的安全性。

（3）较长的使用寿命和适应性。

（4）符合人体工程学要求。

（5）技术和形式的特创性、合理性。

（6）环境的适应性好。

（7）使用的语义性能好。

（8）符合可持续发展的要求。

（9）造型质量高——造型优美、结构明朗、色彩风格统一。

2. 设计方案的优化

在完成对每一个草图方案及方案变体的初步评估和筛选之后，从中挑选出几个具有较高可行性的方案，并在更严格的条件限制下对方案进行优化处理，此时，设计者要学会谨慎、理性地对各种特定的因素进行全面的考虑，包括功能要求、比例尺度、结构限制、材料特性、实施工艺等。因此，带有比例尺度的设计草图就显现出其独特的优势。通过这种较为严谨的草图推敲，一方面，使初期的方案构思得到深入延展，因为作为一种创造性活动，设计构思通过平面视觉效果图的绘制过程不断提高和改进。这一过程不仅锻炼了设计师思维延伸能力，而且推动其探求、发展、完善新的产品形态，获得新的构思。这时的表现图绘制要求更为清晰严谨地表达出产品设计的主要信息（外观形态特征、内部构造、加工工艺与材料等），设计师可以根据个人习惯选择得心应手的工具，如色粉、马克笔、签字笔、彩色铅笔等，也可以借助于各种二维绘图软件及数位绘图板等计算机辅助设计工具。另一方面，它能够有效传达设计预想的真实效果，为下一步进行实体研讨与计算机建模研讨奠定有效的量化依据。设计师应该用熟练的专业绘画技法完整地表现出设计产品的功能、造型、结构、材料、工艺等信息，将未来产品的样式直观地展现给客户。

3. 绘制效果图

效果图是产品设计阶段重要的技法表现形式之一。透视图法是效果图绘制的基础，同时通过对产品的综合表现，着重强调产品的形态、功能、结构、材质、色彩、使用环境气氛等预想效果，故也有人将其称为产品设计预想图。

产品造型效果图是设计师最常采用的专业语言之一。熟练的效果图绘制技能是优秀设计师专业素质的一个重要方面。效果图作为设计表现的重要手段之一，具有以下特点。

（1）说明性。效果图是对产品造型的形态、结构、材质、色彩、使用环境等全面而深刻的展现，可以真切、具体、完整地说明产品的设计创意。其以视觉感觉为手段，为设计人员提供了一条与其他设计人员沟通、交流的通道。

（2）启发性。效果图不但可以表现产品的形态、功能、材质、色彩、使用环境等可视的外部特征，而且可对产品的材质特性、未来使用情况等提供相应的说明，让客户联想到产品未来的使用状态，具有启发性。

（3）广泛性。效果图是按照人的视觉法则，将三维空间中的物体重现在平面上的一种图像。相比于专业的工程制图，效果图使得观赏者不受专业等因素的制约，能一眼看出设计物的情况与特征，能使设计师的设计构思得到更广的传播。

（4）简捷性。在设计过程中，设计师往往要在短时间内提出多种设计方案，以供选择和发展。准确、迅速而美观的效果图比费时费工的模型制作要经济、简捷得多，具有更高的效率。

（5）局限性。效果图的局限性在于它只能在平面上来描绘立体的物象，因此只能表现产品的某一个面或几个特定角度，而且常因观察视角选择不当而使物象变形失真或错误地传达信息。因此，在设计最终的定案阶段，效果图不及模型那样能具体、全面而精确地反映设计意图。

在产品的开发设计中，往往不可能对实物进行写生，只能借助于绘画的表现规律来描绘设想中的产品。掌握和熟悉这些基本规律和要素对专业设计师是十分重要的。即使是没有受过专门绘画训练的工程技术人员，只要学习和掌握了这些规律，通过实践和练习，也可绘出满足要求的产品效果图（图5-4）。

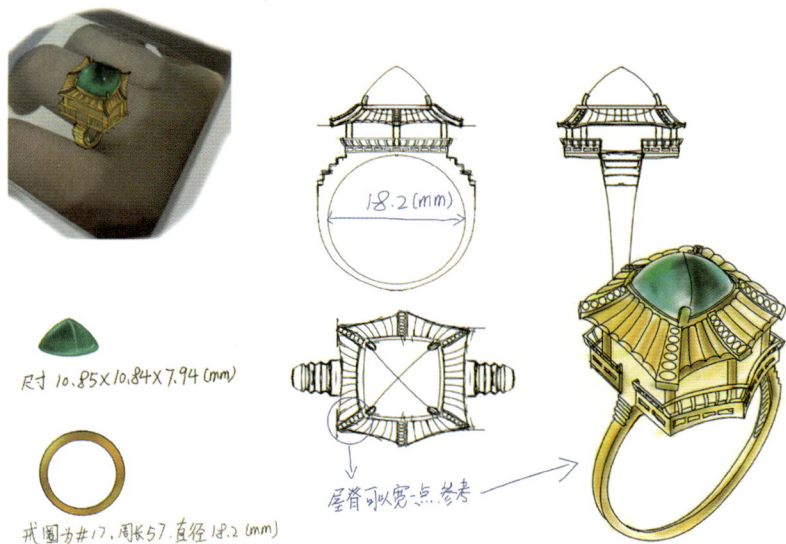

图5-4 首饰设计效果图

4. 效果图的作用

效果图的作用在于使用最为简练、快速的方式和平面展示的形式，表达出设计师对产品造型、功能、质感等方面的构思，这项工作需要工业设计师具有训练有素的敏捷思维能力、丰富的实践经验与准确的效果图表现力。效果图的主要功能有三点，一是直接明了地表现产品的造型、材料、质感、结构等要素，二是使脑海中暧昧的印象逐步清晰化，三是以接近实际产品的形式供设计师、制造商、消费者等参考。

5. 效果图的表现方法

产品效果图是在设计草图和设计工作图的基础上绘制而成的一种能够真实表现产品形态、色彩、质感的图样，具有如同照片一样的效果。它在二维平面上表现具有实体感和深度感的视觉形态，通过光影表现、色彩表现和质感表现，呈现出丰富的明暗、色调、虚实等变化，使产品的真实形象跃然纸上。常用效果图的种类包括水彩效果图、水粉效果图、炭粉效果图及喷绘效果图四种，其采用的材料、工具用法及画法各不相同，具体介绍如下。

（1）水彩效果图。是一种采用水彩颜料作图的表现技法，也称淡彩画法。即先以钢笔勾出产品的轮廓线，然后以水彩着色，表现产品的光与影的关系。它能真实细腻地表现出产品的形体、色彩和质感，且颜料调配简单、方便，是最常用的预想图之一。其特点是表现力强，能真实、细致地表现产品形态的色彩、光影和质感，可获得生动的立体画面效果。

（2）水粉效果图。是一种通过钢笔在白纸或灰纸上变换笔头方向产生粗细、曲折的线条来表达构思形态，并采用水粉颜料作图的表现技法，它更多地被用于最后设计审定阶段的效果图绘制。钢笔水粉图即以水粉的着色技法平涂、退晕、逐格退晕来表现产品形态的方法。其特点为形象真实感强，色彩鲜明、层次丰富，能充分表现形态的色彩、光影和质感。

（3）炭粉效果图。是一种采用色粉笔、炭笔、白铅笔和炭精棒作图的表现技法。它是一种迅速、简便、表现力较强的表现方法，适用于绘制设计草图。

（4）喷绘效果图。是一种以喷笔着色为主、以毛笔修饰为辅进行描绘的表现技法。喷绘时，必须制作遮屏来掩盖不需着色的部分，喷笔不直接接触纸面，而是像喷漆一样利用高压气流将调好的颜料雾化后喷涂到纸面上。这种作画方式能够获得细腻均匀的色彩效果，这是其他技法难以比拟的，因而具有以假乱真、栩栩如生的表现力。其特点为色彩均匀、细腻、光润，过渡柔和且不露笔触，形象逼真、精确细致，给人以手绘达不到的精致和华丽感。目前主要运用于商业广告、招贴设计等领域。

（5）马克笔绘画。马克笔是"Marker"的音译，也称记号笔。其携带和使用方便，着色便捷，干燥速度快，易表现，质感强，色彩鲜艳、亮丽且色彩系列丰富，是备受设计师欢迎的一种表现工具，被广泛应用于艺术设计、工业设计、建筑工程设计等不同领域。马克笔独具的特点，使它成为目前国内外较为流行的快速表现工具，大多数设计人员都用它来做设计规划草图速写及效果图等。使用马克笔作画，利用其各种各样的色彩、不同粗细的笔头，可以用渐层法或光泽法来绘制效果图。渐层法就是利用马克笔的多种层次的过渡笔进行退晕，其衔接效果自然柔和、快捷；光泽法就是先选用一种理想的底色进行平涂，画出暗部、灰部，然后勾勒出造型轮廓，并且留出高光，最后用所需颜色刻画出细部。因此，用马克笔可以表达出多种效果，如色彩的退晕效果、平涂色块、多种色相渐变的渲染效果等。

（6）计算机辅助绘图法。目前，设计界已广泛采用计算机辅助绘制产品效果图。使用的软件有多种版本，各种软件都有自身所长，绘制一个产品的效果图往往需要几种软件相互支持才能圆满完成。关于具体的运用方法，可阅读专门的参考资料。

在产品设计方面，常用的二维绘制软件有Photoshop软件以及平板电脑上的Procreate等，Procreate能让iPad也拥有和个人计算机绘画软件相媲美的制图能力，充分利用iPad屏幕触摸的便捷性，以及更加人性化和个性化的设计效果，成为设计师艺术家专属的小型移动艺术工作室。

（四）设计模型制作

模型制作是设计从业者最为常见的表达设计构思的方式之一，随着科技的发展，模型的制作从传统的手工起版到现在3D建模打印技术的普及，产品模型可以大致分为3D建模和手工模型制作两大类。

1. 3D建模

3D建模通过计算机三维制作软件，在虚拟三维空间构建出具有三维数据的模型，能够呈现出更为直观的设计效果。3D建模相比传统的手工模型制作，具有快捷性、易更改性、可复制性、个性化等特点。

设计者在产品设计过程中所遇到的问题是多方面的：首先，就设计理念的表现而言，不管是以设计者手绘的方式，还是以电脑（电子手绘板）等方式完成的工程图或者效果图，都很难从全方位准确描述产品的造型信息。其次，在设计方案的评价方面，以往通过手工绘制效果图或手工模型的方式，难以满足设计方案反复更改的需求，并且对于手工模型的修改也需要耗费巨大的时间和精力，有着极大的操作难度，同时可能因模型的精度不够等问题最终没法使用。而自计算机辅助设计和辅助制造软件介入后，这些难题便迎刃而解了，常见的如三维可视化软件Rhino、Alias，三维参数化软件SolidWorks、Pro/E等，它们极大地提高了设计师的工作效率（图5-5）。

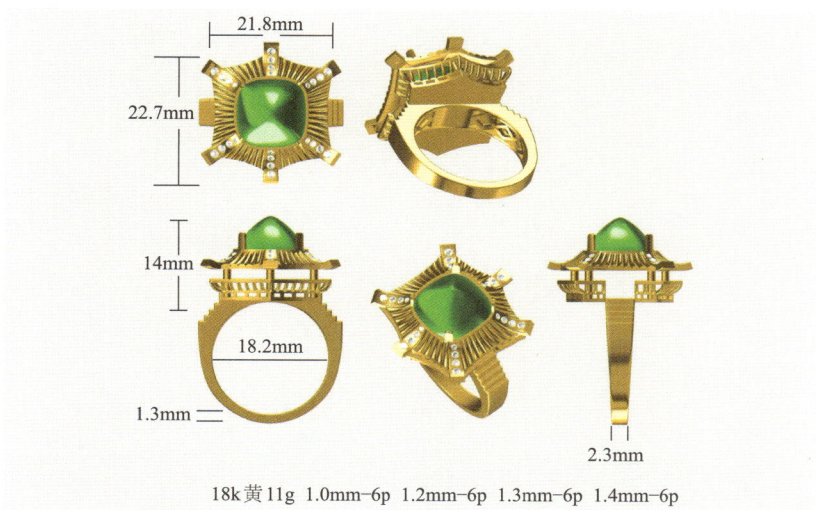

图5-5　JewelCAD 制作的三维模型效果图

2. 手工模型制作

手工模型制作也称为实体模型制作，实体模型制作过程是目的性较强的分析模型的过程，设计者可以根据需要就设计中的某些具体问题进行实体模型的研讨，可以专门为研究形态的变化而制作模型，也可以在选择色彩时制作模型，可以就某一工艺细节制作模型，还可以为改良功能组件的分布制作模型……由于实体模型的特殊性要求，在选材制作上，为快速有效地达到研讨的目的，一般都选择较为容易成型的材料，如石膏、绿蜡（雕刻蜡）、木材、超轻黏土等。

（五）实物制作

实物制作是设计实施阶段的重要部分，也是关键部分，是在完成设计效果图绘制以及设计模型制作之后的设计实施步骤。实物制作是连接"设计—制作—商品"的过程，在此过程中，要求学生严格考虑实物制作的工艺结构、材料、成本以及实施难度等因素，该过程也是产品设计专业学生向产品设计师转变的重要过程。

产品设计专业有金属、布艺、陶艺、木雕等专业方向，与之相对应的实物制作过程也会存在区别，但总体上都是学生积极地寻求企业合作，与企业设计师、行业专家、打样技师等相关人员交流与合作，并且进行工艺图纸、制造结构、工艺材料、造型尺度、生产成本、市场销售的系统学习，从而达到从设计概念到实物商品的突破以及从学生到设计师的转变（图5-6）。

图5-6 首饰实物图

（六）设计展示

毕业设计展示的根本目的在于训练、培养学生的专业综合能力，多角度、多层面地展示毕业设计的学习成果，检验自身的专业知识以及专业素养，相互交流、相互挖掘潜在的能力与专业特质。通过毕业设计的展示，开拓眼界，发散设计思想，增加学习机会，增强对产品设计专业的认识和信心。

版面设计是毕业设计展出最为重要的内容之一，也是毕业设计成果展示的重要表现形式之一，版面设计通过对文字、图片、图表、色彩等进行精细而系统的编排，规范地将毕业设计的设计元素和信息传达给参观者。

毕业设计版面的制作要求（供参考）如下。

（1）采用轻质材料（如KT板、易拉宝、纸张、广告布等）。

（2）版面尺寸：竖版高120（200）厘米、宽90（120）厘米。

（3）版面页面采用电脑写真、喷绘、手绘、拼贴等。

（4）版面内容要求：格式统一，必须注明专题设计的课题名称、年级、班级、学号、姓名、指导教师姓名以及版面的序号。

（5）版面安装要求：必须考虑到版面安装的附件及方法（如广告钉、挂镜钩、背钩、双面胶、图钉、胶带、胶水、钓鱼线、即时贴、美工刀以及剪刀等）。

三、案例赏析

1.《文禽茶语·普洱茶刀设计》

（1）前期调研。如果要用一种动物来比喻云南的话，首先想到的应该是孔雀。云南是一个少数民族大省，而昆明作为这个少数民族大省的省会，是一座非常具有包容性的城市，昆明融合了云南25个少数民族的特色，傣族也在其中。傣族的孔雀文化可以追溯到秦汉时期的"百越"。傣族对孔雀的崇拜，与其他民族一样，其来源都是原始的图腾崇拜，而孔雀的后来居上也符合原始图腾崇拜的一般规律（图5-7）。

（2）设计思路。整组普洱茶刀因孔雀得到设计灵感，又因孔雀自古享有"文禽"之美誉，所以取"文禽"来命名最合适不过，故名为《文禽茶语》。提炼出孔雀最为美丽的部分展开设计，将绿色环保、人与自然和谐相处的观念贯穿于设计过程的始终。

（3）设计草图。根据设计思路，绘制设计草图（图5-8）。

（4）效果图。完善设计草图，绘制最终设计效果图（图5-9）。

（5）设计总结。整组设计透露着一股浓厚的现代感，预示着昆明这座迷人的城市正在向着现代化的大都市发展，张望未来并且向着未来前进。同时，所选的制作材料是被称为"英雄金属"的钛金，这也为整组设计的实现添上了漂亮的一笔，不但使作品符合最初的设计，起到了一个呼应主题的作用，而且为作品的最终效果增添了不少色彩。

2.《山寨里的诗——梦玥》

（1）前期调研。大理巍山啄木郎村蜘蛛图腾——"蛛蛛"：位于大理巍山的啄木郎村崇拜蜘蛛，村中有大量与蜘蛛有关的墙绘壁画，当地村民认为"蜘蛛"图腾头部除普通蜘蛛特有的八只复眼外，在头部正中还嵌有一颗以金色玫瑰为瞳孔的主眼，象征时时陪伴、注视、守护之意。可以守护他们不受病痛和灾难的侵扰，保佑他们平安快乐。

图5-7 《文禽茶语·普洱茶刀设计》前期调研

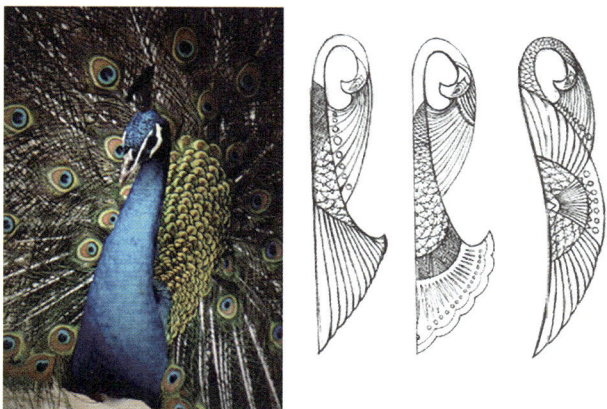

图5-8 《文禽茶语·普洱茶刀设计》设计草图

图5-9 《文禽茶语·普洱茶刀设计》效果图

密枝节——"贞贞"：密枝节是彝族人民为纪念一对忠贞殉情的情侣而创办的节日，是彝族神圣而庄严的重要节日。头部羊角以树枝为原型，代表神圣的密枝林。整体色调是庄严圣洁、象征神明的金色。表达彝族对神灵祈求庇佑、心想事成、平安顺遂之意。

祭火节——"小烨"：彝族人民崇火如痴，尊火为神，祭火节便是彝族一个不可或缺的重要节日。头部羊角是熊熊燃烧的烈火形状，整体采用热情如火的金色和红色。表现生机勃勃的生命之火和能够烧尽世间污秽的净化之火，祝福人们自由自在、潇洒生活。

阿细跳月——"小阿诗"和"小阿黑"："阿细跳月"有传说彝族青年男女为了躲避长辈而在月下偷偷约会舞蹈，表达青涩、纯洁的爱恋。"小阿黑"和"小阿诗"两个名字，取自彝族对男士（阿黑哥）和女士（阿诗玛）的称呼。月光蓝为"小阿黑"，肉桂橘粉是"小阿诗"。月光蓝有纯净、广阔之意；而橘粉色给人以温暖、柔软、稚嫩之感。头上是灰色和黄色的对月设计，月亮位于团团祥云中，害羞地遮遮掩掩，藏在稀疏的枝条之后，心意相通，表达对最初纯洁感情的珍视和对美好爱情的向往（图5-10）。

（2）设计思路。本系列产品是一套艺术抱偶。以羊头骨作为头部基础形状，增加视觉冲击力。根据所选取的调研地——大理巍山啄木郎村，对其别具特色的蜘蛛图腾和四个具有代表性的彝族民俗节日进行特色文化内容分析，提取特色元素进行创新设计。

（3）设计草图。根据设计思路，绘制设计草图（图5-11）。

（4）最终效果图。完善设计草图，绘制最终设计效果图（图5-12）。

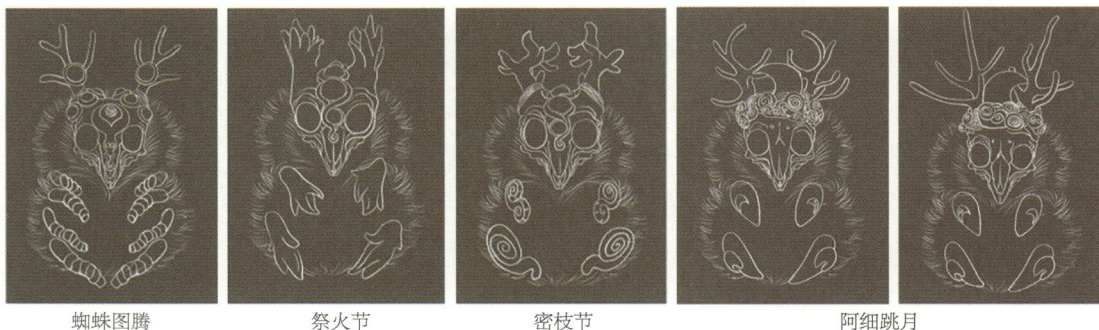

图5-10 《山寨里的诗——梦玥》
前期调研

| 蜘蛛图腾 | 祭火节 | 密枝节 | 阿细跳月 |

图5-11 《山寨里的诗——梦玥》设计草图

图5-12 《山寨里的诗——梦玥》最终效果图

（5）设计总结。产品的最大创新点为抱偶的头部设计，取型于彝族的大图腾——羊。根据所选取的大理巍山啄木郎村蜘蛛图腾和四个具有代表性的彝族民俗节日进行创新设计。以毛绒抱偶憨态、柔软的表现形式寄托产品整体所要表达的巍山县彝族人民对美好生活的赞美和对幸福美满的祈愿。

第二节
视觉传达设计专业毕业设计实施步骤

一、专业概述

（一）专业介绍

云南艺术学院视觉传达设计专业在2020年获批为国家级一流本科专业建设点。2021年，该专业核心课程"云南少数民族视觉元素运用设计"被认定为第二批省级一流本科课程，并推荐第二批国家级本科课程评选。

视觉传达设计专业创办于1984年，是云南省艺术设计类高等教育历史最悠久、办学条件日益健全的专业。一直以来，本专业顺应社会和时代的发展，遵照国家教育方针，依据国家、云南省及学校发展规划，充分利用云南独特的民族文化艺术资源，建设具有共性特质和突显地域性特色的视觉传达设计专业。本专业以促进社会经济文化发展为目的，不断加强专业建设，不断提高办学能力和办学实力，努力满足社会需求，始终贯彻专业理论与专业实践并重的育人理念，注重多渠道、多形式的人才培养方式，紧密结合课堂教学与社会实践，培养具有专业理论知识、专业技能，富有创新精神、创业能力的专门人才。本专业服务于品牌形象构建，以视觉信息策划、设计表现、传播推广为主旨，是一个汇集综合性知识的专业，具有较广泛的社会应用领域和市场需求。随着学校2006年获得"设计艺术学"硕士学位授权，2012年获得"艺术设计"专业硕士学位授权，本专业自2007年开始招收学术型硕士研究生，2014年开始招收专业型硕士研究生。近几年，本专业以云南省作为"民族团结示范区""生态文明建设排头兵"和"面向南亚、东南亚辐射中心"的定位为指针，努力建设成为国内以及南亚、东南亚视觉传达设计专业人才培养基地。

（二）培养目标

本专业培养具有厚实的视觉传达设计专业理论知识、专业技能，掌握系统的创意设计思维和方法，具备较强的表达、沟通和管理能力，具有强烈的社会责任感和设计服务意识，具备创新精神、开拓能力和应对全球化变革的能力，能运用视觉传达设计专业知识解决相应的实际问题，具备从事视觉信息传达领域相关设计工作、教育和科研工作、推动视觉传达设计发展以及自主创业能力，能适应我国社会主义现代化建设需要、国家社会经济文化发展多种需要和"面向南亚、东南亚辐射中心"需要的视觉传达设计创新型复合型人才。

（三）视觉传达设计专业概念

视觉传达设计指的是以某种目的为先导，用可视的图形艺术将特定信息传达给受众，并且对受众造成影响的一种形态设计。视觉传达这个名称首次出现在20世纪60年代初的日本。1960年，日本东京举行的世界设计师大会展出了各国艺术家、设计师创作的图形艺术，包括招贴、海报、标志、包装和书籍等。理论界将这种借助印刷技术，以服务商业为目的，将特定内容传达给人们的眼睛的表现性造型设计统称为视觉传达设计。视觉传达设计是通过视觉媒介把事物呈现出来，并向受众进行传播的一种设计。现阶段，由于视觉传达设计是基于平面的艺术，并且以二维图形为主，故也可称图形设计（Graphic Design）或平面设计。伴随着科技的发展，新能源的出现，新材料的开发与应用，视觉传达设计的范围越来越广，并与其他领域进行交叉，逐步构成了一个与其他视觉媒体相联系并互相配合的全新设计领域，主要包括书籍设计、广告设计、包装设计、VI设计、展示设计和网页设计等。

二、实施步骤

（一）前期调研

确定毕业设计主题后，首先就是展开对毕业设计主题对应内容的调查研究工作，这阶段的工作为前期调研。

1. 目的

通过调研，快速掌握研究对象的基本内容以及视觉传达设计专业相关的行业现状，为后续毕业设计创作提供资料来源和理论指导。

2. 内容

（1）对研究对象的具体内容进行资料收集与整理，包括研究对象的历史文化、寓意象征与艺术特点等。

（2）对视觉传达设计专业相关行业现状进行了解，了解目标客户的述求及拟定设计产品的优势等。

3. 方式

（1）一手资料获取。一手资料是指学生对研究对象进行实地调研所获取的资料，方式主要包括田野调查、市场调研等途径。

（2）二手资料获取。二手资料是指学生按照收集目的，对现有的资料进行收集与整理，主要包括论文、期刊、年鉴、报告等内容。

在完成对研究对象的前期调研后，将所获取的图片、视频和文章等资料进行分析与整理，在此基础上进一步地推动选题的产生。

（二）确定选题

完成前期调研与资料的收集整理工作后，学生已经对研究对象有了较为深入的了解，在此基础上，学生应当按照学院的相关要求结合自身情况拟定选题，再依据指导老师的意见及建议进行修改确定最终选题。

（三）设计构思

设计构思就是设计者利用设计思维、设计方法将脑海中的想法表达出来的过程，这个过程是逐步展开、逐步加深以及逐步细化的过程。设计构思阶段，需要设计者充分发挥自身想象力，从实用需求、美观需求与材料构成等角度对设计项目进行头脑风暴，利用文字、图画甚至录音等方式将所构思的内容表现出来，再通过无数次对设计方案的审视、修改与凝练，最终运用简练的线条和明快的色彩将设计项目的基本形态表现出来。

（四）绘制设计图

完成初步的设计方案构思后，需要将脑海中的设计构思表达出来，学生可以根据自身的专业学习情况，选择手绘或者电脑辅助绘图的方式绘制设计图。基本要求：

（1）注意图文结合，在设计图旁附上设计说明以便指导老师明白学生所表达的意图。

（2）结构明朗，学生在进行设计方案呈现时，要注意设计项目需要体现出结构完整，如包装设计中的包装结构示意图。

（3）色彩搭配合理，充分考虑色彩搭配的美观性视觉感受及心理感受。

（4）造型（形态）美观，充分考虑造型优美性符合基本审美要求。

（5）功能明确，能够通过设计图了解设计项目的基本功能。

（6）比例得当，遵循基本的制图比例，如1∶1或1∶5。

（五）明确设计方案

明确设计方案是设计制作的基本前提，完成初步的设计草图构思后，会得到多个设计方案，在此阶段需要确定一个能够实现且具有特色的设计方案。通常来说，该方案必须表达出完整的设计构思、设计理念、表现载体以及实施方案等内容，同时，该方案的设计结果还需满足客观、科学、紧扣选题方向并且有较好的实用性和先进性等要求，能够满足市场的实际需求。

（六）设计制作

毕业设计制作是视觉传达设计专业教学课程中后期主要的工作内容，在整体"毕业设计"过程中起到承上启下的作用，也宣告着从本阶段开始，毕业生就要进入毕业设计实物的制作流程当中。在视觉传达设计专业中，因涉及的具体内容较为广泛，毕业生可以根据选题及自身情况结合指导教师的意见进行毕业设计创作，主要的创作内容包括：图形设计、书籍设计、包装设计、字体设计、VI设计等内容。毕业设计制作的目的在于，通过毕业设计制作让学生切实地参与到视觉传达设计专业的工作中，加深毕业生对工作流程、设计制作转换、加工装订方法以及材料选择等内容的了解。

（七）图形设计

毋庸置疑，图形以传达信息为主，人类很早就懂得利用图形符号来进行信息交流。最基本的图形语言就是刻树、结绳、堆石，还有东方的象形文字，等等。随着人类思想和社会活动的复杂化，图形也随之复杂化。在这个世界上，人们使用着成千上万种不同的语言，人们在进行交流的时候，难免会遇到一些语言不通的问题，而用图形语言来解决这些问题，对信息的交换和传播非常有利。随着人类交流活动的不断发展，图形语言的作用也越来越突出。图形的初衷应当是以可视化的方式表达出具有创造性的思维，体现出视觉设计的基本原则。图形可以通过线条、形状、色彩、印刷等手段，将人的思想观念转换为可用于沟通与传达的视觉形态。在21世纪，现代图形设计随着时代的进步、设计手法的革新，正处于一个空前的、具有强烈视觉冲击力的时代。现代图形已经不仅仅是一个简单的标识和符号，也不仅仅是一个图案的装饰性的表现形式，其突破了传统的视觉设计的观念，应用于对人类的视觉体验、心理感受、行为等多个方面进行深入研究和探讨的范畴。图形创意作为艺术设计的一个重要部分，有其自身的构成特点，也有其独特的结构组织形态（图5-13）。

图5-13　图形创意

1. 通俗性与准确性

图形是一种具有象征性的符号，通过形象来完成传达信息的过程。因此，设计者在创作中需要站在以人为本的立场上，尊重受众，了解符号的一般社会含义。

2. 创造性

创造性包含两层含义，一是对图形语汇创造性地挖掘；二是在表现手法上新的突破。

3. 艺术化

当今图形在传递信息的过程中，更加注重表达方式的艺术性。通过吸收各种艺术形态的表现手法，融合中西文化的美学趣味，使图形设计具有时代性和文化性，从而提高设计的价值。总体而言，现代图形创意追求的应该是"意料之外的外在形式，情理之中的内在逻辑"。图形为我们提供了无穷的想象空间，在其中注入自己的热情与想象、思考与技法，从而将所要表现的思想表现出来（图5-14）。

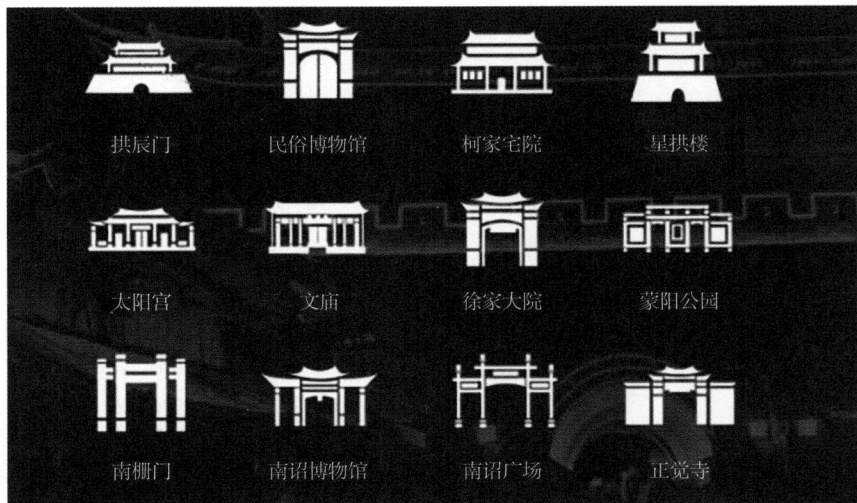

图5-14 创意图形

对于图形设计的表现手法，在图形创意中，要学会制造不同、创造新奇、打破事物固有形态，将两种或两种以上形态的有机结合起来，从而产生出新颖的视觉效果和新的意义。通过利用影子，利用正负图形，利用共生，利用同构，利用渐变，将各种要素协调地组合在一起；还可以使用单一造型要素做减法创作，例如图形的减缺；还可以对视觉要素进行非常规的表达，主要包括以下几种方式。

（1）异影图形。客观物体在光的照射下，发生了异常的变化，出现了与原物不同的对应物就叫作异影图形。异影图形在图形设计中，可以根据主题需要进行设计，加工的影子能够体现出物体的意蕴，从而表达出画面的情感。物体通常只是表现对象的表面现象，而图像则是对象的真实反映，富有深刻的寓意，并给人以联想的空间和视觉上的冲击。它们彼此相生，表达同一个含义、同一种观念。物象与影像是两个不同概念，物象是客观事物的表象，影像则是对物象的再创造和再认识，它不是对事物表象本身特征的简单再现，而是一种艺术形象的再创造。

（2）正负图形。正负图形又称反转图形，是指正形与负形可以互相借用，彼此之间存在着依赖关系，你中有我，我中有你，身为正形的图和身为负形的底可以互相颠倒。对负空间进行合理的开发，让画面中的每一个空隙都可以说出话来，从而把图像所具有的独特语义表现得淋漓尽致。黑白是一种对立的存在，没有黑就不会有白，没有虚幻就不会有真实。设计者要在有限的空间里体现出更多的信息，更重要的是要以此加强画面的巧思与视觉上的新颖性，透过图像间的相依，揭露二者间的内在联系。

（3）共生图形。在设计中，要打破一条轮廓线只能定义一个物象的现实，用一条轮廓线来区分两个紧密相接、相互衬托的形象，使形与形之间的轮廓线能够相互转换借用、互生互长，从而用尽量少的线条来表达更多、更丰富的意义，体现精简着笔的魅力。

（4）双关图形。双关图形是一个图形能够被理解为两个完全不同的物形，并且在两个物形相互关联的情况下，生成语义，从而传达出一种高度简明的视觉信息。双关图形意在对图案牵涉进行双重解释，一重为表意，另一重为暗示意义，而暗示意义通常就是图中的主要含义。话虽如此，意思却是另一回事，能获得一种含蓄、幽默的表达效果。

（5）聚集图形。在图形设计中，还可以把一个或几个相似的元素形状通过多次组合形成另外一个新的视觉形像，创造新颖的聚集图形来表达观念。组成图形的单元形态要素往往是为了体现图像整体的本质特征，从而增强图像自身的意义。在一些重大的庆祝活动中，如国庆大游行、运动会开幕式等，经常会见到由一群人组成的巨型字体或图案，很是壮观。每一个人、每一件事，都是一种生活的视觉符号。

（6）无理图形。无理图形也称悖论图形，是用一种非自然的构合方法，将客观世界中人们所熟悉的、合理的和固定的秩序，转移到一个逻辑混乱的、荒诞的、反常规的图像世界中。目的是突破现实与虚幻、主观与客观世界之间的物质和心理上的壁垒，在呈现不合理、违规和重新认识的物形的同时，暴露出隐藏在物形最深层的含义。反序图形有目的地对客观事物进行顺序错乱、方向颠倒等处理，以表达新的含义。无理图形事物都有其真实的客观存在。但是，作为一种艺术的创造，我们可以对现实展开大胆的想象，从而改变真实事物的客观存在，将不现实的变成现实的，将不可能的变成可能的。

（7）混维图形。混维图形利用奇特的构思，将二维与三维、幻象与真实交织在一起，追求出人意料的表现。它首先让人们的习惯性思维产生一种预期，然后运用一种出乎意料的手法，打破了人们的固有想象，进而深化他们的视觉感受。将不相关的变成相关的。混维图形凭借想象，挖掘图形创造表现的可能性及由此产生的新意义。通过对视点的转换和交替，来形成矛盾空间。在二维的平面上，呈现出三维的立体形态，但是在三维立体的形体中，它会显露出模糊的视觉效果，从而导致空间变得杂乱无章，最终形成一个介于二维和三维之间的空间。矛盾空间具有多视角的特点，主要用于艺术设计，既可以是数学，也可以是美学。这种想象创造了非真实的视觉幻象，富有情趣，将二维与三维幻想与真实混合交错在一起。

（8）渐变图形。渐变图形简称延异图形，"延"字是连续的，"异"字是变异的、异化的。所谓的延异图形，其实就是一种连续的图形，不断地变化，直到从一个物体变成另一个物体。在图形中，往往通过一个物体与另一个物体之间的变化关系，来传达它所引起的意义。物体形状的自然变化，是从一种形状逐渐过渡到另一种形状，从一种物体过渡到另一种物体，有规则，有次序，自然地变化。这样美好的变化，将两种互不相干的物体连接起来，创造出一种新的视觉。

（9）减缺图形。减缺图形是指用单一的视觉图像去创造一个简化的图形，这样，在减缺形态下，图形仍然可以完全表现出其造型的特点，还可以利用图形的减缺、不完全，来加强想要凸显的主题特征。类似于哑剧小品，利用已知表现未知，正是由于不完整，反而给人更多的想象空间。减缺图形的营造，主要依赖人们的视觉惯性和视觉经验。虽然所描述的物体已经被概括、抽象，或者是不完整的，但是因为还保留着物体的某些基本特性，所以当人们看到这样的物体的时候，会下意识地以现有的模糊的、不完整的形态为基础，从他们的记忆经验中寻找出与之相对应的视觉特性的物体，来对它进行补充和完善，从而构成特定的具体物体。减缺图形能够训练设计师的归纳技巧，也就是掌握图的基本特点。

（10）文字图形。文字是人类沟通的视觉符号，是语言的视觉表现。好的文字、图片可以使信息的传达事半功倍，从而提高信息传达的效果。汉字形体，是指在分析、学习汉字结构的基础上，对形体的再一次组合和变化，从而达到与所要传达的意义和谐统一的目的。在汉字笔画的布局中，要注意视觉上的美，不管是用写实还是抽象化的表达方法，准确的变化是关键。字母图形是以英文为构造元素的图形创造。英文是表音文字，它的形状并不能直接体现它的意思，因此在设计上，通常都是把它与图像结合在一起，或者把它与英文组合在一起，通过对不同的字体进行夸张、变形、组合，使它的特征更加明显，有横排、直排、折排、曲排、套排等。在设计中，主体字母可与背景图案结合，也可独立变化出新的形态。就谐音图形而言，中国的文字由"音""形""义"三者构成，有许多同音不同字的文字。在设计中可巧妙地利用这些谐音文字体现新意，如喜上眉（梅）梢、三阳（羊）开泰、连（莲）年有鱼、五福（蝠）捧寿等。

（11）解构图形。将素材重新组合形成新的图像，就必须对相关材料进行拆分和重组，即解构。解构犹如裁剪，素材只有经过解构，才能整合成新的形象。物象只有通过解构，才能获取各种不同的表现材料，从而产生不同的表现画面，取得出人意料的表现效果。把物形分割、打散后重新组合构成图形，重构图形把一个或数个物形分割成若干局部，再把这些局部或其中部分局部作为基本元素进行再构成，这样，就可以将人们习惯使用的物体转化为新颖独特、令人耳目一新的视觉形象，带来视觉和心理上的强烈冲击和震撼（图5-15）。

图5-15　图形设计案例

（八）书籍设计

杉浦康平先生对书籍设计的界定是："以包容的生命感动万物的造型突破点，从浩瀚、冗繁、魅力无边的图像中寻找其源流，从层层包容着无限内涵的造型中分析破译，寻找宇宙万物的共通性和包罗万象的情感舞台。"因此，书籍设计是一项由著作者、编辑者、设计者、印刷者、出版者、销售者等不同的部门各尽其责、各司其职、团结合作、共同完成的一项系统化工程。

书籍设计的目的是促进阅读。书籍设计的首要目标是营造一种清晰、方便、轻松、愉悦的阅读氛围，让流淌在页面之间的文字更有吸引力，让跳跃在文字之间的图片更加赏心悦目。换句话说，就是要对书稿中的文字、图形、图像等内容，进行有目的、有次序、有组织的设计和安排，用轻松、幽默、富有韵律感和节奏感的设计语言，将书籍中的文字信息表现出来，从而缓解读者的视觉疲劳，满足读者的心理需求，从而实现对读者的引导。

书籍是一种为人们所读、所用而进行文化传承的载体，书籍被生产出来就不会只是被放在书架上，也不会被密封在书箱里。由于书籍自身的功用性质，书籍不可避免地会在特定的时间和空间中显露出来，并与读者进行沟通和传承。所以，书籍保护理念不能被忽视。书籍损坏的原因有两个：一是自然损坏。在使用过程中，图书很容易被紫外光和空气中的酸（或碱）性物质侵蚀，所以书籍的色彩会变得陈旧，而且材质会变得很脆弱，容易折断。所以，在对图书形态的设计以及装帧材料的选择上，要进行充分的考虑。二是人为损坏。图书在传递的过程中，很容易出现划痕、破损等人为损坏。要保证书籍的完整性，增加其使用寿命，就必须注重封面对书身的保护。

一种合理而富有创意的设计，能使书籍具有更好的外形、更强烈的视觉效果。一本经过整体性设计的书籍，能够有层次、有节奏、有趣味地向读者传达信息，并在阅读过程中引起读者对美的遐想与共鸣，在无声中将作者的见解、修养与设计者的美学理念渗入读者的内心。

书籍设计不仅要起到保护图书、美化图书和促进读者阅读的作用，还要起到促进销售的作用。一本书只有在卖出后，得到了读者的认同，其价值才会得以体现。若因过多的设计投入而妨碍了图书的正常销售与流通，则书籍设计的价值将无法得到彰显。所以，在进行书籍设计的时候，既要充分考虑图书的形态所带来的心理和生理上的真实感受，也要充分考虑图书的资金投入与实际经济效益的比差，以及由设计投入所确定的图书价格与消费者所能承受价格的比差。

书籍的构成要素包括书套、护封、封面、书脊、封底、腰封等。书籍内容的形态物化，是读者最先接触到的视觉形象。书籍的组成元素组成了一本书的整体外观，除了对书的内容有一定的识别意义之外，它的形式、风格也可以在潜移默化中对读者产生影响，并感染读者。

（1）书套设计。书套是藏有古代文献的线装书和成册书的外壳，也叫"书函""函套""书衣""书帙"。书套是一种常见的保护书籍的类型，它的内衬一般是用厚纸板或木片做的，外面用布或丝织物（如绫或织锦缎）等制成。一些有特殊要求的书套，会在打开的地方挖成云形、环形或月牙形的扣子，一般是用竹签或骨签之类的材质进行制作。

（2）护封设计。书封是包着书封的纸张，它是书封外面的一层纸，起到保护封皮（防止书籍被污染、磨损、褪色）及装饰的作用。护封通常在精装书籍中使用，在一些平装书籍中也有，这就是所谓的"假精装"。一般情况下，文学和美术类图书，特别是古典著作都会有护封。按照包装图书的面积大小，护封可分为两类：一类是全护封，另一类是半护封，它们既是对图书的保护，也是对图书的装饰。有些图书的护封上没有任何装饰，只有书名和作者的名字，看起来很简单。为了增强图书的广告效果，往往在书皮的封套上印有图书简介、作者简介或出版资料。

（3）封面设计。封面也叫"书皮""书面""封皮"，在古代也被称为"书衣"，是书本的外层，起着保护书芯、美化书本的功能。在封面上，一般会有书名（如有必要，也可有系列名称）、作者姓名、出版社名称，等等。一本书的封面是一本书的外观情态，它浓缩了一本书的内部精神，也是一本书设计的出发点，整本书的风格与品质、符号与色彩都随着它的演变而产生。设计师应善于使用适当的设计语言，创造出形象生动的图书封面，从而使读者对图书一见倾心。在一套书的封面设计中，应贯彻图书的主要风格，既使每一本书与整系列书协调一致，又突出其独特性。

（4）封底设计。封底又称"底封面""后封面""封四"。封底一般印有书号、条形码、定价等内容，有的书籍封底还会有责任编辑、装帧设计者的名字，或者是在显眼的地方有内容提要或版权页面。有些杂志会刊登广告、插图等。一本好书，如果没有封面，那就是有瑕疵的。随着人类文明的发展，以及美学水准的提升，封面的设计受到了越来越多的关注。一个好的图书设计应该精心设计前后两个封面，让封面的设计达到最好的效果，才能让读者满意。

（5）书脊设计。书脊是封面与封底连接的地方，是组成一本完整书籍的核心区域，在书籍设计中起到至关重要的作用。书脊也称"书背""背脊""封脊"。在书脊上经常会印有书名、作者和出版单位的名称。在一本书的陈列中，书脊是展示时间最长的区域，一个好的脊骨设计可以为图书增添光彩。

（6）勒口设计。勒口又叫"折口"，是从图书上延伸出去的、几厘米长的、被折进图书里面的一段。护封之设计必有勒口，以使护封紧贴于书皮。除此之外，为了在外观上取得更好的效果，并能有效地保护封面不被折损，在某些平装书中，在封面上也会采用勒口。这种方式，不仅能让书籍看起来更加优雅、华丽，还能提高书籍的档次，扩大书籍的表达范围，增强其可观赏性和趣味性。勒口上可以印作者简介或图书简介，也可以登载该系列图书的目录或登载该图书作者的其他著作，还可以直接在封面上加长图示符号。

（7）环衬设计。在书籍中，封面和书芯之间，夹着一种对折的双联纸张，通常称为"连环衬页"或"环衬"。环衬里是精装书籍的一个重要组成部分，通常由厚纸制成，用于加强书芯。

（8）扉页设计。从广义上说，扉页是一套"扉页体系"，一般包括护页、空白页、书名页（正扉页）、版权页、赠献页（题词、感谢语）、空白页、目录页、目录续页或空白页。这种系列扉页通常用于制作精美的专门书籍。从狭义上说，扉页就像是屏风，是指封面或环衬后、正文前的那一页，也称"书名页""副封面"或"内封面"，通常印有书名、作者名、出版社名。扉页通常有保护书芯、再现封面、增加美感的作用。扉页设计是现代书籍设计发展的必然要求。

（9）正文设计。可理解为正文的版式设计，是书籍设计的又一重要组成部分，从某种程度上讲，正文页的设计甚至比封面设计更重要，它是书籍的主体部分，与读者接触的时间最长，直接影响到读者对书籍内容的阅读效率。正文页的设计应有条不紊地处理书籍内容的各部分，例如，版心的位置，文字、图形、页码及页眉等视觉要素之间的关系，并对它们进行合理排列，从而在视觉上为读者创造一种轻松愉快的阅读环境。标题、正文、页码和页眉是正文页设计的四个主要方面，其设计的好坏直接关系到正文页的成败。

（10）版心设计。版心是书籍版面容纳文字或图形的面积，也称"版口"。版心在版面中的面积大小与书籍的种类、体裁有关，并直接关系到版式的美丑与纸张的节约。

1. 书籍设计的流程——电脑辅助设计

电脑只是一种工具，并不能代替人的创造性思维，但是电脑的辅助设计可以使设计者更快地完成自己的构思，并使设计语言更加丰富和完善。电脑辅助设计可以更好地表达草图的创造性，弥补在草图阶段设计语言上的缺憾，创造出一种以形为人、以情为人、以景为人的意境之美和情景之美。奇异的图形形式、无限的颜色搭配、感性的字体设计、别具一格的主题形象，都可以在计算机这个设计媒体的编辑下，瞬间变得栩栩如生，而且有些时候，电脑的随机性，是设计者没有预料到的，会带来意想不到的效果。

2. 常用平面设计软件推荐

作为一名设计师，应永远保持积极、主动的创作状态，在电脑辅助创作的进程中，设计师应随时抓住创意的闪光点，不断突破、完善、超越原有的设计方案。在书籍设计领域，需要设计者熟练掌握的计算机软件主要包括以下几种：图像处理软件：Photoshop，版式编排软件：Indesign、PageMaker，矢量图形制作、版式编排软件：Illustrator、CorelDRAW。

以上几种平面软件既可单独使用，也可按实际需求综合使用，以达到更快捷、更方便、更有效、更精美的视觉效果。

3. 印前工艺的具体内容

（1）明确设计及印刷要求，接受客户资料。

（2）计算机辅助设计。

（3）审查并选定方案。

（4）出黑白或彩色校稿，让客户修改。

（5）按校稿修改。

（6）再次出校稿，让客户修改，直到定稿。

（7）印前出片打样。

（8）送交印刷打样，让客户看是否有问题，如果打样中有问题，需继续修改，重新输出。

（九）字体设计

字体设计的基础是由笔画、结构和字形组成的基本字体，以及绘制和书写这些基本字体的基本方法。了解基础的字形，掌握画法和写法，就可以进行更多的字形设计了。而要想要认识字体，除了要识别出字体表面形态之间的差别，并记住字体的名称以外，更重要的是要掌握汉字的基本形式，还要对汉字的细部结构进行分析，并对不同字体的特征有一个清晰的了解。

1. 汉字的基本字体

就目前来说，常用的基本印刷字体大致有下面四种。

宋体，"横细竖粗、点如瓜子、撇如刀、捺如扫"是这种字体的特点。在起笔、收笔、转笔等方面，汲取了正楷的笔法特征，构成了一种装饰性的"衬线"。"衬线"是一种从笔画开始到笔画结尾的装饰线条。宋体是汉字排版中使用最多的一种，具有沉稳、优雅的特点。老宋体主要出现在书刊、招贴画的标题和包装上，细宋也经常出现在正文和说明中（图5-16）。从老宋体中衍生出来的有标宋、书宋、报宋等。

黑体又称"方体"，笔画粗细一致、粗壮有力，给人以强烈的视觉冲击。这一现象的产生，与当时的社会经济发展密不可分。在版面上使用更多的粗体，或根据其风格特征而改变的其他字体，有特粗黑、大黑、中黑等。黑体适合于书名和各种显示用途，而细黑也被称为"等线体"型，可排印正文和说明文（图5-17）。

字体设计

图5-16　宋体

字体设计

图5-17　黑体

字体设计

图5-18　仿宋体

字体设计

图5-19　楷体

仿宋体虽然是从老宋体中衍生出来的，和老宋体很像，但又有细微的区别。横和竖的笔画基本相同，每一条笔画的末端都有一支笔在上面上下移动的痕迹，竖是笔直的，但横是稍微往上移动的。虽然笔走龙蛇，但是很有灵性，适合于短文、说明文（图5-18）。

楷体是传统的楷书在印刷字体中的延续，笔迹有力量、粗细合适、笔画清晰、易于阅读，通常用于内文中。另外，隶书、魏碑等书体现也有自成体系的版式（图5-19）。

2. 书写汉字的基本要求

文字是由不同笔画搭构而成的，因此，在绘写汉字字体时，其基本要求是：字形匀称、结构严谨、笔画精当。因为只有这样，才能得到理想的效果。

（1）字形匀称。字与字之间看起来尺寸和比例要一致。汉字虽然被称为方块字，但是因为字和字在结构上不相同，笔画也不一，其形体也复杂多样。

（2）结构严谨。所有汉字都是由笔画（即线条）组成的。汉字除个别单体字外，大部分都是由两个或更多相对独立的部分（部首偏旁）组成。

（3）笔画精当。作为汉字"零件"的笔画，其处理得好不好，对汉字的形体有很大的影响。要想写得好，就必须把握好笔法的形式、位置、长度和粗细等方面的关系。

3. 字体设计创意

字体设计不仅是一种信息的载体，还体现了一种时代的精神，它的终极目标就是满足了视觉传达设计在所有领域中的需要。所以，在书籍报纸，杂志说明书、招贴、标志、包装、灯箱、招牌，以及电影、电视片头、影视广告、网页等，在视觉传播设计中，字形艺术已经成为一种不可或缺的意象要素。

但是，无论用什么材料、什么形式，都要满足所要服务的对象的特定需求，这一点在开始设计之前，就应先清楚。只有在明确了目标之后，才能进行合适的字体设计。

4. 字体设计的创作原则

在字体设计中，不仅要追求一种形式上的美感，还要追求一种让人感到愉悦的形与色，更要让每一种字体在形态上都富有个性、清晰简洁、容易识别，并且要将每一种文字的含义和象征意义都表达出来。表现内容的精确性，在进行字形创新设计时，必须先准确地理解字形所要表现的内容。在此基础上，选取最适宜的形态，加以艺术加工和表达。

视觉上的可识性。"易读"是字形创新设计中最重要的一条。字形的创造性设计，旨在使字形更加快速、准确和具有艺术美感。如果语言让人迷惑，那么无论思想多么高明，表达多么优美，都必然会以失败告终。因此，在改变汉字结构和基础笔画的时候，不能违背几千年来的习惯。同时，要注重字体的粗细、间距、结构的分布，以及字体的清晰程度。

表现形式的艺术性。以易读为前提的字形设计，其目的就是要达到字形美。审美的先决条件是整体性的统一，因此，要处理好笔画与笔画、字与字之间的关系，要注意把握好节奏。任何过度的装饰和混乱的表达，都是没有美感的。此外，字体的设计也要有创意，有特色的字体才能让人印象深刻。

字体设计的创作方法。在当今世界，许多国家的设计者都把字体视为一种行之有效的设计元素，并形成了自己独特的形式、技巧和风格。他们在使用自己的民族文字时都经过了精心设计，产生了一种既有强烈的视觉吸引力，又有千变万化的效果的感受。所以，在进行具体的设计时，要坚持有针对性的原则：根据所表达的媒体对象进行设计变化；根据文字所表达的具体内容和词义的内涵来设计变化；需要考虑到字体所处的地点与环境，字体的制作材料和加工工艺来设计变化。

5. 字体设计创意设计的变化范围

（1）外形变化。因为汉字的形状基本是四四方方的，因此，汉字形状的变化最好是长方形、平方形、斜方形等。圆形、梯形、三角形等形状由于违背了汉字的特点，不容易辨认。因此，除了适合某些标识的设计，一般都要慎重使用。汉字在形态上的变化可分为本体和变体两个部分。除了横、竖两种方式，也可作斜排、放射型、波状、扇状等。这种编排方法突破了传统的刻板、单调的形式，达到了一种新颖又生动的艺术效果。

（2）笔画变化。笔画变化是指将笔画加粗、变细、变形、添加、装饰等，在笔画自身上做处理的表现手法。笔画变化主要是指点、撇、捺、挑、钩等副笔的变化。而在字中起支撑作用的主笔一般变化较少。笔画形态变化不宜太多，整体风格变化手法要统一。

（3）结构变化。在进行字体创意设计时，可以打破标准字"结构严谨、布白均匀、重心稳定"的书写习惯，这样才能让字体设计具有新颖、别致、多样化的效果。在不影响阅读理解的情况下，可以对汉字进行夸张和缩小，也可以对汉字的笔画进行移动和调整。总而言之，这一改变方式，是以打破了传统字体为前提的，所以字数不应太多。

6. 字体设计创意设计的变化范围

（1）字体的形象化设计。通过词语的意义来增加特定的意象。这一形象的设计方法，更增添了直观性、趣味性，给人以深刻的印象。具体表现为：笔触形象化、整体形象化、添加意象和标志意象。中国汉字的最大特点是图形化，而人类早期的图形文字正是图形化的文字。利用此方法，将文字与图像相结合，生动地表现文字的意义，具有良好的视觉效果。视觉设计应注重文本中特定意象的定位和图形与文本的联系。在不影响字的完整性、易读性的条件下，可以增强字形的表达能力。图像的运用要避免死板、简单的图形化而导致的字体风格平庸。

（2）字体的意象化设计。意象化设计也可以说是一种意蕴变化的字形设计。通过对典型特点的强调和线索的艺术加工，使人们产生无限的联想。通常情况下，意象化设计不会以具体形象进行穿插配合，而是以文字笔画横、竖、点、撇、捺、挑、钩等偏旁与结构进行巧妙变化。这就要求在文字设计上有着独到的见解和创造力，在平凡中见奇迹，在内容和形式上达成完美的融合。

（3）字体的装饰化设计。就是在汉字的主体或底面上，用装饰性的图案来进行装饰性的设计。运用装饰性的方法，对汉字进行了修饰，增强了汉字的内容，从而更好地凸显了汉字的主题，使汉字的效果更加丰富。字的装饰图案有许多的表达方法，如连接、折带、交叠、断笔、扭曲、空心、内线等。

（4）字体的立体化设计。将图画中的透视原则运用于平面字体中，使文字具有立体感。通常可以分为平行透视、成角透视、本体透视等。这种技法表现得很好，但是在画法上却是相当复杂的。

（5）字体的投影设计。运用了光线照射在物体上会产生阴影的原理，可以让文字在光线照射下产生光影，或者是把平面字形通过透明物体的遮盖，从而形成独特的艺术效果。可根据光束的方向和投射角度进行设计，并可生成各种不同的投射图案，包括阴影和倒影。

（6）计算机创意字体。在计算机技术快速发展的今天，计算机字体在平面设计中也得到了广泛的运用，不仅缩短了设计和生产的时间，而且让设计师的创造力可以尽情地发挥。计算机字库中有数百种可供选用的字体，例如圆头体、水柱体、综艺体、琥珀体等，如果将这些字体直接运用到设计中，就会失去其自身的特色。还需在计算机上按照不同的要求，进行处理，使其具有金属字体、立体字体、霓彩字体、火焰字体等多种特效。

（7）民间传统的创意字体。在千年以前，我们的先人已经发明了鸟虫书、蝌蚪文、凤尾书，以及其他形式美丽、千姿百态的创意字体；还有一种是由民间创造出来的，如"双喜""倒福""百寿"等。这些传统的装饰性文字，是中华民族的智慧结晶，它与我们国家的民族传统、民族风俗、大众的审美习惯相结合，因此，它受到了广大人民群众的喜爱，并使人们接受、学习和研究。借鉴传统民间装饰文字是现代平面设计师进行字体创意设计的灵感来源之一。

（十）VI设计

VI设计也就是企业的视觉形象标识，指利用所有可以看见的视觉符号，在企业内部和外部，将与企业有关的信息传递出去，向外界传达出企业的经营理念和智慧信息。VI可以用可视化的符号，把企业标识的精髓和不同之处表现得淋漓尽致，让消费者可以更好地了解它。在内部，通过对标识的表现，可以帮助公司进行规划和管理，同时可以提高员工的认同感和归属感。

VI是指以企业经营理念为指导，通过平面设计等技术手法把企业内在气质及市场定位以视觉化、形象化的方式表现出来。VI包括两个主要的组成部分：第一部分为基础的设计体系，第二部分为应用程序设计。在此，可以将其类比为一棵巨树，这时基础的设计体系就是巨树，它是VI设计的基础要素，而运用设计体系则是其枝叶，是其整体形象的沟通媒体。在基础设计体系中，标志、字体、色彩是它的核心，也是VI的三大核心，整个VI设计体系都是以其三大核心为基础而构建的。而Logo则是其中的精髓，其推动并形成一切，是视觉元素的主要动力。

1. VI设计原则

（1）系统性原则。企业的生产和经营，不仅是一种产品从生产到获取收入的过程，同时是一种企业与消费者、竞争者、供给者和政府机构等因素交互作用，并最终实现平衡的过程。在大环境下，企业不能仅仅作为一个单独的生产交换活动单位，而是要与社会紧密相连，成为一个长期稳定的市场经济链条中的一环。因此，一项专业的VI策划，是从企业的社会属性和整体发展需要出发，包含了企业在发展战略、管理、市场营销、广告、公关等诸多方面的视觉表达，是一项系统工程。

（2）可操作原则。VI计划不仅可以为公司的形象提供策略性的指引，更可以为公司制定出具体的行动准则，使公司的形象项目可以在计划的指引下顺利地展开。VI计划最直接的目标就是VI计划有效执行，所以VI计划一定要重视其可操作性，其中就包含了在执行时要有可操作的方法与原则。VI计划可以为企业或社会团体的形象树立和传播，提供一种具有权威的业务和技术规范，可以为企业或社会团体的形象树立、维持和提供一种具有权威意义的规范。

（3）整体性原则。VI的最大特点是具有系统性和完整性。VI策划并不是把公司的每一个部分都单独规划，而是要以一种统一的理念为指引，从整体上去思考，确保每一个部分的内容都是协调一致的。VI策划虽包含众多的项目，却并非相互独立，而是由统一的战略思维形成一个协调一致的有机体，为树立和加强公司形象而共同努力。

（4）调适性原则。随着市场、企业和消费者的不断变化，企业VI规划的内容也要适时地做出相应的调整。VI计划有一定的阶段，也有增加或修改的可能，但是，VI计划必须按照VI工作流程，由专业的图像设计公司与公司的VI计划委员会合作，才能保证VI计划的正确性与适应性。如果公司忽略VI规划的适应性，势必会造成VI战略的僵化，在公司高速发展的情况下，长期实施，不仅不能推动公司的运营，还会阻碍公司的运营。

（5）原创性原则。原创性是VI设计中最基本也是最重要的一环。创意是指VI的每个设计都要结合公司的特定情况，不能以任何方式复制、抄袭。创意是一种锐利的创新精神，它是VI设计的生命之源。VI是一种"差异策略"，其目标是要打造一个具有鲜明个性的公司形象。因此，VI设计要以"原创性""排他性""原创性"为基础，以实现公司在市场上的竞争力。原创性是一种基于严格的实证、调研的设计理念，体现了一种"人无我有，人有我新"的创新精神。

（6）前瞻性原则。规划、设计，就是为了在一个相对长期的时间里，对企业的视觉传达进行一种系统化的规范，以便在将来的市场环境下，更好地应对可能出现的市场变化。所以，VI设计虽是在目前的实态调查的基础上提出来的，其目的在于为企业树立长期、稳定、鲜明的个性形象，对企业的长远发展有利。所以VI设计要更多的考虑到将来一段时间内企业发展所需要的形象，留出充足的延展空间。

（7）法律性原则。企业的视觉形象包括了企业标志、标准色、标准字体及它们相互之间的组合，这些都是企业的无形资产。企业的视觉形象只有经过一定的法律程序，才能够进行登记注册，并将其变成商标，这样才可以真正地受到法律的保护。所以，在进行VI设计的时候，应该与国家商标法、知识产权法、广告法等相关的法律、法规保持一致，并在长期的形象管理和维护的过程中，依照法律所赋予的权利，来保护自己的形象不受侵害。

（8）艺术性原则。企业标志形象、规范文字等，都是一种视觉艺术。所以，企业VI的视觉标识系统在设计时，一定要遵循美学的原则，满足人们的审美需求。

（9）民族性原则。各个不同民族的文化均有自己的特点，在语言、文字、审美、色彩、图形等方面，每个国家都有自己的偏好和反感，所以在VI设计中，一定要注重体现本国的特色，与本国的传统习俗格格不入的视觉设计一定会失败。特别是在中国日益国际化的大背景下，更有可能出现更多的国际VI设计项目，这就使VI设计中的民族特色问题得到了更多关注。

2. VI的设计方法

在VI的设计和运用过程中，有五种常规设计方法可供参考。

方格标示法：将标识物放置于方格线上，以表示标识物之间的空间关系及方位。几何标示法：利用圆规、量角器等几何绘图工具，对标志各部位的准确位置进行标定，利用角弧度、半（直）径等，来体现标志整体形状的空间结构关系。利用这两种方法，可以快速、精确地制作和复制标志，并且能够将标志的视觉结构特征准确地传达出来。

遵循界定标志的实际应用尺寸规范，同样的标志应用在不同的实际环境中时，经常会根据情况的需要被放大或缩小处理，在这种情况下，标志所传达出来的视觉感受也会有差异。为了确保形象传达的统一性、规范性，需要针对标志在不同的应用环境和范围内，对标志进行造型修正、线条粗细调整等对应性变体设计，同时还必须要规范标志最小的尺寸应用范围，建立统一的标志应用尺寸规范系统。

根据标志修正形的设计规定，在保留原标志的设计理念和视觉结构的基础上，受制作技术、设备及条件的制约，必须制作出多种修正形的设计，并将这些修正形以规范的形式加以确定。如线条的不同厚度和不同的表达方式、它们的适用规格，以及它们的方格、网纹、线条的表达方式和它们的应用规格。

基本要素的符合规范指的是用规范的形式来规定要素之间合理的组合关系和禁止的组合关系，进而将各种符号要素进行组合，实现统一、系统、标准化的视觉传达目标。在VI体系中，组合规范是最主要的规范体系。组合规范应该遵守如下原则：在平面上，具有强烈的吸引力，在同时出现的页面竞争中，产生强大的表现力量；在长期存在的多样的视觉信息传递中，形成统一的设计形态。

在确定要素组合关系时，合理安排符合要素的组合单元（包括标志和企业名称、标准字体组合单元）的间距、尺寸、色彩、大小比例、空间位置等，设计出符合企业理念、精神和素质的最优组合规范。在此基础上，以"标志"为核心要素，对每一独立空间进行尺度计算，最终形成一套统一的城市形象的基本构成规范。

3. VI 的制作

标志的符号形式主要有表音符号、表形符号和图画三种。

标志的设计原则：标志的设计，应首先调查和分析企业实态、企业形象、企业与消费者、投资者股东的关系等企业的整体形象。所以，标志设计要遵守和体现下述具体的原则，传递企业整体形象、表现个性。标志表现公司经营理念、独特特征，在激烈的竞争中，公司必须体现出差异化，标志就是表示差异化的方法（图5-20）。

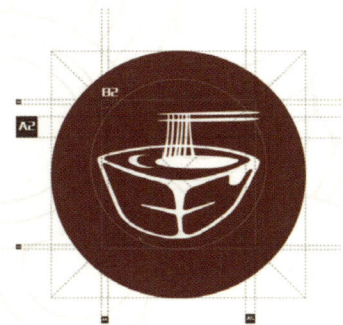

图5-20 标志设计

企业标志的形态与公司的内涵要与公司的形象相符。商标的形式简单，但内容丰富、便于宣传、便于消费者与公众的识别与理解；一个复杂难懂的标志，很难进行宣传，观众也不愿意或者不好理解，这样自然就缺少了感染力，不能引起人们的关注，作用也会大打折扣。在艺术上充满了美感的标志，往往能够吸引人们的目光，给人们带来一种美的享受，让消费者和大众更容易地接受一个公司的标志，以及它所代表的公司形式。一个漂亮的标志应该要注意它在形态上的均衡性、动态性、对称性，并且要符合点、面、线、形等自身结合的特征，如果是一个缺少了美感的标志，就不会对树立一个公司的形象有好处。

4. 标准色彩

例如，麦当劳的"M"是一个黄色的图标；可口可乐的背景是鲜红色，而标准字体则是白色；"柯达"系列的底片是黄色和红色；富士的标准底片是绿色和白色；以上所列颜色为各公司的标准色彩。标准色彩是一种特殊的颜色，用来代表企业的形象，通常由1~2种不同的颜色组成；标准色彩通常与企业标志、标准字体等搭配。标准色彩应用于广告、服装、建筑装潢、旗帜、办公环境等。

（1）色彩属性、配合与心理感应，VI中的色彩由于对人的感觉、思维等都会产生不同的作用，因而为塑造企业的视觉识别和个性提供了有力武器，为企业的竞争提供了重要手段。

（2）标准色的设计原则：标准色设计原则与标志、标准字体基本相同，有突出体现企业精神宗旨、具有鲜明个性、迎合受众心理并且符合国际趋势。

目前，国际上的标准色正在由红向蓝过渡。从心理情感上看，红色给人以活泼、充满活力的感受，情绪化的感觉较重，如可口可乐等；而蓝色则代表着理智与智慧，因此，也日益受到业界的青睐。

5. 辅助色彩

标准色彩在应用中，常常显得单调或不够用，需要一些相应的色彩作为辅助色对其进行补充，用于区别不同的部门和场合等。辅助色的设计要注意与标准色之间的协调关系，以及与用色环境与对象的协调等。

6. 标准字体

标准字体与标准标志一样也是企业文化的一种象征。包括企业的中英文名称字体样式。原则与方法：标准字体与标志一样，要能反映企业的特点和风格；要保持中英文在形式上的一致性，字体形式不要太过求异；标准字体应与企业标志配合，标准字体设计应具有联想感。在用隶、楷、行、草等字体进行设计时，应灵活掌握。此外，标准字体设计应具有步骤性和操作性。

7. 印刷字体

有些排版字体在商业文本中通常会使用，而排版字体也需要提前设置。如果公司的措辞太随意、太杂乱，公司的形象也会受影响。所以，有必要按照公司的风格，为公司制定特定的用字，不必特别设计印刷字体，只需从现有的字库中找出一组或几组与公司形象和风格相匹配的字体就可以了，对外文的印刷字体也采用相同的方法进行选择。

8. 组合方式

在标准字体、标志、色彩确定之后，下一步的工作就是如何将这三个方面的内容进行组合，并确定它们的规则。固定的版式，一方面，又一次突出了公司的特色；另一方面，可以为许多应用程序的设计提供模板。就像标志、标准字、标准色一样，编排要设计出自己的个性与风格，并以此来加强其他基本元素，形成相互衬托、相互作用的关系，从而提高消费者对企业的认识与记忆。

在基础设计体系中，其布局方式主要有两方面，一是标识与规范字体（中英文）的布局方式，分为横向与纵向两类；二是对基础图案进行颜色搭配，也就是所谓的"色带搭配"。在运用上，色带不仅给商标增添了更强的个人色彩，而且它本身也是一种延展，扩大了颜色的感觉。特别是在广告牌、车身等瞬间形象媒体上效果明显。

9. 吉祥物设计

作为企业视觉形象识别系统（VI）中的一个重要组成部分，具有鲜明个性、幽默风趣、亲切可爱、量身定做等特点的企业吉祥物，可以将企业的个性表现得淋漓尽致，同时能传递出企业的文化内涵，还可以变成一个将开发商与消费者联系在一起的亲善大使，加强了整个企业 VI 系统的亲和力和接受度。特别是在如今越来越趋向于同质化的商品中，彰显出自己的品牌实力，以赢得消费市场，就成了黄金获胜的一个重要途径。不同的企业或团体，他们的品牌个性各不相同，在激烈的市场竞争中，他们需要寻找与之相匹配的符号载体来实施广告策略，对品牌的文化背景、价值观念、性格特征进行诠释。

10. 应用设计系统的设计

（1）办公用品类。通过此部分的设计，可以呈现出办公室所独有的严谨、完整与精确，并展现出现代办公室高度集中的特点，以及强势的公司文化在各方面的渗透与传播。它包括：名片、信封、信纸、便签、传真纸、人名牌、工作证、文件夹、档案袋、信封等。

（2）环境识别类。它是企业在公众场合的一种视觉表现形式，是一种具有鲜明特点的公众群体系统。包括企业标志、公共场所标志、部门标志、公司标志等。

（3）交通工具类。是一种开放的、高流动性的沟通方法，它在人们的自觉或不自觉的情况下，在人们的脑海中形成了一个公司的形象。主要包括小型车体大型车体（客车、货车）等。

（4）票证类。体现了企业的正规化、现代化的形象。它包括合同书、介绍信、代表证、凭证、发货单、会客单等。

（5）大众传播广告类。设计了若干个大小不一的版面或规格，迅速投入报纸、杂志、路牌、电视中。这是一个长期的、全方位的、具有很强的攻击性的传媒，见效快。

（6）商品包装类。包装系统是一种记号化、信息化、完整精细化的企业形象，应该拥有很高的可信度，发挥着传播和美化的功能，是现代企业营销的命脉。包装类是指产品的全部销售包装，包括证书、说明书、标签、运输包装等。

（7）服装类。统一的服饰，可以增强员工的荣誉感，增强他们的主人翁意识，同时可以体现出一个企业高度的完备和统一，可以让他们的纪律更加严明，让他们产生一种责任感和归属感。主要包括经理服、员工服和特殊岗位服。

（8）出版印刷类。其是企业进行市场营销活动和对外宣传的重要载体，是企业向公众展示企业形象的一种方式。它的主要内容有：手袋设计、公司邀请函、产品介绍、贺卡、广告招贴、POP平面印刷品、企业内刊等。

（9）待客用品及礼品类。为了让公司的形象或精神更加直观、更具人性化，可以把公司的各种形象组合在一起，形成一个完整的图案。把它和每天的生活用品联系在一起。它是一种被广泛应用并被证明有效的一种广告手段，是一种符号化的、形象化的大量信息。礼物类则着重于公司的亲和力，是公司公关与功能服务的一部分，包含纪念章、领带夹、茶杯、打火机、POP礼品等。

三、案例赏析

（一）包装设计案例赏析——殷记咸菜

（1）选题来源："殷记咸菜"包装是二十多年前设计的，从没更改过。而二十多年，人们的审美已经随着时代的发展而改变，因此，现在的"殷记咸菜"包装得不到消费者的青睐，所以想从视觉与触觉的方面重新设计殷记咸菜。

（2）前期调研通过实地走访，查找相关资料，了解到大理巍山具有独特物产、气候、少数民族习俗等。这些独有的气候物产条件，促使大理巍山咸菜得以快速发展。加之当地旅游的开发，酱菜成为当地人的重要收入来源。其中"殷记咸菜"则是本土特色食品品牌的代表之一。

通过对该品牌咸菜类食品包装设计进行归类调查发现，"殷记咸菜"食品包装设计中存在品牌经验意识缺乏；包装设计发展停滞不前模式固化；包装设计形式单一，缺乏趣味性；包装设计元素缺乏对当地地域民族文化内涵要义的提炼与表现；包装关联性低，表达过于直接等问题。插画表现形式具有鲜明的艺术特色，在现代包装设计中得到了广泛应用。好的插画作品可以营造氛围表达情感，进增消费者与产品间的感情联络，突出产品的品牌格调。针对在调研中发现的诸多问题，本次毕业设计提出将插画表现形式运用在大理巍山"殷记咸菜"的包装设计中，进行咸菜类食品包装的创新设计，促使巍山"殷记咸菜"产品的品牌包装设计能彰显地域特色，激发顾客购买欲望，提升产品销量，提高其品牌知名度（图5-21）。

图5-21 "殷记咸菜"前期调研

（3）设计主题。基于殷记咸菜包装的设计，从"殷记咸菜"Logo、包装到明信片、书签、海报包装礼盒等一系列产品的设计。

（4）设计过程图（图5-22）。

图5-22 "殷记咸菜"设计过程图

（5）系列包装、明信片、海报（图5-23~图5-25）。

图5-23 "殷记咸菜"系列包装

图5-24 "殷记咸菜"明信片

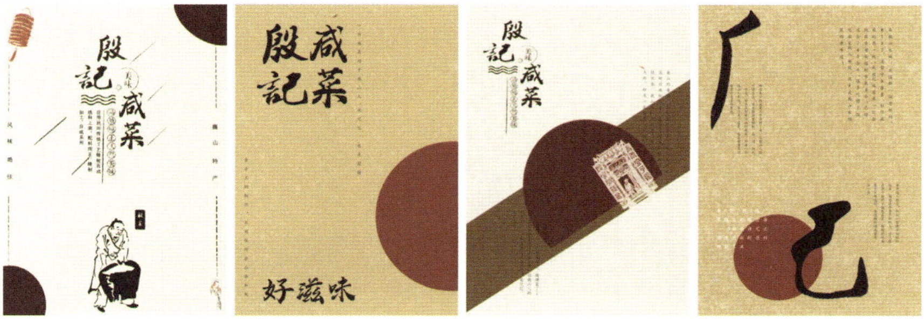

図5-25 "殷记咸菜"海报

（6）设计总结。制作咸菜是一个复杂的过程，步骤繁多，可将这些步骤简化，制作成折页，有助于大家更好地了解殷记咸菜是如何制作的。把殷记咸菜相关插画运用于明信片、书签、包装礼盒，可为殷记产品提供新机遇，提升其产品销量，提高其品牌知名度。

（二）字体设计案例赏析——飞檐

（1）选题来源。行走于大理市巍山，一个不经意的抬头让创作者对那些古建筑屋檐四角高高上翘的"犄角"产生了浓厚的兴趣，这些直指云霄的屋檐造型叫作飞檐翘角；它独特的造型设计让中国传统古建筑的外型更加富有动势与美感，也让建筑整体显得更加气势磅礴；能不能将这种独特的传统造型特征融入现代字体设计中，将这样的动势感、力量感与美感体现在字体设计中，成为创作者一直心心念念的问题；于是创作者开始了接下来的尝试。

屋檐上飞檐与翘角的衔接浑然一体，弯曲上翘的屋檐让这原本冰冷坚硬的建筑变得充满温情与美感，韧性十足。厚实坚毅的飞檐向上翘起，飞檐翘角的顶部由一块瓦当遮盖收尾，形成一个钝角，力道十足。像这样的建筑屋檐皆呈向上飞举之势，犹如大鹏展翅，羽翼丰满，极富动势感。

（2）前期调研。创作者在巍山拍摄的不同古建筑上的飞檐翘角特征（图5-26）。

图5-26 飞檐前期调研

（3）设计主题。将古建筑飞檐造型结合字体设计进行设计表现，同时把这次字库定义为一款主要适用于店面招牌的标题体，最终将毕业设计主题确定为飞檐招牌体标题字库实验。

（4）设计过程（图5-27~图5-31）。

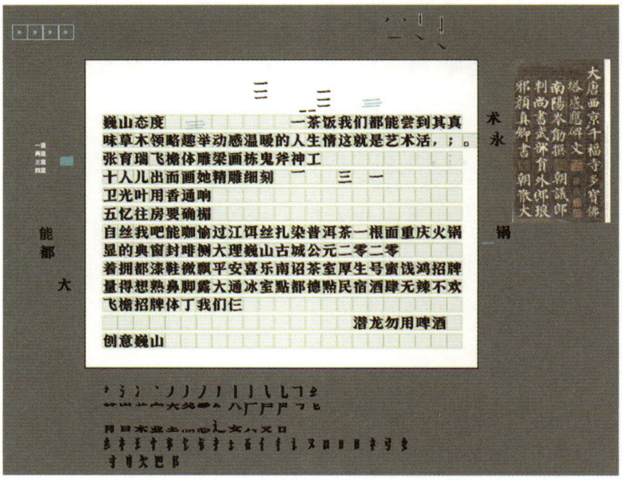

图5-27　飞檐初期字样制作

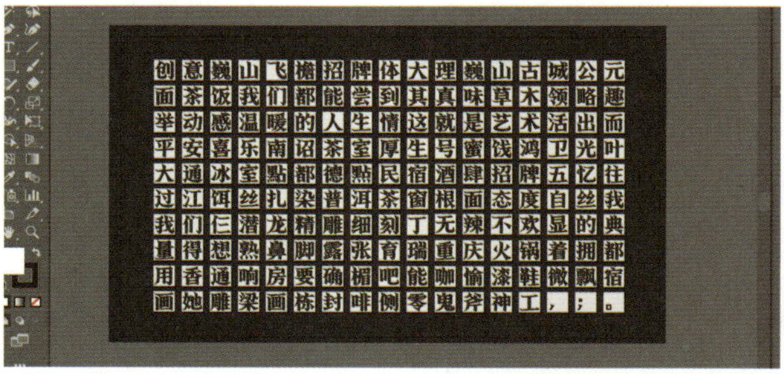

图5-28　飞檐后期字样编排

图5-29　飞檐字库规范手册初稿

图 5-30　飞檐字库规范手册中稿

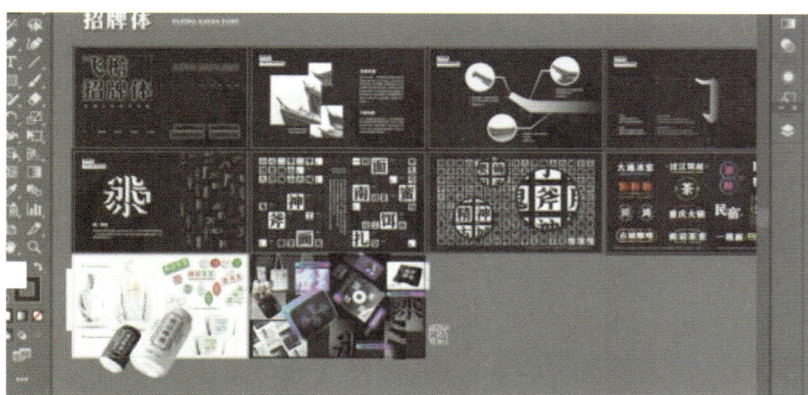

图 5-31　飞檐字库规范手册线上展示完稿

（5）成品展示。飞檐封面及基础部分（图 5-32、图 5-33）。

图 5-32　飞檐封面

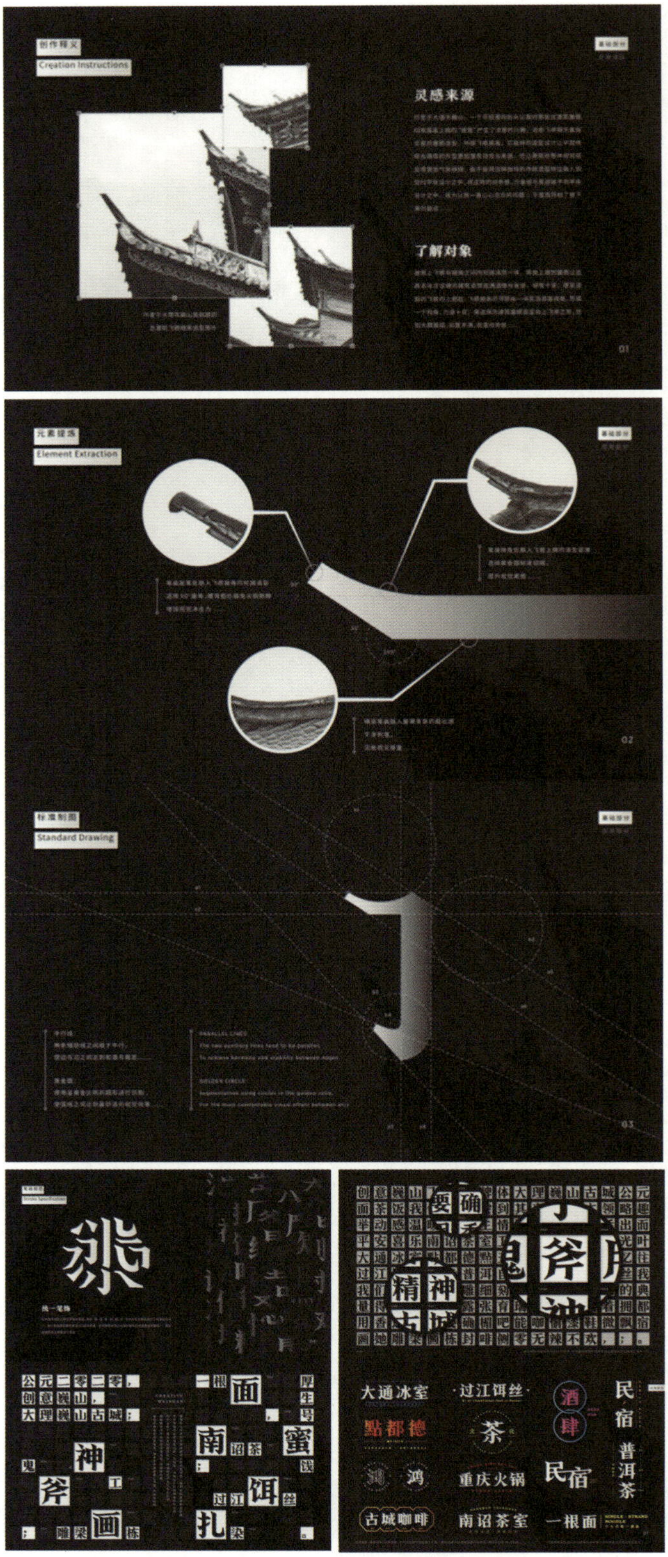
创作释义
Creation Instructions
灵感来源
了解对象
01
元素提炼
Element Extraction
02
标准制图
Standard Drawing
03
大通冰室
过江饵丝
酒
肆
民宿
点都德
茶
普洱茶
重庆火锅
民宿
古城咖啡
南诏茶室
一根面

图5-33　飞檐基础部分

（6）飞檐应用部分（图5-34）。

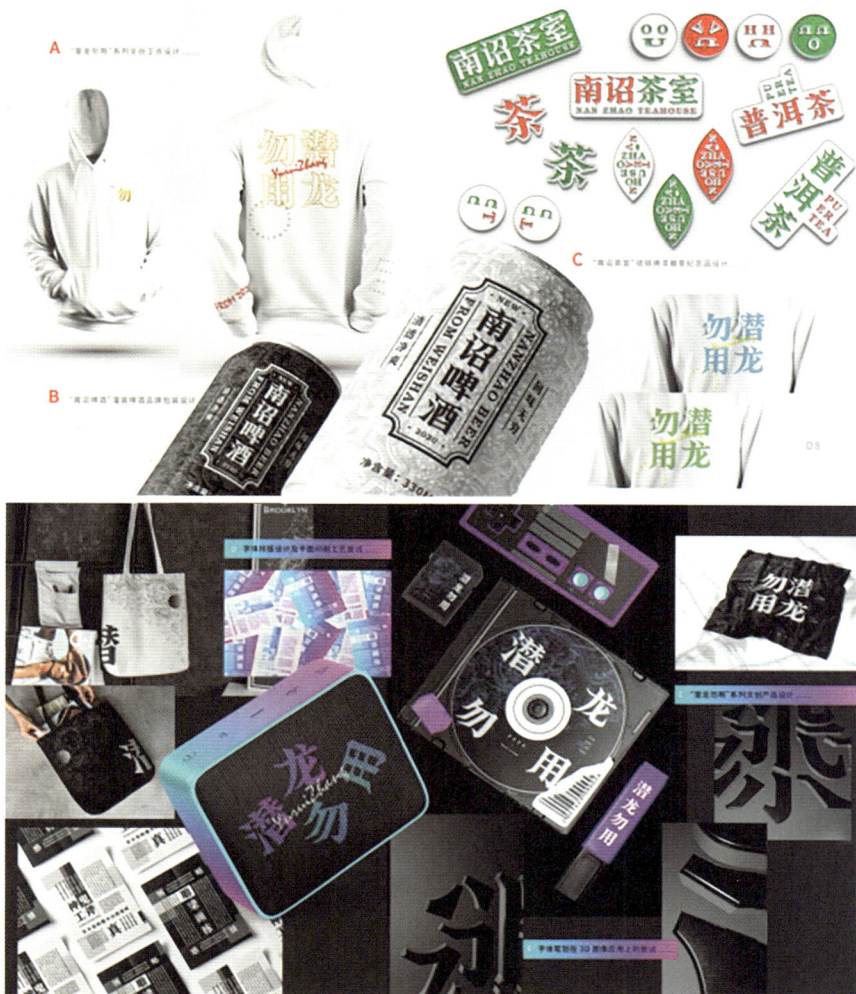

图5-34　飞檐应用部分

（7）创作意义。粗壮醒目、高易读性、独具特色、硬朗，这样的招牌字体能够在千篇一律的招牌中迅速吸引受众的注意力，增加记忆点，抢占先机，提高店铺销量。这款字体将古建筑飞檐翘角的造型特征简化融入现代字体设计，是传统元素与现代字体设计的结合，将古建筑飞檐翘角的力量感和中文字体相结合，使字体设计具有飞檐的动势上。同时这是一款可以代表中国古建筑造型特色的字体，充分体现传统建筑文化特色。

（8）应用范围定位。品牌标志，即与传统文化相关的品牌标志用字，如火锅、海鲜、奶茶、烧烤、串串、茶楼、文创；店面招牌，即与传统文化相关的店面招牌发光字，如火锅店、海鲜楼、奶茶店、烧烤摊、茶楼、文创店、书店；海报标题，即与传统文化相关的主题海报标题，如博物馆海报、古镇宣传海报、城市宣传海报、餐饮宣传海报；书籍装帧，即与传统文化相关的书刊标题，如古建筑类、传统文化类；导视标题，即与传统文化相关的地方导视用字，如古镇观光导视、博物馆导视、传统文化展览导视；广告标题，即与中国传统文化相关的广告标题用字，如餐饮行业、娱乐行业、建筑行业；其他范围，即与中国传统文化相关的其他媒介，如装置艺术、美术陈列、服装设计、数字媒体显示。

（9）设计总结。飞檐招牌体标题字库设计实验，是对创作字库设计的一次新的尝试，通过大量资料的查阅与分析，陆续做了三四个月，共完成182个字样的制作，加上对本字体字面、中宫、重心等基础要素的规范，以及字体在实际应用场景中效果的展示，最终完成了这次飞檐招牌体字样手册的创作。希望通过飞檐招牌体字库的设计，为中国字体设计领域奉献自己的微薄之力。

（三）图形设计案例赏析

（1）选题来源。马帮是中国历史上一种延绵千年的历史存在，在西南地区特别是云南，马帮不仅是一种特别的交通运输方式，更在历史的长河中成为一种精神和文化的代名词。而巍山马帮作为云南马帮的分支之一，更是有着自己独到之处，应该得到传承和发展。

实地考察和对现有的宣传信息的查找和收集发现，现如今，巍山当地无论是在文化旅游产业，还是在产品外销上，甚至是单纯的对特色文化的宣传方面，都没有很注重对本文化清晰可靠的宣传和推广。当地对马帮文化的传播只停留在小范围口头传述、书籍文章记述及文化博物馆展览等形式，而在这个信息高速发展的时代，现有的传播形式显得过于静态、单一，缺少一些能与现代化接轨的元素和形式，使得具有巍山特色的马帮文化在这个信息读取便利的时代鲜为人知。

而今，全国各地对地域文化的唯一性、独特性、代表性十分重视，因此为了凸显当地马帮文化的特色，并使其有效传播，本次毕业创作设计将借助视觉传达设计专业的专业特色寻找有利于巍山马帮文化宣传的形式和媒介，将历史悠久的巍山马帮文化推广出去，希望在传播文化的同时也对当地经济的发展有所帮助。

（2）前期调研。创作者依次走访了拱辰门、文献名邦、星拱楼、马帮博物馆、清真寺、民居庭院、巍宝山道观、古城街道、扎染博物馆、马如骥大院这些巍山建筑古迹。大理巍山县历史悠久，这里的城楼古街、名胜古迹、老街老巷间，处处透露出沧桑与古朴，有着独特的地域魅力（图5-35）。

图5-35　巍山马帮文化主题设计建筑前期调研

　　为了寻找巍山马帮文化主题创意设计素材，创作者走入了巍山东莲花村马帮博物馆进行马帮文化的图像资料收集，馆内马帮展品及展板，简洁地将马帮文化以少量文字和实物展示的形式重塑在大众面前。左边部分图像就拍摄于馆内，例如部分讲述马帮历史、马帮人物、马帮禁忌等的文化展板，马帮的运输路线图，马帮日用品、马器以及衣物等展品，都体现出巍山马帮独特深厚的文化积淀和历史的痕迹（图5-36）。

图5-36　巍山马帮文化主题设计马帮文化前期调研

　　（3）设计主题。主题设计内容一，巍山马帮文化主题设计内容的第一部分被命名为"备马图"。首先，针对选定的主题内容将巍山马帮队伍在出发前所做的准备工作场景展现出来，其中包括马夫们挑选马匹、打包货物、理货装车以及安抚马匹等待出发的场景。其次，利用巍山的代表性建筑拱辰门、星拱楼、鸟道雄关碑以及民居建筑群等地标建筑来衬托核心人物，展现地方文化的唯一性和独特性。并借助鸟道雄关的传说故事将"鸟道"具象化，充分展现鸟的品类，同时丰富画面效果、增添趣味性，提高巍山马帮文化在传播中的被接受率。另外，利用山谷、梯田、田地、云纹等辅助元素进行串联。主题设计内容二，巍山马帮文化主题设计内容的第二部分被命名为"启程图"。首先，该内容重点表现马帮队伍开始动身启程的场景。其中包括负责开路探路的前哨、马帮的领头人马锅头、各种牵引马匹和看护货物的赶马人等。充分的马帮启程景象，给人精神充沛、迎接希望的感觉。其次，利用巍山地标建筑鸟道雄关门、文献名邦来展现马帮文化的地域性，并利用瀑布、溪流、梯田、云纹等渲染气氛，突出其当地的自然特征，具象地展现马帮行进的沿途风景。主题设计内容三，巍山马帮文化主题设计内容的第三部分被命名为"休憩图"。首先，画面中主要表现在马帮行路过程中，时间已接近晌午，马夫和马匹都已疲倦，因此就地修整休息、烧柴煮饭准备吃食并且对货驮、马掌铁等马器进行检查和修理等场景。目的是通过画面表现，让观众了解马帮中途休息时的各种活动。其次，利用巍山的红河源头碑这一代表性地标来衬托核心人物，展现其地方文化的唯一性。最后，利用山谷梯田、丛林野兽、云纹等辅助元素进行串联，渲染气氛，丰富内容。主题设计内容四，巍山马帮文化主题设计内容的第四部分被命名为"赶路图"。主要描绘的是马帮队伍午休修整过后，清点马匹再次出发的画面。并与崇化桥、扎染名乡等当地特色建筑和工艺相结合，利用独特的地域特点表现巍山马帮的唯一性。利用丛林、溪流、山谷、云纹等辅助元素渲染气氛，突出其当地的自然特征，生动地展现马帮行进过程中沿途的风景。主题设计内容五，巍山马帮文化主题设计内容的第五部分被命名为"跋涉图"。主要展示马帮行进过程中遇到的险峻情景以及经过各种艰苦跋涉克服重重困难继续向前。例如，过河、滑索道等场景。并且利用扎染名乡这一地标建筑以及将红河直流艺术化描绘来衬托核心的马帮人物，展现地方文化的唯一性和独特性，将本文化与同类文化进行地域特征的区分。同时，利用祥云、山谷山丘、丛林等内容丰富画面效果，增添趣味性与本次创意设计的视觉感。主题设计内容六，巍山马帮文化主题设计内容的第六部分被命名为"露宿图"。首先，在整个构图的中心主要展示一天的结束，辛苦奔波的马帮队伍开始露宿歇脚的场景。例如，炊事员准备食物、找柴生火、安置马匹喂水喂料、搭帐篷、检查货物破损并重新整理等。其次，结合巍山地标建筑圆觉寺双塔作为衬托，表现其地域性。另外，利用丛林、山谷、云纹等辅助元素进行串联，以此内容来结束对马帮的一天描绘。

（4）创意设计表现理由。插画的产生和发展在企业或品牌的宣传和推广方面具有重要的价值意义。在这个快速发展的信息时代，插画设计变成信息传播、品牌宣传的方式之一，被广泛地运用于平面广告、海报、包装设计甚至网页设计等数字媒体及信息传播的各个领域，根据不同的诉求进行风格、形式、媒介上的创新，并且信息技术的产生和发展让插画设计对于文化的传播愈加重要。因此，将传统文化以图像化、视觉化的新鲜形式进行传承和发展已经成为对外宣传的素材资本。根据受传者的兴趣和需求，插画设计可以呈现出奇特多样的视觉效果，将元素、造型、配色、节奏等内容拼合出引人入胜的意境，直观地展现在受传者面前，吸引大众视线，引起大众对插画设计背后的产品和文化的关注，引来更多的兴趣爱好者、游客或消费者。综上所述，利用插画设计的表现形式对悠久巍山马帮文化进行传播是非常有意义的。

（5）根据前期调研资料，绘制草图并完善（图5-37~图5-39）。

（6）巍山马帮创意设计正幅过程图（图5-40）。创意设计正幅内容分为三个层次，首先，以马帮人物为第一层次，利用时间和空间将马帮行进过程中经历各种场景以及其他呈现出的巍山马帮文化串联起来，流畅地诉说巍山马帮文化的魅力。其次，利用一系列镇山地标建筑作为依托，展现本次创意设计的地域性和唯一性。最后，利用丛林、山谷、祥云等元素烘托气氛。并且在颜色搭配上，整体选用橙棕色暖色调，在更加贴近马帮古朴的历史韵味的同时带给大众亲切感，更有助于本文化被更多的人接受（图5-41）。

图5-37 巍山马帮文化主题设计绘制草图

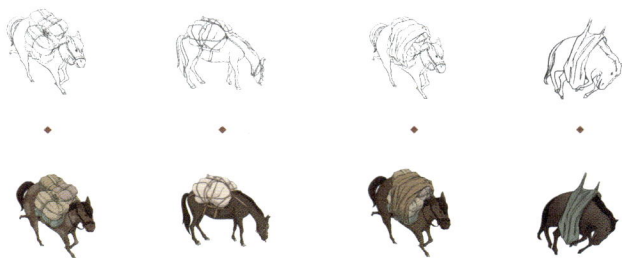

图5-38

图5-38　巍山马帮文化主题设计人物、马匹绘制过程图

图5-39　巍山马帮文化主题设计建筑元素过程图

◆ 线稿过程 1

◆ 线稿过程 2

◆ 线稿过程 3

创意设计过程图

◆ 着色稿过程 1

◆ 着色稿过程 2

◆ 着色稿过程 3

◆ 着色稿过程 4

◆ 着色稿过程 5

◆ 着色稿过程 6

图 5-40　巍山马帮文化主题设计正幅过程图

◆ 线稿完成稿效果

◆ 着色稿完成稿效果

图 5-41　巍山马帮文化主题设计正幅

（7）标识及文案设计（图5-42、图5-43）。

文案效果

◆主标题创意设计效果

副标题系列创意设计

广告语

重走马帮之路，品味文化经典

随文

青石板上马蹄声声，诉说历史的痕迹，山洞峡谷烟雨蒙蒙，翘望远去的马帮，一条古道，承载一支队伍，一世文化，值得代代相传。

◆系列标题创意设计效果展示

图5-42　巍山马帮文化主题设计系列标识设计

图文排版效果

图5-43 巍山马帮文化主题设计系列文案设计

（8）设计运用延展。插画设计无疑是对马帮文化继承发展以及传播的新思路，所以利用广告的形式进行传播是非常有必要的，可以更广泛地向大众传播马帮文化。当下广告宣传应用的形式多种多样，遍布人们生活的各个角落，因此，从呈现效果和成本考虑，可运用路牌广告、海报招贴、灯箱广告、网页宣传、网络公众号等形式，让受众直观地感受到大理巍山东莲花村马帮文化的古朴韵味，提高该文化在大众视野中的出现率（图5-44）。

路牌广告

海报招贴

灯箱广告

灯箱广告

图5-44 巍山马帮文化主题设计系列设计延展

文创产品就是文化和创意产品的结合，以商品为核心，利用对文化的挖掘和创新性设计增加产品的附加值，它还是一种具有浓郁地域色彩的经济形态。对于巍山马帮文化来说，将其运用在文创产品开发中，更能提高该文化的传播力度，可以让受众将文化带走或收藏（图5-45）。

信封设计效果

徽章设计效果

台历设计效果　　鼠标垫设计效果　　便签设计效果

画框设计效果　　布袋设计效果　　雨伞设计效果

图5-45　巍山马帮文化主题设计系列文创产品应用

（9）设计总结。巍山马帮文化承载着由古至今马帮后辈们对先辈的记忆，也记述了当时马帮活动的种种场景，是一种悠久的文化遗产，而通过插画设计借助载体的现代应用形式来传播马帮文化呈现出以下两点价值意义。第一，通过插画设计长卷的方式进行原因设计更有利于将马帮文化借助人物、建筑等不同方面的内容串联起来，使得大众能够完整、清晰、快速地了解到巍山马帮文化。第二，对于设计原图的使用，借助不同的媒介载体对巍山马帮文化继承和传播，更有助于在不同的方面宣传和推广巍山的马帮文化。首先，通过广告宣传的形式传播，有助于让更多的人成为宣传信息的直接接收者，从而关注到巍山的马帮文化，通过广告内容让大众产生兴趣，使大众自觉地关注到巍山马帮文化的相关信息上。其次，通过一些文创产品的应用形式将马帮文化推广出去，形式有利于大众和历史文化的互动，并且可以促使游客积极消费，将文化"带走"，也有利于当地文旅事业以及经济发展。综上所述，本次巍山马帮文化主题设计拓宽马帮文化对外宣传渠道，以及在展现巍山地域独特性和易于大众被接受等方面具有重要意义。

第三节
服装与服饰设计专业毕业设计实施步骤

一、专业概述

（一）专业介绍

云南艺术学院服装与服饰设计专业在2022年获批为国家级一流本科专业建设点。

服装与服饰设计专业创办于1986年。2006年获设计艺术学硕士学位授权，2009年艺术设计专业获批云南省高校特色专业，2013年立项为教育部专业综合改革试点项目，2015年立项为云南省高校本科品牌专业，2016年设计学学科立项为云南省一流学科建设（A类高原学科），2019年专业在云南省高校同类专业布点11个中排名第一。本专业在新时期国家发展战略的引领和指导下，依托国家及省级教学、科研、创作平台和基地，形成了自身的办学特色和优势。专业立足于云南多民族文化资源优势，将民族文化、地域文化、民族服饰文化融入服装与服饰艺术设计与研究，注重对"服饰生态文化承续""地域产业生态下民族性服饰设计"等领域的深入探究，并应用到教学、科研与创作中。

（二）培养目标

服装与服饰设计专业引导学生通过在地优秀民族文化智慧与审美心理、传承形式及造物理念的认知和学习，达成文化认同与自信，运用跨学科研究方法，培养学生具备传统设计转化思维和跨界融合的创造能力，以及面对当下科技创新时代的独立思考、挖掘研究和形式转化的实践能力；成为服装行业从业者、传统服饰文化的承续践行者、地域产业生态下民族性服装设计的创造者及时尚艺术引领者，为现代设计产业、服装服饰产业、民族文化创意产业等相关领域培养创新型及实用型高素质复合型人才。具体表现为：

（1）掌握服装与服饰设计专业方向相关领域内的基本理论知识。

（2）掌握服装与服饰设计专业方向领域内相关的设计方法和制作技术。

（3）掌握服装与服饰设计专业相关的工艺流程和制作能力。

（4）熟悉服装与服饰设计专业方向领域内的相关方针、政策和法规。

（5）了解服装与服饰设计专业领域发展前景、发展动态及发展走向。

（6）具备初步科研能力和实际工作能力，并且具有一定的思考判断能力。

（三）服装与服饰设计专业毕业设计概念

在毕业设计阶段，对论文的选题进行优化，将课程思政融入教学中，从而让学生的作品能够更好地反映出当今社会的主流价值观念；在教师的指导下，学生可以初步尝试独立地从事服装设计工作。毕业设计的基本目标是：培养学生综合运用所学的基础理论、专业知识、基本技能进行研究和解决问题的能力。这门课程是一个学生对四年来所学的知识和技能展开系统化、综合化运用、总结和深化的过程，是一种对自己在学校学习生涯的总结与检阅，是学校学习与社会学习之间的衔接，既体现了学校各课程所教授知识与技能的综合、掌握及其灵活运用，同时展现了学校、学生与企业、社会之间的互动与促进。通过对毕业设计过程的精炼和具体的工作计划的制订，给学生足够的思维和创造的空间，培养他们的综合动手能力；通过加强教师的指导力度，并完善评分标准，对学生的设计创造能力、论文书写能力、实践能力、沟通表达能力等进行综合考核。让学生对毕业设计的态度有了正确的认识，让教师对毕业设计的指导过程进行了规范化，让设计作品在市场和企业中得到了检验，让学校的教育教学质量得到了更好的检验。

服装专业毕业设计作品的内容主要包括两大类：一类是实用成衣设计作

品，另一类是创意概念服装设计作品。

1. 实用成衣设计

实用成衣是指以特定的目标消费群体为对象，以标准型为单位，大批量制造的一种工业制品。实用成衣在追求其所谓的"艺术性"的同时，还应该满足消费者的实际使用需要，它是一种将美学和实用性有机结合在一起的工业文明产品，只有在获得了消费者的认同之后，它才能真正地发挥出自己的价值。所以，在进行实用成衣设计时，应对目前的服装市场的时尚资讯、目标消费群的消费心理需求和市场的销售方向有充分的了解。在进行详尽的市场调研、掌握相关的资料信息之后，才能有针对性地进行设计运作，将各门课程中所学到的知识与技能结合起来，展开灵活的思考，在了解市场、尊重生活的基础上，根据形式美的原则，提出设计方案（图5-46）。

图5-46　实用成衣展示图

2. 创意概念服装设计

创意概念服装设计的特征在于：对传统的设计观念进行挑战，打破陈旧的思维模式，开拓出更宽广的设计思想空间。它源自对灵感的获取和表达，而以市场为导向的服装设计则是以理性为导向，其根本目标是盈利，所以一定要考虑到市场的因素。创意概念服装设计的价值体现在，它可以自由地提倡创新的设计思维方式，不受市场、成本等因素的束缚，将以艺术文化及唯美表达为主题的创意设计表现出来。创意概念服装设计探索的设计理念和它的创意可以对市场导向的实用成衣设计思维起到启发和引导的作用，其目的是要持续地探索创新思维，寻求新的思维模式。社会需要不断发展，而创新是社会发展的动力，创意概念服装正是人类探索思维和创新思维设计的产物（图5-47）。

图5-47　创意概念服装展示图

（四）服装与服饰设计专业毕业设计要求

1. 原创性

服装毕业设计必须遵循原创性的设计原则。服装毕业设计是学生在学校三到四年学习生涯的总结与汇报，体现学生对学校所传授的知识和技能的掌握与应用程度，必须是学生多年学习积累沉淀的原创设计，不得抄袭、模仿他人服装设计作品。

2. 以人为本

无论是实用成衣设计还是创意概念服装设计，都必须遵循以人为本的设计原则。成衣设计是以市场为导向的，它必须尊重人的行为模式、尊重消费者的生活方式，而创意概念服装也需以人为本，因为它是服装，是给人穿用的服装产品，不具有可穿性的服装还能叫服装吗？充其量不过是一堆材料的组合装置。服装设计是为人服务的，再夸张的创意也要尊重人，以人为本。

3. 审美时尚表达

服装设计作为一种视觉艺术设计形式，必然要注重其形式的美感，遵循对比、统一、比例、均衡、对称等形式美法则。服装审美是由款式造型、色彩搭配、材料选择乃至细节处理等多种元素综合体现表达的，不同时代、不同社会、不同阶层产生不同的审美需求，对服装审美有着不同的解读和表达。罗丹认为，所谓大师，就是用自己的眼睛看别人所见，在司空见惯的事物上发现美，正如设计来源于生活且高于生活。作为服装设计者，应关注社会、关注生活，在生活中提炼美，用时尚的眼光设计符合当代审美需求的服装设计作品。

4. 工艺制作到位

服装制作工艺课程中必须掌握人体测量、服装人体工学、基本服装纸样制图、服装裁剪、制作技巧等相关知识与技能。服装毕业设计课程中的服装打板制作环节充分展现对工艺课程知识与技能的掌握与灵活的综合运用程度，进一步培养学生进行独立制作服装的动手能力及实际应用能力，检验其工艺知识与制作技巧，加强动手操作能力的训练。由面料到服装成品，需要多种工序及多种设备的使用、多种操作技能的综合应用，要求学生熟练掌握各类基本工艺理论知识及制作技巧，并应用在服装毕业设计中，使毕业设计作品工艺制作到位。

二、实施步骤

（一）前期调研

针对毕业设计的选题方向展开多视角的调研，如了解消费市场的市场调研、目标消费群调研、流行趋势信息调研、设计思维灵感素材收集调研、面辅料市场调研等一系列收集资料及设计素材的调研活动，调研是为设计奠定基础的。资料收集服装毕业设计的首要环节就是资讯搜集，资讯搜集的第一个步骤便是市场调研。调研对于任何设计过程来说都是必不可少的，是先于设计而展开的创意理念的初期搜集，应该是一个颇具实验意味的过程，是为了支持或发现某一特定主题所做的调查、研究。在创作过程中，调研是不可或缺的方法，它会为创意提供灵感、信息和创作方向，以及为系列设计提供故事情节。调研是一项非常个人化的行为，通过外在表现，人们可以深入透视设计师的思想、追求、趣味及想象力的创造性。从广泛而深入的调研入手，设计师就可以开始对一组服装或一系列服装进行演绎。在设计的过程中，服装的廓型、面料肌理、服装色彩、款式细节、印花和装饰都有其各自的地位，而且这些必须在调研报告中一一找到（图5-48）。

1. 参观兴巍扎染厂
2. 听大师介绍扎染
3. 大师对传统纹样介绍
4. 扎染材料拍摄
5. 扎染创新应用
6. 调研结束小组成员汇报沟通

图5-48　前期调研

（二）确定设计主题及风格定位

对调研所收集的资料及设计素材进行整理、分析、研究，在此基础上提出设计概念主题，确定设计主题。善于发现新事物是做好毕业设计的首要条件，设计者要有敏锐的目光，要善于通过图像和文本捕捉生活中的一切素材，头脑中所能想到的形容词都可以成为设计的灵感源，包括风格、态度、色彩、面料以及廓型，都会带来全新或意想不到的设计理念。通过联想、想象，把抽象的主题概念转化为可视的、可穿的服装，成为受众能够接受并喜爱的款式。在这个过程中，学生要在意与意、意与形、形与形之间反复沟通，多重交叉、重叠，才能完成新的创作。

（三）设计构思

1. 构思方法

构思方法获得途径是多样的，这种灵感可以源于生活经历及对外界生活环境的感受，如最近看过的一场电影、一段勾起往昔回忆的音乐、随手绘画的一幅作品、一张快门留下的照片、雨后的草木清香……生活中的点滴都可以成为服装设计的灵感源。具有敏锐的感受能力才能立意高、设计独特，成为时尚的引领者。

（1）自然界的灵感启发。如果你是大自然的热爱者，就会发现自然界蕴藏着无穷无尽的美，它们或许是让你如痴如醉的自然景观，或许是你的盆栽，或许是你养的宠物……总之，自然界的素材不胜枚举，人类许多创作发明都是从大自然中获取的灵感，服装也不例外。大自然是你汲取灵感、获得力量的宝藏，如燕尾服、蝙蝠衫、灯笼裤、燕子领、香蕉领、羊腿袖、蝙蝠袖……自然的形象、形态、色彩、肌理、图案纹样在服装上的运用会达到意想不到的效果，能得到社会各界的认可。

（2）从其他艺术设计形式中获取灵感。服装设计和绘画、雕塑、建筑、文学、音乐或其他作品都属于艺术范畴，气息相通却又相互影响。因此，从中寻找灵感，将所选取的灵感源分解、打散进行重组，设计出创新服装，也将引领时尚潮流。

（3）从科技中获取灵感。科技的发展一日千里，在"知识经济""信息时代"的大潮下，把科技融入服饰设计中，是一种必然的发展方向。科技和设计分属两个不同的领域，看似风马牛不相及，其实科技的发展已经直接影响到了人们的思维和生活，而服装是一种生活必需品，它也将服务于新的生活方式。每一项新发明的诞生，都会对服饰的流行趋势产生一定的影响。例如，超细纤维的问世改善了化纤织物的吸湿性、透气性、悬垂性和手感；在纤维中添加一定的聚合物，不但可以使纤维具有抗紫外线、抗氯、抗污的优势，还可以让纤维织物手感更柔软、回复性超群、染色更加生动鲜艳，它的优异性能给服装设计带来了更多的可能性和更大的想象空间。对新型高科技面料的研发和应用，促使服装从最基本的使用功能到服用功能转变，以科技为主题的设计，更是开启了设计者的思维，功能性服装得到了人们的青睐，体现了时代的特点。因此，设计者要注意科学技术的发展，以适应市场的考验。

（4）从民族文化中获取灵感。民族和民间文化使不同的国家、不同的地区、不同的民族，都保留着自己的特点和个性，从而使世界的文化更加丰富多彩。由于自然环境的差异，以及历史的发展，导致各国人民在习俗、文化等方面具有差异。受到所处的文化与社会背景的影响与约束，各个民族都形成了自己的美学理念，也形成了自己独特的民族服装，如印度纱丽、日本和服、印第安纺织品与波斯图案等民族服饰因具有鲜明特点而成为一个民族或地区的文化象征。从20世纪90年代开始，非洲热带风格、印度风格、日本风格、柬埔寨风格、中国风格，这些具有浓厚各国色彩的图案，曾一度成为时装潮流的主导。发掘各民族的丰富文化传统，并在此基础上发掘创作灵感，是众多服装设计师成功的重要法宝。因为自幼在特定的文化环境中受到熏陶、成长，设计师对于自己民族的文化发展具有一种独特的潜伏性。在吸收传统文化精华的基础上，把自己民族的服装材料和时代风貌结合起来，可以创作出具有丰富文化内涵的时装产品。一些具有中国传统文化特色、具有民族特色的服饰品牌不断出现，为设计师提供了创作"中国风"主题设计的灵感（图5-49）。

图5-49 "中国风"灵感来源

2. 灵感来源

（1）色彩提板（图5-50）。

图5-50　色彩提板

（2）主题提板（图5-51）。

图5-51　主题提板

（3）材料提板（图5-52）。

图5-52　材料提板

（四）确定设计方案

在明确的设计概念及设计主题的指引下，按照形式美原理进行服装设计款式造型、色彩调性配置等，绘制服装款式图及效果图，并确定及购买面辅料（一些面辅料还配有款型设计、色彩花型设计）。选定题目，就是把所见、所思、所想，用自己的话说出来的过程。所以，无论工作到什么程度，都要停下来，根据市场定位、风格特点、目标消费者的品位爱好，对现有资料进行分析整理。有些资讯是可以相互印证的，是用不同的方式陈述同一件事情或同一个观点，这能帮助设计师肯定趋势的方向；有些资讯具有指导作用，能帮助设计师筛选出其他资讯中真正有价值的部分；还有些资讯能启发灵感，它们能帮助设计师创作出最好的作品。除此以外，还有些资讯如鸡肋，暂时看不出有什么用，扔了又觉得可惜，对于这样的资讯，不同性格的人有不同的做法：大刀阔斧的人会毫不留情地扔掉它们，再轻装上阵、施展手脚；谨慎稳健的人会暂时把它们搁置一边，虽然暂时还看不出它们的用处，但也许将来在创作环节中能发现其真正的价值所在。对搜集的资讯进行分析整理是十分必要的，绝不能把自己淹没在资讯的海洋中！无论如何，因为参考意见太多而失去判断力的人是很难做好设计的。至于如何判断哪些资讯有用、哪些资讯没用，这是一个相当主观的事情，每个设计师都会有自己的倾向性和习惯做法。为了找到真正有价值的东西，可以列出一个表格，得出结论后，再形成设计方案，写出市场调研报告（表格形式或文本形式）。

（五）确定服装版型设计及工艺制作

针对服装设计款式图及效果图绘制服装结构版型设计图，并裁剪制作服装成品。一张好的主题概念板应该已确定了设计的基本方案，包含设计理念、服装设计的色彩、面料肌理、款式特点及所对应的消费对象等，这时候就可以展开款式的设计，将思维转化为可看得到的图形，设计草图就是这样一种表现手法。草图一般不要求在形式表达上画得很好，只要在纸上画一些自己和教师看得懂的设计图即可。草图可以单件来画，也可以整套服装一起画。为了节省时间，草图一般不用上色，如果实在要上色的话也只需要一些大概的配色和图案。对于涉及图案之类的设计运用，在设计草图的过程中有时会出现一些如对面料、辅料、饰品等无法把握的情况，需要进一步了解更多的流行信息，这对款式的设计及拓展很有帮助。

加减法设计草图是在基本款的造型基础上增加或减少的设计方法，是一种进行适当的拓展延伸，增删款式细节后形成新款式的创造手法。"加"可以使款式丰富起来，可以加入不同造型的分割缝、缉线、装饰线等，细节丰富后，设计点就多了起来，消费群也会随之增加，通过不同色彩和面料的处理，服装的着装效果也将更灵活多变。

系列设计草图是表达一类产品中具有相同或相似元素，并以一定的次序和内部关联性构成各自完整而相互联系的产品或作品的形式。在毕业设计中主要是指风格、主题、面料、色彩等主要表现手法一致，在统一、协调为主基调的情况下进行节奏、平衡的变化。服装设计专业的毕业设计，从初期就要用系列化款式设计的思维方式进行设计。服装系列设计即服装的成组设计。服装是款式、色彩、材料的统一体，这三者之间的协调组合是一个综合运用关系。在进行两套以上服装设计时，用形、色、质三方面贯穿不同的设计，在不同服装中三者之间寻找某种关联性，这就是服装系列设计（图5-53）。

图5-53 系列设计草图

款式图的确定。服装款式确定后要画出具体的实物款式图，内容应比较丰富，包括服装部位的特殊工艺处理及缉线宽窄，都要明确地标示出来，直观地呈现，以便于面辅料的采购及搭配。款式图一般包括服装的正背面款式图、细节图、工艺说明、参考尺寸制定和面料小样及辅料的质量、数量及规格要求。正确的服装比例是制图的依据，因此在绘制款式图时可以按照1∶5或1∶3的比例进行绘制，或者将制图规格按比例缩放后进行绘制，无论选择哪种方法，只要可以看出服装的长宽比例、局部与整体的比例、局部与局部之间的比例关系，并且造型美观、部件完整就可以了（图5-54）。

设计生产图的要求：第一，绘图工整，有设计编号、设计者。第二，要给出可参考的服装规格（公司有指定规格的除外），细节部分要标注，特殊部位的设计要有放大图片。第三，充分表现结构和工艺特点，特殊工艺如水洗、印花、刺绣等最好也标识出来。第四，标识商标、洗标的位置，如果公司有明确的规定，则不用标识。其中，对于特殊部位的放大说明是很关键的，因为不同的工艺要求呈现出来的外观效果也是不同的，如卷边与包边、镶嵌和结构分割、印花与绣花、立体袋和明贴袋、平缝与包缝，制作出来的成衣服装效果是不同的。线迹的表现由于缝纫线粗细、颜色、距离的不同，呈现出来的半立体状态也是不同的，制板时放缝的要求应有所区别。

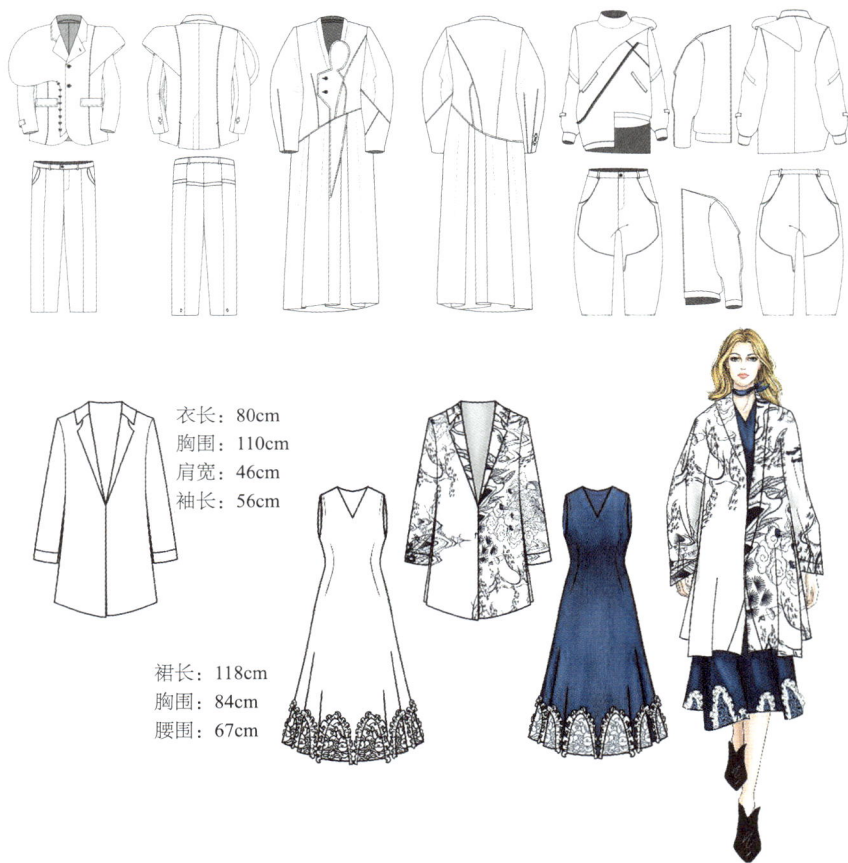

衣长：80cm
胸围：110cm
肩宽：46cm
袖长：56cm

裙长：118cm
胸围：84cm
腰围：67cm

图5-54　款式图

（六）确定设计面料

面料选择是一门艺术。服装设计师要从三个方面设计创作：一是不断完善作品，要将设计技巧最大限度地展现在实践过程中，这样才能拥有完美的设计；二是运用合适的色彩和面料激发灵感并构建作品风格；三是使用人台立裁设计，以确保面料的质地和悬垂性符合作品的要求，这是确定面料必不可少的步骤。同时，要把面料选择的过程展现在设计手稿中。

把设计作为重点。合适的面料可以更好地展示那些缝制精细、结构复杂的作品，又不会掩盖设计本身的光彩。设计时，要把重点放在面料或服装结构上，确保两者不会互抢风头或出现其中一方掩盖另一方的情况。面料可以实实在在地体现要表达的东西，从奢华的皮草到光滑的高科技纤维，都可以清晰地呈现设计理念和最终效果。

发挥面料自身在设计中的作用。要通过面料自身的重量和悬垂性来表现服装的造型。如果面料不能与造型相搭配的话，那么设计就会缺乏表现力，会使整个作品失去说服力和相应的水准。面料都有自身的特性，通过造型强调其特性能够更好地彰显设计的魅力。

变换面料的重量。不同重量的面料可以确保服装廓型和结构的多样性。可以设计简单利落的款式，也可以设计悬垂性强并且柔软的造型，同时可以加入一些相反的元素通过对比强化设计主题。常用的方法是在同一个系列的作品中，用不同的面料裁剪款式相同的服装，从而将不同的面料特性表现出来，产生不同的视觉效果，在反复取舍后选择其中一种进行制作。织物的质地、重量和色彩等方面的相互作用创造了一个充满动感的面料故事板。设计师对织物的运用以及对面料特性的把握，体现了作品的灵感来源。面料可以通过衬里织物或针法结构进行改进，而当模特穿上服装的时候，就能展现出这些改进所带来的魅力了。对比性和一致性不同的面料在设计中形成的这种对比强烈的效果，使作品产生了一种古怪但又和谐的审美取向。同时，不同的廓型和制作方法也将这种对比表现得更加明显。设计师常在同一个系列的作品中，用不同的面料剪裁几款样式相同的服装，从而将不同的面料特征用相同的廓型表现出来（图5-55）。

图5-55 面料、工艺提板

（七）样板制作

服装样板的制作是毕业设计实现的首要环节，服装毕业设计样板的制作一般是先画1∶5的结构小图，完善后再进行1∶1制板，学生可以选择手工制板和服装CAD制板两种方式，也可以同时进行，具体结合实际的动手能力，因人而异。

只有将平面制图与立体裁剪相结合才能满足不同风格服装的设计制板任务，要想作品获得成功，就要关注服装的每一个方面，包括面料选取、服装整体比例以及其他各方面的细节。虽然设计师在创作过程中会注意到前后衣片结构的设计，但最关键的还是从各个角度关注整个服装的结构。运用不同的设计方法——设计师不但要同时掌握平面制板和立裁这两种创作方法，还要深刻理解两者在每一个设计阶段的作用，这样才能更好地完成服装设计。每一个新的设计灵感都来源于上一个环节的创作过程，在创作过程中要时刻反思自己是如何运用这两种设计方法的，只有熟练地掌握了平面创作和立裁这两种方法，才能使作品更具广度和深度。制作样板时，应考虑服装的款式、服装结构、裁片缝份和面料的质地，考虑面料的缝纫缩率、熨烫缩率及折转缩率，做好定位标记及文字标记。

（八）匹配工艺制作

生产工艺单是服装生产和加工的主要技术文件，一般要求是，下单服装的规格、服装正背面款式图、平面工艺分解图、生产工艺细节（面辅料、裁剪、工艺制作、包装要求、特种机器使用）、服装加工工序及用时等都要在工艺单中说明，常规的部位可以简写，特殊工艺要详细说明。

在服装专业学生毕业设计阶段最常见的就是白坯布试样与样衣制作。白坯布又称薄亚麻织物，是一种廉价的素色面料。裁剪时要确保白坯布的重量和最终服装作品使用的面料重量相似，这样才能呈现出预期的服装效果。完成效果图、平面款式图设计和面料样品的整理工作后，设计师就可以在样衣制作的基础上进行整个服装系列的设计了。在使用最终确定的面料进行设计前，用白坯布在人台上进行剪裁可以帮助设计师解决一系列有关服装尺寸、合体度以及廓型等方面的问题。设计师要明确的是，一旦开始剪裁，那些设计手稿就只能作为参考了，因为平面图与实际的裁剪是有很大差异的。所以，在裁剪的过程中要不断对原有的设计想法进行改进，并找到更加合理的设计方案，以使自己的创作更符合服装设计要求。设计手稿中有价值的设计想法或是令人眼前一亮的服装造型，有可能在裁剪的过程中达不到预期的效果，这时就需要设计师根据实际情况对设计做出适当的更改和调整。不要把设计手稿中的每一个细节都原封不动地搬到立裁中去，要有取舍地通过立裁进行二次创作。同一系列的服装设计强调款式间的关联性，在创作最终成品前要先用白坯布完成样衣制作，以确保服装风格的统一性，使设计师更加明确设计方向，同时也为设计师提供充足的时间去完善设计想法。

（1）记录要点。通过做笔记、修改草图和拍照，对模特的整个试穿过程进行跟踪记录，及时发现实际立裁中存在的问题，确保服装细节部分的修改工作更顺利地进行，以达到预期效果。

（2）观察效果。观察试穿后服装呈现的三维效果，包括坐姿和站姿，发现设计中存在的问题，为进一步提升服装的设计效果做准备。

（3）发现灵感。如果说设计草图是凭空的想象，那么试样就是真实再现的过程，如设计时选择的是荷叶边元素，在试样时采取层叠或者错接，会产生不同的效果；如服装上面有褶裥的元素，选择规则的褶裥或者不规则的褶裥，选择碎褶或者西服裙上的阴褶，效果又是不同的。因此，善于从现实中寻找素材对于设计者来说是很关键的。很多服装上面奇特的造型不是一味地想象，而是经过实践操作验证得来的，这种过程不是想象的那样简单，很多设计大师光鲜的设计背后付出的努力也非常人所能及的。

（4）结合实际操作。在白坯布试样的过程中要经过连续的创作才能实现设计任务（图5-56）。

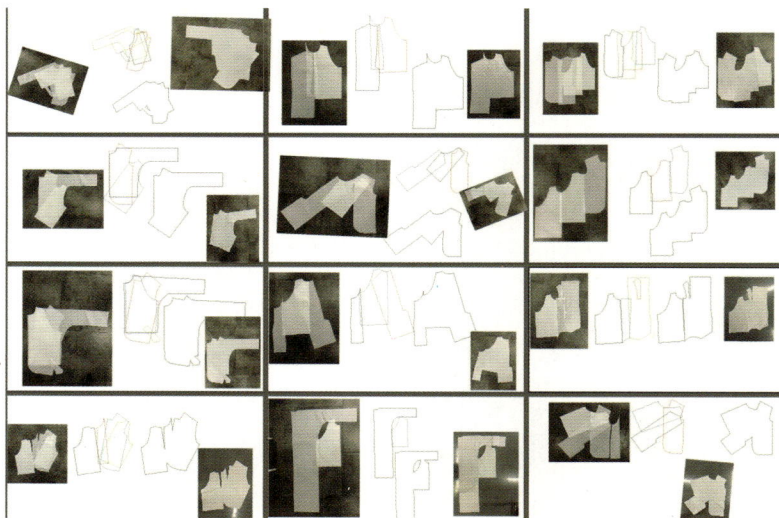

图5-56　白胚布试样

（九）文本制作

将毕业设计过程中调研所收集的资料、构思草图、设计方案等与最后的服装成品展示整理成文本形式。

三、成衣设计案例赏析

1.《染光》

（1）项目背景。大理巍山扎染作为云南比较重要且有特色的非物质文化遗产之一，具有一定的局限性，国内外虽然有很多将扎染艺术直接运用于服装之上的设计，但是将扎染艺术所包含的美学元素运用于服装之上的案例少之又少，大部分的设计师都是运用扎染技法来进行服装设计，而很少有设计师以扎染艺术中的美学方向为出发点进行服装设计。在国家发展软实力的阶段，提取中国传统民族艺术中的元素进行设计是很有必要的一个设计活动的起点。

（2）项目目的。在以扎染作为服装设计的起点的时候，应放弃其工艺性质运用，转向其美学元素的提取与结合运用，因为设计需要艺术的参与，而艺术强调美感体验。为了得到这种美的体验，就要运用美的概念和特性找出扎染艺术中的美和其元素。研究目的就是找到扎染中的美，然后将其提取，结合扎染艺术的美学，概念化地运用到服装设计之中。探究巍山扎染艺术中的美，论证其中蕴含的美学元素，找出其中的美与服装设计结合，将巍山扎染的美学艺术运用在服装与服饰设计中。

（3）设计思路（图5-57）。

代表白布，同时作为扎染艺术色彩的白色所使用的白色涤纶面料

代表看上去是黑色的染料，同时作为白色的对撞色的黑色涤纶面料

材料运用

代表着扎染完成，也代表扎染艺术核心的变幻莫测的幻彩反光面料

代表着板蓝根染料的反光以及扎染变化过程的半透明PVC面料

图5-57　设计思路

（4）设计方法（图5-58）。

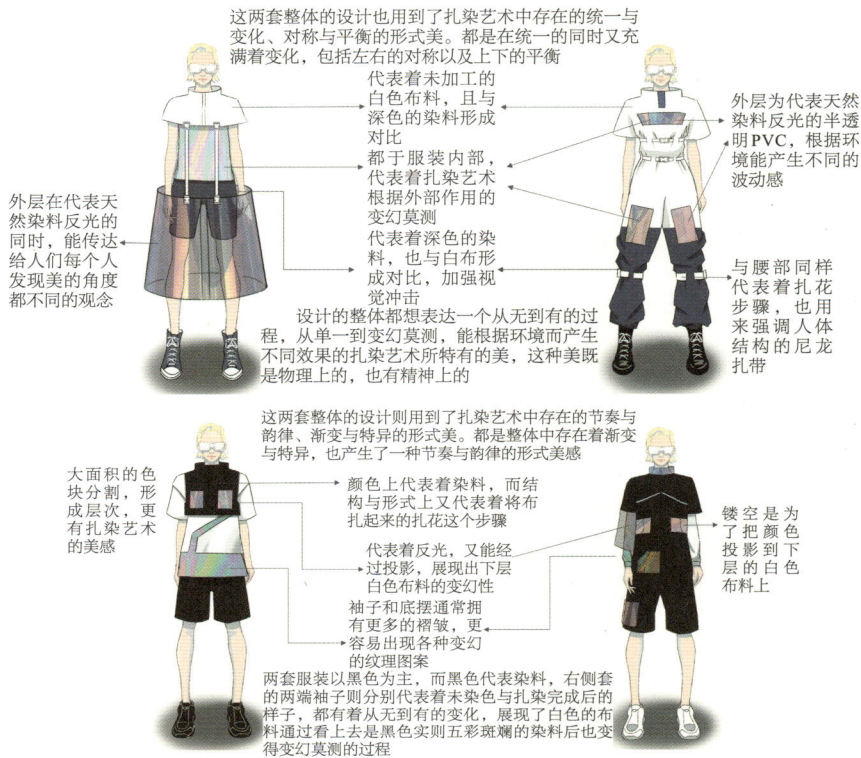

这两套整体的设计也用到了扎染艺术中存在的统一与
变化、对称与平衡的形式美。都是在统一的同时又充
满着变化，包括左右的对称以及上下的平衡

代表着未加工的
白色布料，且与
深色的染料形成
对比

外层为代表天然
染料反光的半透
明PVC，根据环
境能产生不同的
波动感

外层在代表天
然染料反光的
同时，能传达
给人们每个人
发现美的角度
都不同的观念

都于服装内部，
代表着扎染艺术
根据外部作用的
变幻莫测

代表着深色的染
料，也与白布形
成对比，加强视
觉冲击

与腰部同样
代表着扎花
步骤，也用
来强调人体
结构的尼龙
扎带

设计的整体都想表达一个从无到有的过
程，从单一到变幻莫测，能根据环境而产生
不同效果的扎染艺术所特有的美，这种美既
是物理上的，也有精神上的

这两套整体的设计则用到了扎染艺术中存在的节奏与
韵律、渐变与特异的形式美。都是整体中存在着渐变
与特异，也产生了一种节奏与韵律的形式美感

大面积的色
块分割，形
成层次，更
有扎染艺术
的美感

颜色上代表着染料，而结
构与形式上又代表着将布
扎起来的扎花这个步骤

镂空是为
了把颜色
投影到下
层的白色
布料上

代表着反光，又能经
过投影，展现出下层
白色布料的变幻性

袖子和底摆通常拥
有更多的褶皱，更
容易出现各种变幻
的纹理图案

两套服装以黑色为主，而黑色代表染料，右侧套
的两端袖子则分别代表着未染色与扎染完成后的
样子，都有着从无到有的变化，展现了白色的布
料通过看上去是黑色实则五彩斑斓的染料后也变
得变幻莫测的过程

图5-58　设计方法

（5）成果展示（图5-59）。

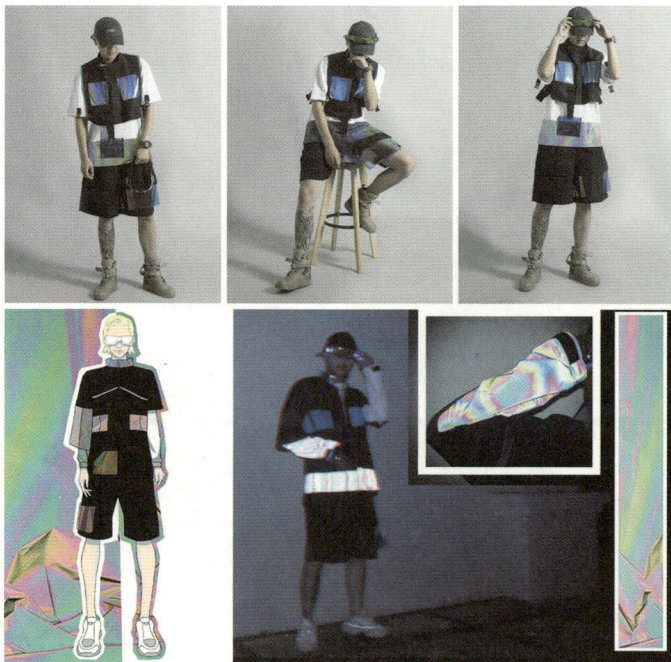

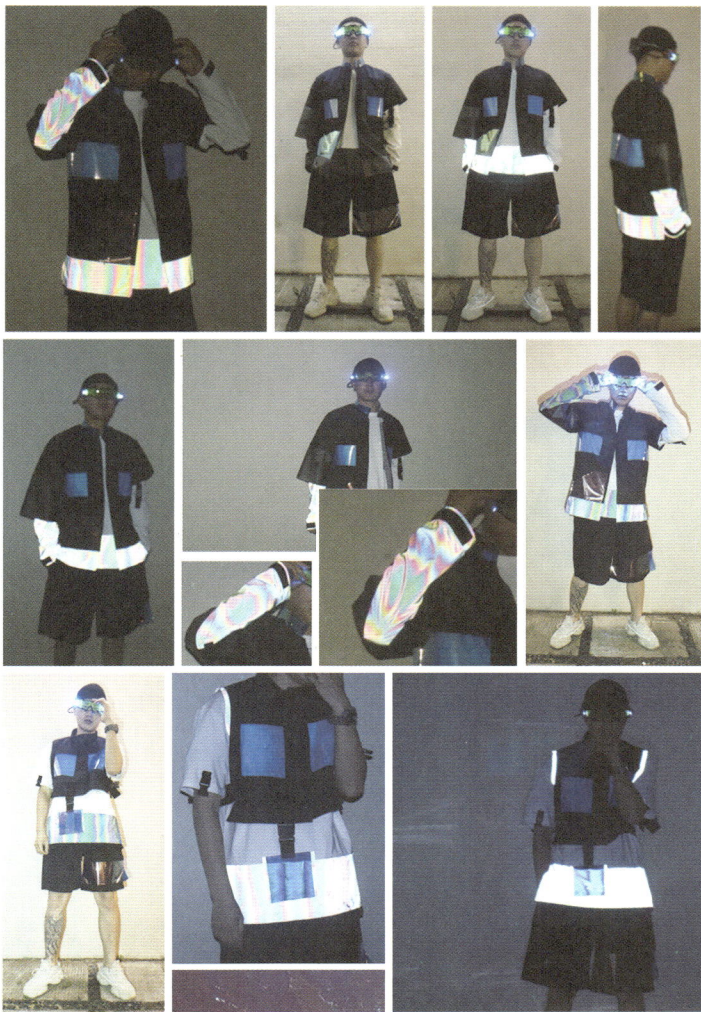

图5-59　成果展示

（6）设计总结。本次设计的主要元素来源于大理巍山的扎染。大理巍山扎染艺术中充满了色彩的对撞以及色块的分割，当然也包括了扎染艺术从无到有的审美创造，而这次设计就是把巍山扎染艺术从无到有的创造过程，用带有巍山扎染艺术美感的形式和材料表现出来。该系列服装结构的设计与分割参考了巍山扎染的色彩占比与分割，意在展现巍山扎染的韵律，在运用巍山扎染的美学元素进行结构与色彩分割的同时，运用特殊的面料展现巍山扎染艺术的变幻莫测，带来与巍山扎染艺术相同的美的体验。

2.《沉溺》

（1）课题来源。本设计的选题来源于对皇冠草的艺术化形态所呈现的美感，在研究了创意服装设计的意义与其在国内外现状的发展状况，明确了选题的目的与意义，从而确立了皇冠草的艺术形态在现代女装仿生设计中的创新运用为研究内容及其创新点。对皇冠草的生态保护作用及其艺术形态的特点进行提炼和总结，综合对生物多样性中植物的艺术形态在艺术领域的案例分析展开描述，进一步了解皇冠草的艺术运用价值，通过整理和查阅资料，展开皇冠草的艺术形态在女装设计中的设计构想。本毕业设计作品《沉溺》作为创作实践，在女装设计的结构形态、皇冠草形态的色彩运用、面料改造工艺与图案肌理纹样相结合的创新运用表现等，展开课题研究。

（2）调研过程。通过对中国科学院西双版纳水生植物园的实地考察，认识到水生生物的多样和独特魅力。在这个视觉文化的时代，水生生物本身就具有科学性，具有独特的生命法则和遗传密码。水生生物自身的艺术美感是科技无法模拟的，每种水生生物带给人们的视觉冲击都无比奇妙，一切都像理所应当但却又令人惊叹。

作者从调研的过程中触目所及不仅是一个植物园，更是时间的沉淀、生物保护工作人员的默默付出。在调研过程中还了解到生物多样性的众多保护措施，这也使作者受到对保护生物多样性的服装设计的启发。

这次调研通过对皇冠草的色彩、形态及其艺术魅力等特征进行研究，通过借鉴皇冠草的艺术美、形态美等进行现代女装设计。通过研究沉水植物中皇冠草的生态价值与人文价值，将其形态艺术化，将皇冠草的艺术特征通过面料再造技术手法进行创新设计并应用于现代服饰设计中，使其与现代时尚相融合，创作出符合现代审美并具有概念性的服饰品。

生物多样性的保护及发展是当今社会发展的一大主题，是保持生态平衡的重要环节。

当今服装设计所选用的艺术元素多种多样，人们对于服装的要求不再只是实用性，而更加关注其艺术性的创新效果，服装设计的创新与改良元素也在日益丰富，使得设计师们不断进行标新立异的服装艺术创作，因此，艺术创作灵感及其生物多样性研究的改良运用，是此次实践进行服装设计创新的重要因素。而各类水生植物的创新运用及其艺术形态的设计，在现今设计的造型艺术中也有着极为广泛的运用。

作为一名服装设计人员，在当下的设计中应赋予作品新的生命力。不仅要做好设计，更要懂得赋予作品独特的精神理念，现代的设计不是独立的，其需要理念的支撑，设计师的设计之所以能创造出保护生物的理念，是生物的存在带给我们设计灵感。通过这次实践使作者更深入地了解到设计师的意义以及生物界给设计师带来的帮助，明确了设计的方向，即不仅要跟着发展潮流走，更要重视保护一路走来观察到的其他生物，让社会的发展和生物更好地融合，不相互排斥，在展现作品魅力的同时呈现新的创造力。皇冠草的艺术形态丰富多姿，从皇冠草在湖水中的形态多变就可受到极大的艺术创作启示。通过皇冠草的艺术形态在女装设计中的设计构想与调研实践体会，在色彩的组合搭配、面料的改造加减法工艺、款式结构造型上围绕皇冠草艺术形态的部分元素展开运用，探索自然界中美丽的各类生物的艺术形态及其发展空间的创作元素，结合现代服装设计的创新设计方法，展现了生物多样性与艺术的结合在服装设计中的新方向。

（3）设计构思。皇冠草的艺术形态，在一定程度上对常规的女装设计风格取向具有一定的挑战性。皇冠草的艺术形态在女装设计的表现上具有主体突出、色彩明净和艺术形态多变的特征。在整个服装设计中，皇冠草的艺术形态和图案的创新运用作为新奇的女装创新元素，具有增强服装风格和体现设计元素多样性的作用。灵活的皇冠草艺术形态中色彩的运用具有较强的自然主义及现代中性风格。人们从大自然中获得的创意灵感多种多样，让人感受到生物多样性于服装设计中的巨大潜能，运用皇冠草的艺术形态作用于女装设计，渲染了服装艺术的氛围，增添了服装文化的多样性，使女装设计的风格多样化，体现生物多样性于服装设计的魅力，形成独特的服饰艺术风格。

皇冠草的艺术形态在女装设计上的构思给设计师带来了广阔的设计灵感，将其更好地运用于女装设计上。在色彩上注重整体的和谐与局部的特色，在结构款式上丰富多变，在面料的运用上大胆尝试与创新，将多种面料拼接融合，实现皇冠草的艺术形态与女装设计的完美结合，表现生物多样性于女装设计中的可利用性与创新性，形成独有的服装风格。

（4）灵感提板分析（主题、面料、色彩）。皇冠草的艺术形态作为灵感来源是特别的、丰富的。运用到服装设计方面也是一种新的尝试。作为服装设计专业应不断大胆地去尝试和挖掘小众设计素材，将皇冠草的艺术形态应用于服装设计也是对常规设计素材的一个小突破（图5-60）。

进行女装创新设计的要点在于服装设计师要具有较高的专业底蕴与文化素养、高尚的情操和审美品位才能跟进时代潮流，把

图5-60　灵感提板分析

握时尚命脉，以人为主体，以设计图为基础，与概念相结合完成理想的创新型设计。而服装设计作为艺术的一部分，追求的是视觉感官要达到一定的审美要求和实用性。而不同的服装设计会给人们带来不同的视觉感受。我们在设计和选择材料时，要吸取前人的优点，学习敏锐的思维和借鉴其不同的工艺及技巧，与设计所需的素材碰撞从而产生更多的设计方案，大胆将皇冠草的艺术形态与服装设计相结合，把时尚、创新和具有生命力的服装设计展现给大众。

服装的廓型是必不可少的服装设计元素之一。它可以以框架的形式支撑和构成服装的整体形态，是主观印象的表现形式。各个服装设计由于服装的廓型不同，所表现出的视觉效果也不同。而此次的毕业设计中《沉溺》的服装廓型基于对传统造型的改造与创新，不拘泥于往日的审美，有对自然环境的表现，有对自由生活的探究，运用框架感与随意感与服装设计进行碰撞，将女装设计的审美态度与此次的概念相结合。皇冠草的艺术形态在服装中的转变也是多种多样的，从皇冠草的生长群体中提取个体，再将个体用规律的组合方式转变为服装设计中局部的小整体，并将这个小整体用不规则设计穿插运用于整个服装设计，增加皇冠草艺术形态的整体感与和谐感（图5-61）。

图案的运用与选择同样是服装设计中重要的一部分，可以使服装设计元素更加丰富。在图案方面加入一些现代元素，会更加贴切现代女装设计的视觉舒适感（图5-62）。

在这次的毕业设计作品中，面料选用的是衬衫面料和300D印花斜纹面料，以多种面料作为辅料来表现皇冠草的艺术形态。一些司空见惯的材料通过不同形式的结合与创新可以创造出新的创新型设计，给材料创新设计带来新的灵感与启示。在特种成衣的材质设计中，有一门名为"特质材料"的学科，它主要是针对使用不同材质时，所产生的视觉效果而进行的。由于皇冠草在水中是飘摇不定的状态，所以对于表现皇冠草部分面料质感的选择倾向于轻薄飘逸的面料。而皇冠草形态的多变也需要运用更多种类的面料，以表现更加丰富的层次。用较厚的300D斜纹印花布料来表现水波纹，其在原

图5-61　服装轮廓

图5-62　图案运用

始面料的基础上进行了数码打印的工艺手法，用硬挺的质感来呈现水波纹图案的迷幻现代感。整体采用的面料主要是衬衫面料与300D斜纹印花布料，用拼接的工艺进行色调拼接，两种不同的面料中轻薄与硬挺的质感相互碰撞，使得色彩跳跃但整体质感又协调统一，通过对皇冠草艺术形态的运用进行各个部分加法，运用多种面料，多种色彩来表现皇冠草的艺术形态的多层次状态和立体效果，使整体服装更具立体感（图5-63、图5-64）。

图5-63　布料选择

图5-64　艺术风格

（5）设计方案。此毕业设计通过对皇冠草的生长习性及其艺术结构形态的了解，结合这次作品的主题"沉溺"，表达出一种虽沉溺于所在环境中，却自在生长、自由伸展的生活方式和状态。《沉溺》一系列服装设计作品所采用廓型——H形，打造一种工整但却包含着自在随意的感觉（图5-65）。

图5-65　设计方案

将服装的概念性与实用性相结合，更好地体现"沉于湖底，自由生长"的设计理念。在款式的设计上打破了传统的对称设计，而采用了不规则的造型设计，运用拼接的方式进行服装款式的创新融合，达到突破传统框架去追寻自我与自由的设计概念。对于服装的放松量进行了放大，运用传统西装与衬衫组合的形式，突破传统框架，将西装与衬衫的不对称设计灵活运用于每套服装中，使其规整感与休闲舒适感相互碰撞，达到皇冠草于湖底自由随意活动的效果。在西装的衣领结构上也做出了较大改动，将衣领加宽加长，使整体廓型更有精气神，而西装中垫肩的效果则更加强了这种感觉。在每件衬衫的下摆都采用了不同面料拼接的不对称效果，使设计的系列感更强。在皇冠草艺术形态的表现中运用多种波浪形面料的有序重叠，增添了服装整体的立体层次感，看似随意实则暗藏规律。其中一套采用的是左右两边拼接不对称长裙的服装款式设计，意在适当突破整体的中性风，用更具有女性化的服装版型表现此次毕业设计作品的女装柔美感与系列作品的多变性（图5-66）。

此毕业设计中，以皇冠草的艺术形态为主体，将植物的仿生设计用面料创新的方法表现出来。关于皇冠草艺术形态的面料的创新表现为服装设计的创新提供了新的思路，具有科技感与现代感的水波纹图案也为服装设计提供了无尽的灵感源泉。自然万物皆有灵气，艺术设计与自然的结合能够使服装设计的物质与精神价值方面得到很好的诠释。在应用服装面料创新的过程中，满足了人们对服装的审美和功能需求的要求，更重要的是唤醒人们回归自然的情怀。从形式上唤起人们对自然美感的视觉审美需求，把皇冠草的艺术形态中面料的仿生设计与创新实践相结合，进行皇冠草艺术形态的分层设计，增强服装的立体性。而将水波纹图案进行数码印花设计，其目的是实现三维效果。主要体现在西装与衬衫下摆的不规则部位，以增加服装面料的质感。使服装视觉感更为突出，上身效果比较明亮。其次是增加服装的立体效果，使其更加具有观赏性和个性化。此毕业设计将生物多样性的多元元素运用于服装面料设计中，把生存机制和物态内在美学优势作为灵感实现服装设计的创新实践，以探索自然生物和生态现象的外在审美特点和内在文化内涵。

图5-66　最终效果图

（6）创作过程（图5-67、图5-68）。

图5-67　白胚立裁，打板

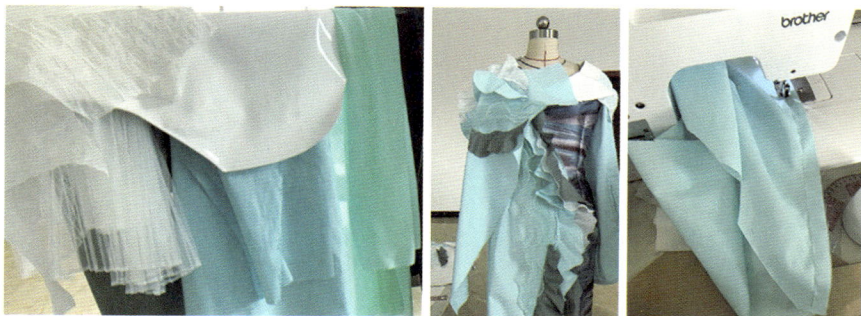

图5-68　面料挑选与缝制

（7）成衣展示（图5-69）。

图5-69　成衣展示

（8）设计总结。皇冠草的艺术形态作为灵感来源是特别的、丰富的。运用到服装设计方面也是一种新的尝试。作为服装设计专业应不断大胆地去尝试和挖掘小众的设计素材，将皇冠草的艺术形态应用于服装设计也是对常规设计素材的一个小突破，打开一条勇于尝试的设计之路。

　　将皇冠草的艺术形态运用于本次服装设计中，希望能对以往的设计风格进行较大的突破，也是设计过程中对自我的突破。利用皇冠草的冷色调及特殊的艺术形态结构作为新的设计元素运用到服装中，表现一种于规律中的自由状态，将面料创新、拼接和数码印花等创新应用于面料中，产生立体的肌理感，表现一种自然与人类物质相结合的微妙感，呈现出皇冠草艺术形态的独特美感。皇冠草的艺术形态在女装设计上的构思给设计师带来了广阔的设计灵感，将其更好地运用于女装设计上。在色彩上注重整体的和谐与局部的特色，在结构款式上丰富多变，在面料的运用上大胆尝试与创新，将多种面料拼接融合，实现皇冠草的艺术形态与女装设计的完美结合，表现生物多样性于女装设计中的可利用性与创新性，形成独有的服装风格。

服装设计中的自然与人文息息相关，而关于服装设计的创新也需要从多个方面收集不同的灵感。此次围绕生物多样性开展的毕业设计需要我们带着一双发现美的眼睛去探索不一样的世界。灵感源于大自然，又回归于大自然。沉水植物的艺术形态带给了我们不一样的视觉感官，不仅增加了服装的艺术感召力和视觉冲击力，更增加了服装设计的审美内涵。在此次的服装设计中，服装面料的再造和服装面料的花样与服装设计之间存在着密切联系，对于服装设计师而言，运用皇冠草的艺术形态进行创新材料的应用意义非常显著，不但可以减少面料对服装设计的制约，而且可以更好地发挥想象力和主观能动性，提升此次服装设计中皇冠草的艺术魅力。总体来看，皇冠草的艺术形态在女装中的创意表现是对自然与艺术结合的最好体现，也是皇冠草的艺术形态在服装设计中应用的一种延续性探索与发展。作为现代的服装设计师，对未来的服装设计发展必须有一个清晰的认知与足够大胆的创新思维，要在紧跟时尚的同时把握机遇，通过对不同方面的研究与实践展现出服装设计的潜能，为未来的现代服装设计做出不断的创新与发展。

第四节
数字媒体艺术专业毕业设计实施步骤

一、专业概述

（一）专业介绍

云南艺术学院数字媒体艺术专业在2022年获批为国家级一流本科专业建设点。

云南艺术学院设计学院在原计算机美术专业方向的基础上于2010年开设了数字媒体艺术专业。面对数字媒体艺术专业以科技与艺术设计融合的现实，我校也紧跟时代的需要，培养具有时代意识与创新思维并掌握一定数字技术的艺术创意人才。将艺术设计与计算机应用技术进行融合，了解理性的逻辑思维与感性的艺术审美并重的创新创意方法，注重培养学生创意、美学、技术表现三方面的能力，适应时代社会发展的需要。要求学生系统学习互联网产品开发、网络交互设计、影视后期特效的专业知识，了解数字媒体艺术的发展历史与现状、研究动态及创新方向，掌握数字艺术设计的基本方法和基础实践技能，能够在网络信息内容、网络交互设计、影视后期特效等相关领域展开创作、设计及艺术创意应用工作。同时，为了凸显云南艺术学院的办学特色，数字媒体艺术专业以学院民族民间文化传承与保护、政产学研用相结合的校地合作与校企合作为办学思路，运用互动与影像、交互设计等数字化设计方法，主要开展传统文化在数字时代的传承与创新研究。强化以项目带动科研与教学的理念，注重利用数字技术对优秀传统文化进行传播与推广，同时加强对外交流与合作，为社会培养优秀的创新型专门人才。

（二）培养目的

数字媒体艺术专业以立德树人为根本，以服务国家战略和两亚经济发展为目标。培养具备高尚的道德品质，正确的世界观、人生观、价值观，自觉践行社会主义核心价值观以及运用人文、艺术与科技的跨学科方法，具备多学科的创新和开拓精神，具备面对多元化社会的独立思考、研究和解决社会问题的能力的人才。培养以艺术设计为基础，具有科技探索精神及综合艺术创新能力，具备数字视觉开发能力、智能多维设计能力、未来信息融合能力的数字艺术传播者。具体表现为：

（1）培养学生查阅资料的能力。

（2）培养学生对设计方案进行论证、综合理论分析和比较的能力。

（3）培养学生设计表现能力及计算机辅助设计能力。

（4）培养学生设计说明、毕业论文写作的能力。

（5）培养学生树立严谨的工作态度和全心全意投入的工作作风。

（6）培养学生树立与发扬正确的社会主义价值观及爱国情怀，能将自己四年所学的知识文化同社会实践相结合，能够利用新媒体艺术相关技术为当下社会创造出符合人民预期、体现民族情怀、彰显民族价值观的设计作品。

（三）建设情况

数字媒体艺术专业经过13年的发展，教学体系逐步完成，教师队伍日渐建立，硬件配备也陆续配备，招生规模实现跨越式增长。云南丰富的自然环境孕育了多彩的民族文化，地域、族群、审美情趣、生产力、造物思想等方面的差异性形成独具特色的民族文化，这些多元的民族文化活态样本向世界呈现了五彩斑斓的民族艺术与非物质文化遗产。针对云南省多元民族文化资源优势，云南艺术学院设计学院逐步建立了以服务设计专业教学为目的，以汲取云南民族文化艺术资源为素养的"民族艺术与设计实验教学体系"，为云南省高等教育设计类专业特色实验教学建设起到了较好的示范引领作用。"民族艺术与设计实验教学中心"建设，始终以凸显云南民族文化民族艺术为核心，以民族艺术与设计创意相融合为特色，服务云南文化创意产业发展。实验教学中心实行"多轨制"实践教学，师生共同调研，讨论、思考、实践课程技能的操作要求，专业教师和非物质文化遗产传承人联袂授课，专业教师、企业技师、学生协同完成创意产品研发实践任务，用行动践行设计教学与云南民族文化建设的有效融合。实验教学中心受到了学生、家长、用人单位及国内外专家的广泛好评。2015年7月，云南艺术学院成为文化和旅游部"中国非物质文化遗产传承人群研修培训计划"首批试点高校，实验教学中心作为实践教学基地，圆满地完成了培训任务。云南艺术学院"民族艺术与设计实验教学中心"拥有浓郁的民族文化气息、区域文化特色，又与现代科技有机融合，不仅为云南艺术学院相关专业提供服务，为国内外相关交流院校提供实践教学服务，同时是西南地区进行非物质文化遗产保护、传承，创意设计理论探索与研习的重要核心阵地。

2011年立项云南省高校工程研究中心——民族文化数字媒体与动漫创意设计研究中心，2011年立项中央财政项目：动漫与数字媒体艺术创意实践基地。本专业于2012年立项为省级专业综合改革试点项目，2012年获省级"教学管理先进集体"称号。2013年立项云南省财政厅：民族文化数字媒体与动漫设计实验平台，2015年立项云南省教育厅：民族文化创意产品与科技融合平台，2015年立项了民族艺术数字化保护实验实习实训基地与技术创新服务中心，完成了各项科研项目。

（四）数字媒体艺术的基本概念

数字媒体艺术是建立在数字媒体技术上的一门新兴艺术门类。数字媒体是将信息传播技术应用到文化、艺术、商业、教育和管理领域的科学与艺术高度融合的综合交叉学科，已成为信息社会中最新、最广泛的信息载体，几乎渗透人们生活与工作的方方面面。它以二进制的形式记录、处理、传播，获取过程的信息载体，这些载体包括数字化的文字、图形、图像、声音、视频影像和动画等感觉媒体，用电子信息表示这些感觉媒体的逻辑媒体，以及存储、传输、显示逻辑媒体的实物媒体。

数字媒体技术则是一门综合计算机技术、通信技术、视听技术和信息技术成果的技术，是信息社会发展的一个新方向。涉及的关键技术及内容主要包括数字信息的获取与输出技术、数字信息存储技术、数字信息处理技术、数字传播技术、数字信息管理与安全等，同时包括在这些关键技术基础上综合的技术。

数字媒体艺术最常见的表现类型有：数字图形与图像、数字视频、数字游戏、数字动画以及交互设计等，它们有着各自的表现形式和特征，但整体还是由数字技术发展而来。

（五）数字媒体艺术的特征

数字媒体艺术的影响力是具有划时代意义的，它是随着计算机科技的兴起而兴起的，可以说，没有计算机技术的发展，就没有数字媒体艺术的发展，数字媒体艺术与其他艺术形式有着天然的不同，也呈现出别样的艺术特征。

1. 创作模式的自由性

艺术创作是设计师极具个性化表达的过程，也是设计师精神具象化的过程，数字媒体艺术的创作也是一种社会性的反映，在兼具社会性的同时，因其媒介材料的多样、表现方式的丰富，使得数字媒体艺术呈现出自由的创作模式。因此，自由性可以说是数字媒体艺术形态的本性。数字媒体同样在艺术创作手段上呈现出自由性，它不仅能对物质世界进行表达，还能完成对非物质世界的不同展现；不仅能进行线性的传播，还能完成非线性的传播，体现了它可以运用最为自由的形式来满足艺术表达的需求。

自由性也是数字媒体艺术发展过程中得到最普遍认可的属性。这种属性的直接表现体现在数字媒体艺术的创作模式上，它使得艺术创作更加具有大众化。数字媒体艺术的产生离不开数字技术的发展，它与传统的艺术表现形式不同，传统的艺术表现形式往往需要经历长期的专业训练，对专业技法和手法的要求较高，而数字媒体艺术的易操作性、普及性以及多样表达性决定了它创作模式上的自由性。这使得更多的人能够借助数字媒体这种艺术形式进行艺术创作和艺术设计表达，让更多的人有机会走进艺术殿堂一展身手。

然而，任何形式的自由都是相对的，没有绝对的自由。任何艺术形式都会受到表现材料的制约，尽管当下数字媒体艺术已经取得了不错的成果，朝着积极的方向发展，向着更为便捷和自由的方向前进，但它同样也面临着挑战。数字媒体艺术的发展建立在数字媒体技术的基础之上，同样它也得受技术的制约，因为技术的自由不代表可以任意地使用。在当下3D乃至4D技术如同雨后春笋般发展，在技术的支持下，各类设计师、艺术家单纯地为了满足视觉上的感受，将各种创作都附上了眼花缭乱的效果，最终导致技术的"自由"变成了艺术的"快餐化"，缺乏精神性的探索，反而受到了技术的禁锢。

2. 表达方式的虚拟性

数字媒体艺术是建立在技术之上的艺术形式，数字技术是数字艺术创作的基础，它与计算机相伴而生，数字媒体艺术是将一切信息转化为计算机可识别的语言，无论多么复杂的信息，在经历数字转化后，都能使用不同排列方式的"0"和"1"进行表达。在数字媒体艺术中，艺术语言通过鼠标、键盘、电容笔等工具实现数字化，它们也成功地取代了传统的艺术创作工具，加上一些艺术创作软件的支持，可以呈现出栩栩如生的艺术效果，为艺术家们提供了丰富的创作空间。这就使得艺术创作从传统的实物创作向虚拟创作转化，数字媒体艺术便拥有了第二大特性即虚拟性。

3. 传播渠道的开放性

开放性是数字技术的本性之一，数字技术作为工具被广泛应用的前提就是满足支撑数字媒体艺术本身开放性的需要。它构成数字媒体艺术创新发展的重要推动力，让人们从不同层次、不同角度重新认知数字媒体艺术的特性——开放性。

数字媒体艺术的开放性由它的技术基础所决定。网络平台的支持是数字媒体艺术得到广泛传播和关注的重要支撑，它所表达的是互联网信息化时代，其本身蕴含着革新的力量，凭借着技术的优势，革新着我们生产、生活的一切，同时从艺术设计创作的角度来看，网络平台对传统艺术创作形式具有颠覆性作用，它能改变传统的审美需要和传播流程。

在网络平台上，数字艺术的创作呈现出开放性属性，且它具有衍生能力，数字作品的完成并不是创作的终点，只是它开启艺术之路的起点。当它呈现在网络平台上的时候，数字设计作品会面临社会成员的再次创作等，这样的开放性平台使得数字作品本身就具有良好的开放性基础，同时考验设计师们是否具有开放性创作观念。借助网络平台以及数字媒体艺术作品极强的可复制能力，数字媒体艺术作品可以到达任何一个连接网络的地方，极大地降低了传播成本，这是传播渠道开放性的重要体现。

4. 审美体验的交互性

随着数字技术的不断更新与发展，数字媒体艺术作品与观众之间的关系也变得更加密切，数字媒体艺术作品创作与传播渠道的开放性催生了审美体验的交互性，交互性是数字媒体艺术的独特性质之一。

当下，随着科技的进步，动作捕捉、红外感应、虚拟合成技术等的运用，让数字互动更加普及，加之艺术创作、审美、传播之间的界限越发模糊，"人人都是艺术家""人人都是设计师"的观念也越发普及，这使得观赏者不再局限于被动地欣赏，而是可以主动地参与数字艺术作品的交互创作中，在互动的过程中，体验者每次的动作、每次的点击都在改变着数字艺术作品的内容和形式，让欣赏者成为艺术创作的一部分，这种人与作品的互动就是数字媒体艺术作品交互性的重要体现。

5. 作品形式的丰富性

数字媒体艺术作品，从本质来看，都是由"0和1"这种二进制数码构成的，它们借助不同的表现载体，形成了丰富的作品形式。其中主要有图形作品、动画作品、视频作品以及互动装置作品等，可以说涵盖了人们的视觉感官、听觉感官、触觉感官等方面。数字媒体艺术作品的丰富程度是其他艺术种类所不可比拟的，因此，作品形式的丰富性也是数字媒体艺术的重要特征之一。

二、实施步骤

数字媒体艺术是当下社会不可或缺的艺术表现形式，它以数字技术为基础，利用计算机、多媒体设备、互联网等手段进行艺术创作，在数字媒体艺术专业的毕业设计实践中呈现出灵活多变、形式多样、更具个性化等特点。

毕业设计是艺术类专业毕业生学业中不可缺少的环节，它是对学生四年学习结果的一次重要检验，是理论知识同实践相结合的一次重要学习过程。在此过程中，需要毕业生系统地完成确定毕业设计主题、进行市场调研、进行设计展现等一系列工作。

（一）确定毕业设计主题

确定毕业设计主题是毕业生展开毕业设计实践的开始，它包含选题、定题等内容。对于毕业生来说，每年对应的毕业设计主题都有所不同，每年的毕业设计主题都会根据当下的数字媒体发展动向、社会动向以及重大社会事件，结合专业方向以及学生自身的情况给出毕业设计主题。

1. 选题

选题是毕业设计展开的第一步，学生可以根据自身的情况结合指导老师的意见对选题进行初步的确定。

选题主要以当下的社会动向、产业发展动向、艺术文化思潮以及职业岗位发展需求等为原则展开，如"百年峥嵘·和合共生"系列创意活动，数字媒体艺术领域当时发展火热的全息投影技术、编程算法技术、虚拟现实技术等都可以纳入毕业设计选题的考虑范围。

2. 确定主题

在学生完成初步的主题选择后，经过指导老师对相关选题的了解与指导后，学生可以结合自身情况，通过查阅资料、咨询相关行业专家等方式确定方向性主题。

（二）市场调研

在完成确认选题的工作后，首先是要对选题所涉及的对象开展市场调研及田野调查等相关工作。

1. 市场调研的目的

市场调研是我们获取一手资料的有效途径，重点在于通过对市场资料的收集与分析帮助我们快速地了解行业现状，从而扩展设计思维，为后续设计的展开提供有力支撑。

2. 市场调研的内容

数字媒体艺术专业在调研内容上主要集中在表现对象内容信息、技术实现信息、运用市场信息以及服务对象信息等，如"百年峥嵘·和合共生"系列创意活动，在创作主题表现内容的选题上，部分同学从"西南联合大学""陆军讲武堂"等红色文化出发，并对相关历史遗址进行了实地的调查研究。

（三）构思方案

设计方案构思是设计作品得以呈现的重要前提，任何优秀的设计方案都要经过深思熟虑的考量，不仅需要学生费尽心力对研究内容进行构思，还需要指导老师对设计方案进行引导，发挥特点，减少不合理成分。在构思设计方案时，应该遵从一些基本的原则，提高工作效率。

1. 以技术手段为主导的构思原则

数字媒体艺术是以数字技术为基础的艺术表现形式，当前，任何形式的多媒体设备都有可能成为艺术表现的手段，如数字动画、数字视频、数字音频等形式，其中也突出了技术性的特点，因此，围绕技术的可实现性进行设计构思是重要的构思原则之一。

2. 以表现内容为主导的构思原则

以表现内容为主导的构思原则，更侧重于对内容故事性、逻辑性的表现，突出内容与主题的契合度。

3. 以表现形式为主导的构思原则

数字媒体艺术的表现形式具有多样性特点，几乎可以涵盖视觉、听觉、触觉、嗅觉甚至味觉等方面的艺术表现形式，其中视听类的表现形式居多，如数字视频、数字音频、数字游戏等，在进行设计构思时，可以从最终的表现形式出发，根据表现形式的最终服务目的进行构思。

（四）绘制设计稿

设计方案的呈现是一个从模糊到清晰的过程，在完成设计方案的初步构思后，应该利用文字或者绘画记录的形式将脑海中模糊的设计构思在纸张上或计算机中绘制出来，以便获得更为清晰的设计方案草图。通过草图，针对其中的优缺点结合指导老师的建议进行修改，最终达到我们所想要实现的效果。

（五）明确设计方案

在完成设计草图的绘制工作后，即进入设计方案的优化过程，这个过程也就是明确设计方案。初步的设计草图是我们设计构思的具象化表现，但任何优秀的设计方案都不可能一蹴而就，因此对设计草图进行优化是必不可少的环节。明确设计方案的本意是增进设计方案中优异的部分，减少其中不合理的部分，尽量做到接近完美，故在审视最终设计方案时，有必要参考以下几个原则。

1. 创新性原则

创新是推动设计进步的根源。在数字媒体艺术中，要认真思考创作作品的表现内容、表现形式以及组合方式等是否具有创新性。

2. 可实现性原则

艺术创作的想法可以天马行空，但是具体落实到某项设计作品的创作过程中，则需要充分考虑它的可实现性，包括软件技术是否支持、多媒体设备硬件条件是否支持等因素。

3. 实用性原则

数字媒体艺术作品同样需要满足某种功能需求，而这种满足功能的需求就是实用性原则的体现。在数字媒体艺术作品的创作中，要充分考虑客户的目标需求，结合实际情况，做到满足实用性功能的需求。

4. 美观性原则

美观性原则作为重要的设计原则之一，在数字媒体艺术中也一样需要遵循，如在互动装置的设计过程中要考虑装置造型的美观，同时还要考虑色彩搭配等的协调，只有满足了美观性的原则，才能获得社会大众的认可。

5. 易修改性原则

易修改是数字媒体艺术的一个重要特性，在审视最终设计方案时，要充分考虑方案是否具符合易修改性的原则，以便设计作品在设计和制作的过程中都能够根据实际情况进行快速修改。

（六）数字媒体创作

数字媒体艺术是一种以数字技术为基础，以多媒体、互联网等为手段的艺术表现形式。它的表现形式与多媒体设备及相应的设计软件有着紧密的联系，它所衍生的表现形式有影视特效、数字动画、数字游戏、数字图形等，学生在进行毕业设计创作时可以考虑从多种表现形式入手，如VCR、互动装置、数字视频等。

（七）数字图像与图形

1. 图形与图像的概念

（1）图形。图形是指描绘物体的轮廓、形状或者外部界线。在数字媒体艺术中，图形则是指经直线、弧线或者任意曲线构成的矢量图，适用于彩色单一、轮廓造型简单的对象。矢量图形单元由封闭的轮廓线和内部填充两个要素构成，其中轮廓线有大小、粗细、颜色之分；内部填充也有单色填充、渐变色填充之分，且各图形单元都可以进行编辑。

（2）图像。图像是指描绘物体的形象，在形状和色彩上有更加真实的表现。在数字媒体艺术中，图像是通过计算机绘制或者数字摄影所得到的形象，适用于描绘形状复杂、色彩丰富的对象。它的基本单位是像素点，通常，图像称为位图。

2. 数字图形与图像的风格

（1）写实风格。计算机技术发展初期，数字创作仍旧受"写实主义"的影响，在绘画作品的风格表现上有着强烈的现实主义精神，在数字媒体艺术的表达上，设计师也会利用绘画软件来表达这种写实风格，同时，计算机绘画也能达到对写实绘画的表达和有效的信息传递。

（2）像素风格。像素风格是由位图这种像素基本单元演变而来的，是将正常的照片经过无数次放大后呈现出来的风格，主要呈现大色块的风格，通常运用于数字游戏设计、图标等领域。

（3）绘画风格。绘画风格是一种模仿水墨画、油画、素描、水粉画等绘画风格的绘画方式，主要是通过计算机软件按照一定的编程程序，对传统绘画的笔触风格进行模仿和还原，以求达到对传统绘画风格的再现。

（4）合成风格。合成是数字媒体艺术常用的一种图形图像处理方式。它是将多张图片通过叠加、溶解、降低透明度等方式融合在一起，最终形成一个联合的整体。它与拼贴画的不同之处在于，拼贴画是组合、重构，而合成是相融。

（5）拼贴风格。拼贴画是将结构与重组运用到极致的一种艺术表现方式。在数字媒体艺术中，利用计算机的数字化处理，可以对图片进行大量的复制、裁剪、缩放等，极大地提高了拼贴的效率，也使得拼贴画成为当下数字媒体艺术中最为常见的手法之一。

3. 常用图形与图像处理软件概述

（1）Photoshop是美国Adobe公司推出的一款图像处理软件。其主要用途为图像编辑、加工、合成、修改与特效处理。它不仅有着出色的图像处理能力，还是一款优秀的绘画软件。在绘画方面，它能够提供丰富的笔刷来满足各种绘画需求，除了满足绘画需求外，它还具有强大的图层编辑、色彩调整、图像编排、图像滤镜、批量处理等几十种功能，是一款优秀的综合图像处理软件，因此深受数字媒体艺术专业师生的喜欢（图5-70）。

图 5-70 PhotoShop 2019 的界面展示图

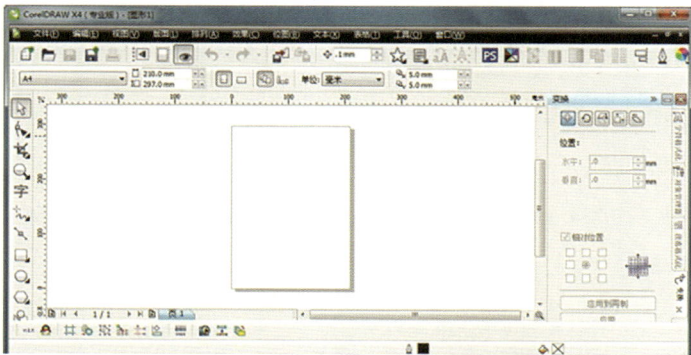

图 5-71 CorelDRAW X4 的界面展示图

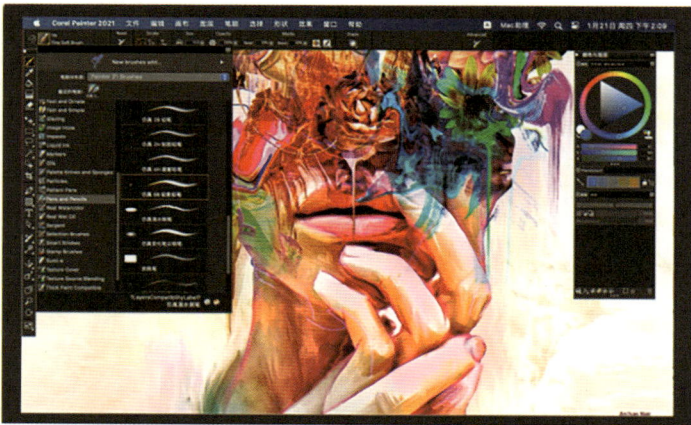

图 5-72 Corel Painter 2021 界面展示图

（2）CorelDRAW 是加拿大 Corel 公司推出的一款矢量图设计软件。它的优势在于可以为使用者提供一套完整的制图工具，其中包括圆形、矩形、多边形、心形等绘图样式，并且配合液化工具、钢笔工具等，能够制作出丰富且复杂的图形。除此之外，CorelDRAW 还能提供 RGB、CMYK、HSB 等色彩模型，保证后期色彩输出的正确性，同时，它的文字及图像处理和输出都是目前各大软件中最为优秀的，这也是它深受设计者喜欢的原因之一（图 5-71）。

（3）Painter 是一款模拟各种手工绘画效果的软件。其主要优势在于可以对各种手工绘画效果进行模仿和还原，主要特色在于它可以将一系列图像编辑变成笔刷，且笔刷所产生的笔触可以根据不同的绘画需求产生不同的效果，如选择油画绘画笔刷进行厚涂时，它能够模仿出颜色堆叠融合的效果，达到以假乱真的效果，若是选择水彩笔刷，它则会呈现出水墨浸入纸张的效果（图 5-72）。

（八）数字动画

1. 数字动画的概念

"动画"，简单地理解就是"活动的图画"，动画相比于其他传统的艺术形式，它呈现出年轻的姿态，因为动画的艺术形式从诞生到现在仅有百余年。动画技术最为突出的技术特点是逐帧拍摄对象并连续播放从而形成运动的影像。

在过去，动画的制作方式通常是手工绘制动画卡片或者制作模型进行逐帧拍摄，而随着计算机技术的发展，计算机动画创作的方式得以拓展，主要包括二维动画和三维动画，它们统称为数字动画。数字动画凭借可复制性及易修改性成为当下动画制作的主流形式。

总而言之，数字动画是一个综合艺术门类，是汇集了绘画、漫画、电影、数字媒体、摄影、音乐、文学等于一身的新兴艺术表现形式。

2. 数字动画的类别

（1）动画影片。动画影片一般是由专业的动画公司或工作室生产，其对动画的画面质量和声音质量有着较高要求，同时需要专业设备和软件制作动画，其主要传播渠道为电影院、电视等（图5-73）。

图5-73 动画影片

（2）广告动画。广告动画主要的用途是传播广告信息，其主要形式有Flash、GIF以及视频等，其中用Flash制作的数字动画，凭借画面质量高、制作简便等优势，成为广告动画主要的形式之一。GIF动画的制作虽也便捷，但其图像质量较差，其市场逐步被挤占。而视频广告动画则因当下网络条件及硬件设备的更新，以及更高的传输效率使得这种视频形式能够快速上传或下载，促进了视频广告动画的发展与普及（图5-74）。

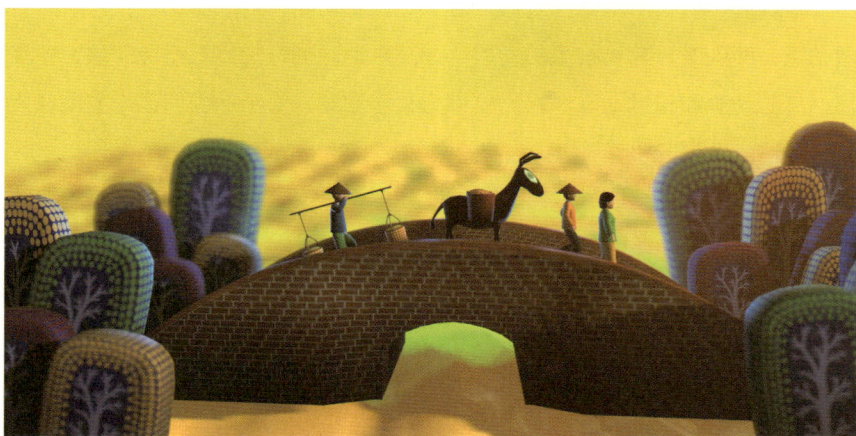

图5-74　广告动画

（3）网络动画。网络动画是一种传播于网络的动画形式，它的制作难度及内容质量相较专业的动画影片就显得零散和随意，通常由个人创作，主要应用于音乐短片（MV）、贺卡、动态表情等形式（图5-75）。

图5-75　网络动画

（4）仿真动画。仿真动画主要用途在于对某个科学原理的解释、物理结构的说明、古代文物的数字影像复原等，它借助数字模型或图像等生动、形象、直观地将一些晦涩难懂的内容展现给观众，加深观众对内容的理解，常用于教学展示、科普教育、产品展示等方面。图5-76为学员与老师对恐龙化石进行3D模型扫描，通过建立模型生成恐龙模型，以起到辅助科研及教学的作用。

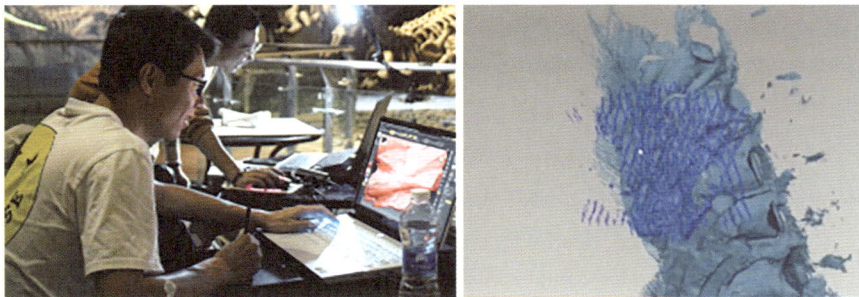

图5-76　仿真动画

3. 数字动画常用软件概述

数字动画制作的软件主要分为三大类，即二维动画软件、网络动画软件、三维动画软件。

（1）二维动画软件。Animo是英国Cambridge Animation公司开发的二维卡通动画制作系统，它为动画设计师提供自动上色和自动封闭线条等功能，设计师只需要将自己的画稿扫描到软件当中便可实现自动生成。同时，它能实现二维、三维镜头的自动变焦，极大地提高了动画设计师的效率。

除了专业的动画软件外，编程语言的加入也使得数字动画实现了多样化的发展，如Processing软件，它是由MIT媒体实验室美学与计算小组（Aesthetics&Computation Group）共同发明的一种开源编程语言，它可以利用编程的方式来生成图画和动画，又可以同时连接不同设备进行数字互动，是动画设计师进行数字互动的极佳选择。

（2）网络动画软件。网络动画主要有GIF和Flash两种格式，其中，GIF动画制作软件较为出名的是Adobe公司的ImageReady以及Ulead公司的Gif Animator。而Flash动画则由Flash这个软件进行制作，它可以实现，功能上涵盖补间、遮罩、逐帧动画等，是目前Flash动画制作的主要软件之一。

（3）三维动画软件。三维动画制作软件以3D Studio Max和Maya为主。3D Studio Max是Discreet公司开发的3D建模渲染和制作软件。它凭借着优秀的渲染能力和模型制作能力，被广泛运用于游戏动画制作、交互界面设计等领域。

Maya是最优秀的三维动画制作软件之一，它是Alias/Wavefront公司在1998年才推出的三维制作软件，凭借优秀的建模及渲染能力，能够通过数字化对布料、毛发等进行渲染，因此被广泛用于电影、电视、广告、电脑游戏和电视游戏等的数字特效创作。

4. 数字动画基本创作流程

数字动画的创作流程与传统动画的制作流程大致相同但又有所区别，在整体创作思路上沿袭了传统动画的顺序，但又在工作流程上有了更多数字化的改进。基本的制作流程为故事构思—编写剧本—设计概念图—绘制故事板—制作模型组……混音。

（1）故事构思。一部好的动画源自一个好的故事构思，故事构思的精妙与情景、情节的合理安排能够赢得观众的共鸣和支持（图5-77）。

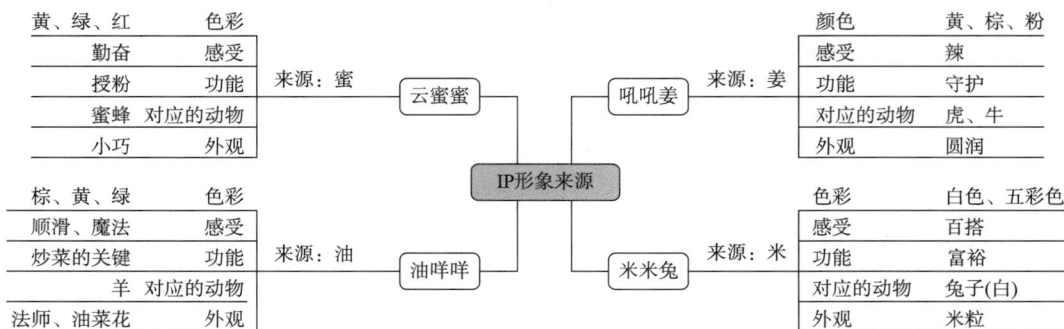

黄、绿、红	色彩					颜色	黄、棕、粉
勤奋	感受					感受	辣
授粉	功能	来源：蜜	云蜜蜜	吼吼姜	来源：姜	功能	守护
蜜蜂	对应的动物					对应的动物	虎、牛
小巧	外观					外观	圆润

IP形象来源

棕、黄、绿	色彩					色彩	白色、五彩色
顺滑、魔法	感受					感受	百搭
炒菜的关键	功能	来源：油	油咩咩	米米兔	来源：米	功能	富裕
羊	对应的动物					对应的动物	兔子(白)
法师、油菜花	外观					外观	米粒

图5-77　故事构思思维导图

（2）编写剧本。编写剧本是设计师将脑海中模糊的概念进行具象化表达的过程。在剧本编写环节，首先，应该用简明的文字表达出故事的核心内容；其次，应依据核心内容完成故事线、造型风格、启发点等的编写（图5-78）。

三、概念设定集

1. 故事大纲设计

镜头一：中景，城门上旗帜飘舞

镜头二：特写，挂旗尾部在苍蓝的天空中威武飘扬

镜头三：近景，印着"唐"字的挂旗飘舞

镜头四：拉伸镜头中景，从挂旗开始，镜头慢慢拉伸，迎头的骑着马手持挂旗，队伍分成两列

镜头五：摇动镜头近景，镜头摇动至骑手前的册南诏使背后，册南诏使正与异牟寻作揖互礼

镜头六：推进镜头特写，镜头推近异牟寻，展示南诏王的服饰

镜头七：摇动镜头中景，看向异牟寻身后的迎接队伍

镜头八：特写推进镜头，看向城门

图5-78　编写剧本

（3）设计概念图。在完成剧本编写后，设计师依据自己对故事内容的理解，根据不同角色的性格、不同场景的特性等绘制相应的概念图，借助概念图帮助相关设计人员理解故事内容、把握角色性格，增加对其的塑造能力（图5-79）。

图5-79　角色设计初步概念图

（4）绘制故事板。故事板是根据文字剧本以及概念图等进行的实际分镜创作，通过绘本，将剧本中所描绘的场景及角色动作等表现出来。其中要注意增加动作和对白进行时的说明，并通过音效、配乐及对话等要素增强整个故事的完整性（图5-80）。

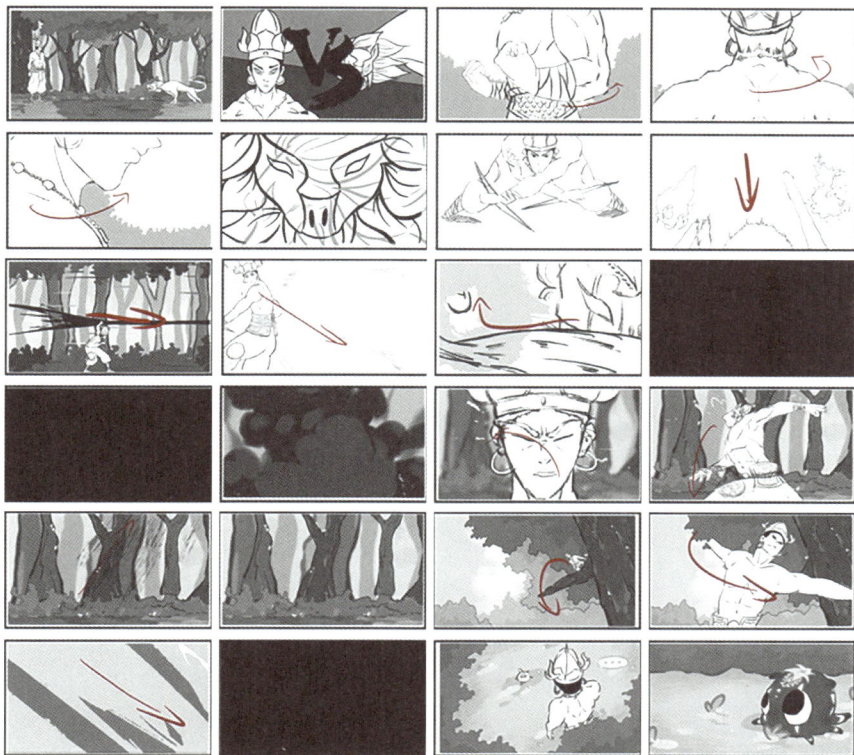

图5-80　绘制故事板

（5）制作模型组。模型制作是在绘画人员完成人物角色绘制、完善具体细节后要做的工作，其主要目的在于通过三维模型让动画设计师从各个角度对角色进行细致的了解与把握（图5-81）。

图5-81　制作模型组

（6）布局。布局是数字动画中重要的一环，通过布局，确定场景、镜头、道具以及色彩外观的视觉感受等要素（图5-82）。

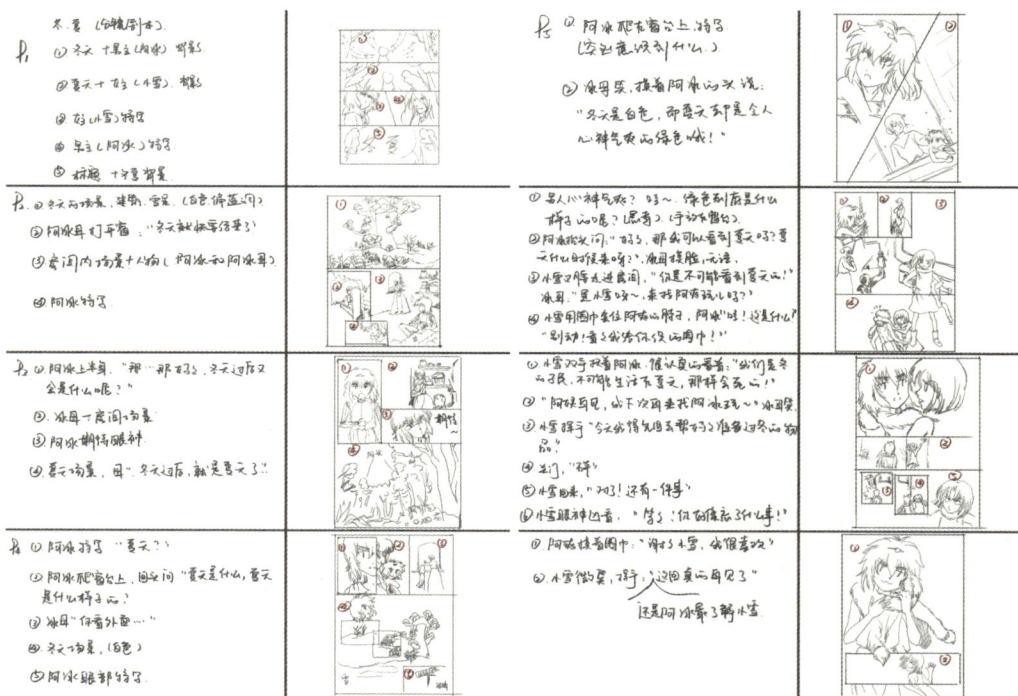

图5-82　布局

（7）动画走位。动画走位是动画师对场景中角色的动作及表情等进行安排的过程，首先要对角色的肢体动作及动作幅度等进行制作，使用计算机标记好关键姿势，随后利用计算机将标记好的控制点进行补帧等，其次依据动作的影响进行面部表情的设定，最终达到动作流畅、表情到位且丰富的效果（图5-83）。

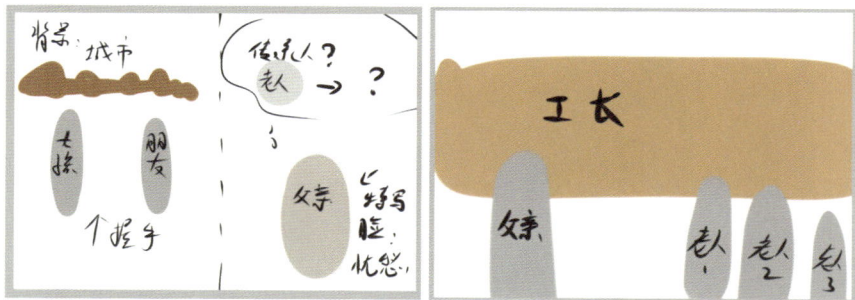

图5-83　动画走位

（8）着色。着色是针对场景及角色的，动画师根据角色设定以及场景特性，对角色模型的质感、纹理、色彩等进行渲染（图5-84）。

图5-84　着色

（9）灯光。灯光是数字动画场景中的一个重要要素，利用灯光的主光源、补光和反射光等，可以起到强化场景情绪和氛围的作用（图5-85）。

图5-85　灯光

（10）渲染。渲染是在动画及灯光等完成后的一项重要工作，通过渲染，可以使场景、角色等更加具有光影感，增强其表现的质感（图5-86）。

图5-86　渲染

（11）混音。在动画剪辑完成后，需要根据动画的画面内容进行配音，包括背景音乐、对话声、音效等，使得整部动画更加完整（图5-87）。

图5-87　混音

（九）数字视频

1. 数字视频的概念

（1）数字视频。是指利用摄像机之类的视频捕捉设备，将外界影像的颜色和亮度信息转变为电信号，再记录到储存介质。它与模拟视频相对应，模拟视频是将外界影像的颜色和亮度信息等以模拟信号的方式进行记录、处理、传输以及放映等，而数字视频则在这些过程中采用"0和1"的数字编码进行。

（2）数字视频的压缩标准。数字视频的帧率通常为30帧/秒，意思为1秒的视频由30张画面图像组成，1个真彩色的像素点有24位颜色深度，对其进行存储则需要3个字节。按照1024×768的分辨率来算，60秒的视频需要大约4G的空间来存储。由此可见，数字视频的数据量是十分庞大的，这也导致它在存储、传输、加工等方面需要消耗大量的储存空间和算力资源，因此，在满足实用要求的基础上对数字视频进行压缩是必要的。数字视频压缩技术是推动数字视频发展的关键技术之一，目前主流的数字视频压缩标准以MPEG标准和H.261，H.262，H.264标准为主。

（3）数字视频文件格式。常见的数字视频文件格式有四种，分别为AVI、MOV、MPEG、RM格式。

AVI是Microsoft开发的数字视频封装格式，也称为音频视频交错格式。顾名思义，它是将视频和音频信号交错地存储在同一个文件容器当中，没有任何控制功能，且数据量较大。

MOV是苹果公司开发的QuickTime视频文件格式，是一种数字视频封装格式，也称为影片格式。它采用有损压缩算法，能够提供Internet实时播放，同时可以提供150多种视频效果，是一种优良的数字视频编码格式。

MPEG是采用MPEG压缩算法的视频文件格式，文件名后缀有mpg、mpeg、3gp、dat等，通常mpg、mpeg用于网络和计算机，而3gp用于手机，dat则用于影像视频。

RM是RealNetworks公司开发的RealPlayer视频文件格式，它的压缩比率可以根据网速的高低进行调整，其优点在于文件数据量小、视频质量高，因此，该格式非常适合用于网络播放。

2. 数字视频的优势

（1）可复制性。数字视频与传统的胶片视频不同，数字视频是视频通过"0，1"数据编码转化所得的视频，将视频信息转化为数字信息，在播放、储存、传输、复制的过程中都不会损坏，因此，可复制性是数字视频的特性之一。

（2）易修改性。数字视频由数据信息构成，在后期处理时不需要像传统胶片转化为数字视频再进行修改，数字视频易修改的特性使其在减少工序的同时也降低了制作成本。

（3）储存便捷性。数字视频可以通过网盘、硬盘等方式储存，相较过去的胶片储存方式有着极大的储存便捷性。

（4）高传输性。数字视频是一个数据化的信息，它可以借助光纤、卫星、互联网等方式进行传输，极大地提高了传输效率。

3. 数字视频的创作形式

（1）实拍视频。实拍视频通常会根据事先设计好的剧本进行拍摄，通过摄像机对实景进行拍摄从而得到创作的视频素材，场景的光线、演员的服饰、道具的布置等都要按照剧本进行布置与编排。此外，对于镜头的景深、机位的运动轨迹、拍摄角度等也有着同样严格的要求，只有这样，才能得到理想的视频素材，减少后期处理的工作。

在完成视频素材的拍摄后，视频剪辑师需要对视频进行后期处理，包括剪辑、配音、添加特效、匹配字幕等，最后以渲染完成视频的收尾。这样的实拍视频通常被应用于电影拍摄、个人MV、婚庆活动、企业宣传、产品展示等场景（图5-88）。

图5-88　素材拍摄

（2）剪接视频。剪接视频是一种不需要拍摄视频素材的视频创作形式，创作者在已经存在的视频中截取所需要的视频片段，它是将不同内容、题材、主题等的视频进行截取，然后依据创作者自己的构思，运用转场、分镜头等手法进行嫁接，使其在故事情节、观念表达、因果关系等方面和原视频产生完全不同的效果的视频作品。

在对视频进行剪辑创作的时候，为了能够获得完整流畅的视频效果，要运用一定的剪辑手法、分镜运用、镜头景别等对视频进行创作，同时还要处理好镜头之间的色彩、色调依据、节奏等关系，使其相互协调，达到预期的情感、内容与意义表达效果（图5-89）。

（3）计算机视频。计算机视频是指利用计算机三维动画软件制作的视频，包括场景、角色、服饰、道具、氛围、光影以及人物角色等，画面是利用计算机软件中的虚拟摄像机进行拍摄。拍摄时，由于虚拟摄像机不会受到真实客观条件的限制，可以拍摄出现实世界中难以呈现的视频画面，给人一种超越现实的视角感受，极大地提高了视频的视觉冲击力。但是制作此类视频，往往对设备的硬性条件有着较高的要求，通常只能由专业的动画公司或工作

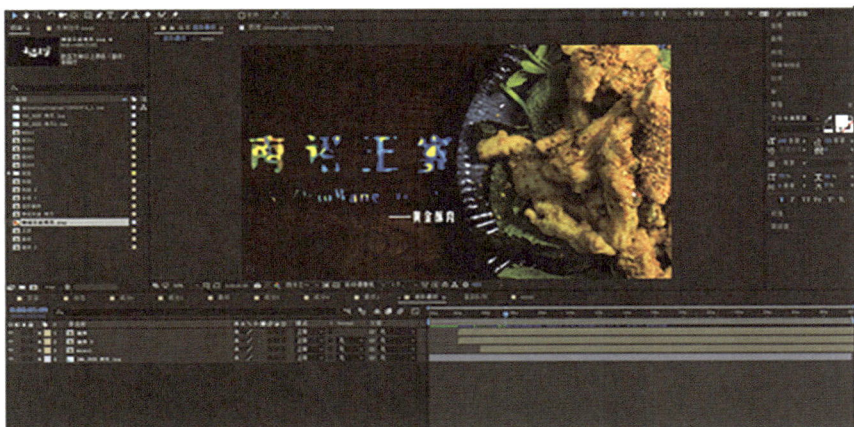
图5-89　剪接视频

室来制作（图5-90）。

（4）合成视频。合成视频是利用计算机软件中的视频合成技术，将两个或者多个视频在一定时间段内进行融合、叠加、溶解等操作，从而获得新的视频画面，这样的视频称为合成视频。合成视频的素材来源多样，可以是实景拍摄视频、计算机生成视频、三维动画、静态的摄影视频图像以及计算机图形等，但由于素材众多，在合成视频时需要将部分素材的背景进行去除即抠像，便于后期合成以及提高融合的效果。通过合成，形成了各色各样的特效与特技等，补足了现实场景难以实现的效果（图5-91）。

当然，除了制作特效外，视频合成技术还在视频创作语言方面进行了大胆的尝试，将虚拟与真实相结合、三维同二维相共生、动态与静态相共存等，形成了既有真实元素又有虚拟印记的视觉感受。同时，二维与三维看似在空间上存在冲突，但实则整个画面和谐共存。此外，动态与静态的结合又能给人一种安定、灵动的美感。

图5-90　计算机视频

图5-91　合成视频

4. 数字视频软件

在过去，优质数字视频的编辑制作等工作通常需要大型的高端专业设备来完成，与之相匹配的是一些专业且操作难度较大的视频处理软件。当下，随着技术的进步，个人计算机、通信设备、网络环境等客观条件的变化，使得合成视频的门槛正在逐步降低，与此同时，也催生了诸多个人视频的发展，网络直播、个人电影、微剧情等形式也越发普及，视频合成技术、剪辑模板、滤镜、色调等相关软件也从专业工程机扩展到个人电脑以及手机，极大地推动了数字视频的发展。

（1）视频合成软件。在个人电脑端常见的视频合成软件有 After Effects、Final Cut Studio、Combustion，它们各自都有着不同的特点获得了设计师们的青睐。

Adobe After Effects 简称"AE"，是 Adobe 公司推出的一款图形视频处理软件。适用于从事设计和视频处理相关的机构，包括设计公司、设计院校、影视动画公司、多媒体设计工作室以及个人后期制作工作室等。它可以对视频及图像进行编辑和合成，能够对不同的图像和视频格式进行兼容处理，同时，它可与 Adobe 公司旗下的各类软件无缝结合，有着极高的集成性和灵活性，支持二维和三维的合成、动态与静态的合成、蒙版技术、滤镜技术、特效文字以及数百种动画预设和效果，能够丰富电影、视频、电视等作品的表现效果。

Final Cut Studio 是由美国苹果公司推出的视频后期处理套装软件。它包含六个应用程序，分别是视频和影片剪辑的 Final Cut Pro 7，制作动画和动态图形等的 Motion 4，音频、音效处理的 Soundtrack Pro 3，色彩分级和渲染的 Color 1.5，数字转化传输的 Compressor 3.5 以及 DVD 制作工具 DVD Studio Pro 4，这些程序可以为设计师们提供视频剪辑、合成、动画制作、音频音效处理及混音等功能。

Combustion 是由 Discreet 公司推出的一款基于个人电脑的三维视频特效合成软件。它集合了视频效果处理、矢量图绘制、轨迹动画构建、三维效果合成以及粒子特效五大工具模块，尤其是在抠像、色彩校正、图像稳定、运动跟踪方面有着不俗的表现，还可以通过插件使其与 Adobe Photoshop 及 3D Studio MAX 等软件形成集合，同时工作。

（2）视频剪辑软件。Primiere 是个人电脑端常见的一款视频剪辑软件，由 Adobe 公司推出。其主要特点在于，它在视频剪辑的顺序上呈现出非线性的特点，可以将编辑后的图片、背景音乐、视频、动画等素材生成新的视频，除了剪辑、合成视频外，它还可以添加转场特效、文字注释、字幕特效等。

除了个人电脑上的专业剪辑软件以外，随着互联网和智能手机的发展，短视频、特效直播等也随着兴起，爱剪辑、剪映、小影等手机剪辑软件也成了大众进行视频剪辑的重要工具。它们凭借着便捷性和易操作性等优势迅速在手机视频剪辑领域里普及开来。

5. 数字视频的制作流程

数字视频是指在视频从制作的工艺、方式到视频的播放方式上都是全面数字化的，一般包含三个大的环境，即数字制作、数字传输和数字放映。

（1）数字制作。数字制作是指视频的前期和后期制作全部采用全数字设备来完成。一般采用摄像机或手机对现实画面进行拍摄，然后将拍摄的数字视频及音频素材在后期剪辑软件中完成剪辑、编辑、合成、配音等工作，从而获得一个新的数字音视频文件。从数字视频制作的环节来看，视频拍摄、后期剪辑、视频合成的技术已经相当成熟并且得到了广泛的应用，为数字视频的创作提供素材来源。

在数字视频拍摄阶段需要利用一定的拍摄手法来提高视频内容的质量，如场景布置、灯光布置、道具安排、演员服装、拍摄角度、镜头运动轨迹等。此外，遮光罩、反光板、滤色板、调光环等设备的使用也是提高视频画面质量的重要手段之一。获得良好的视频画面及内容将会减少视频后期处理的压力，同时能够提高视频处理的水准上限。

在完成数字视频的拍摄后，为了达到预期的视频效果，必须对视频进行处理，即视频后期制作。视频后期制作带来的颠覆性、创新性、革命性的改变在于数字特效技术、数字编排、数字合成等技术的运用，它们是数字视频发生巨大改变的重要手段，其主要有以下几种技术。

一是计算机生成影像技术。它是由计算机利用视频处理软件创造的虚拟人物、场景等影像的数字技术，将生成的数字视频通过剪辑、融合等方式融入视频当中，创造出一个虚拟的"现实影响"，如今这项技术已经广泛应用于数字视频的设计制作当中。

二是数字合成技术。数字合成技术就是将两段或者多段数字视频进行合成，从而获得新的所需视频内容。它的技术要点在于对视频素材进行抠像处理，通常借助绿布背景进行辅助拍摄，通过计算机软件将绿布抠除，从而获得所需的图像，再将图像进行合成，获得最终的数字合成视频。

三是数字跟踪技术。它是一项摄影运动轨迹跟踪技术。它可以记录摄影机的运动轨迹，随后将摄影机与计算机相连接，利用计算机三维软件读取摄影机的运动轨迹记录，这样就能使计算机三维软件能够完整地还原摄影机的运动轨迹，然后通过单点跟踪、多点跟踪、三维跟踪等技术方式，使人物角色能够完美地融入虚拟的画面当中，达到以假乱真的效果。

四是动作捕捉技术。它是利用相关软件以及设备对运动物体的关键点设置跟踪装置，依据测量、空间定位等方式捕捉物体运动的轨迹数据，再经过计算机软件处理后得到三维空间坐标数据，最后将这些坐标数据嫁接到三维动画模型上，使得三维动画模型能够如实地反映与动作捕捉人员一样自然流畅的动作，甚至极其复杂的面部表情等也可以利用动作捕捉技术在三维动画模型中模拟出来。

五是三维建模。是指利用计算机三维建模软件构建具有逼真形象、反映客观事物的虚拟模型。包括人物角色、背景环境、道具等。三维模型在数字视频中可以通过动作捕捉技术、数字跟踪技术以及视频合成技术等赋予三维模型动作、表情等内容，借助模型完成现实世界中没有的造型、动作、场景等。

（2）数字传输。数字影院、网络平台所放映的影片或视频，就是将制作好的数字视频通过互联网、卫星、光纤等方式进行传输，此过程就是数字传输的过程。在当下随着5G通信技术、1000兆光纤、视频压缩技术等的普及，使得数字视频的传输渠道更为通畅。

（3）数字放映。数字放映是相对于胶片放映的一种放映形式，简单理解就是使用播放设备从互联网上下载数字视频进行放映。数字放映是数字视频制作方将视频转化为数字格式，通过卫星、光纤等方式将视频传输到对象的放映设备上，而网络视频平台或电影院等通过数字视频放映设备放映视频。

（十）数字游戏

1. 数字游戏的概念

数字游戏是指以数字技术为设计开发手段，并以数字化设备平台作为实施的各种游戏。"数字游戏"这个概念是由"数字游戏研究协会"游戏学家 Jesper Juul 在电子游戏协会学术年会（DiGRA）上所提出的，直到今天，数字游戏作为一个专有名词，有了较为清晰的概念，也得到了普遍认可。

2. 数字游戏的特征

（1）真实性。游戏是对现实生活的一种模仿，是对现实的一种反映和折射。数字游戏利用虚拟信息技术建构出虚拟的游戏画面，它不仅可以对现实世界的场景进行还原，还可以创造出丰富多彩的想象世界。在游戏中，游戏场景、游戏音效都有着较强的真实感，玩家还可以借助体感设备、VR眼镜、气味发生器等设备提高对数字游戏的体验感受，增强游戏的真实感。

（2）交互性。数字游戏营造真实感的过程中，给玩家带来了更为沉浸式的游戏体验，这不仅是对人体感官的刺激，同时勾起玩家主动参与游戏及玩家主动互动的欲望，而这个被勾起的"欲望"即交互性。交互性是推动玩家参与艺术活动的首要推力之一，任何艺术都需要接受对象。在传统的艺术形式中，艺术的表达往往是单向输出，消费者只能站在一个被动接受的角度，如电影、绘画、音乐等，受众只能作为被动接受的对象。

而当下，借助计算机、网路信息技术的力量，数字游戏吸收，借鉴了各类传统艺术形式的长处，并在数字游戏中迸发出新的高度。交互性设计是数字游戏设计中重要的一个元素，它为受众与游戏这种艺术带来了双向互动的可能性，在数字游戏中，玩家不仅是游戏的体验者，同时是游戏的创造者，在一定条件的限制下，玩家可以操控游戏的开发内容与进程，并且玩家与玩家之间也可以互为创造者和接受者，在如今的大型网络游戏中，这种现象极为明显，数字游戏拉近了各个玩家之间的距离，交互性的体验成为数字游戏的重要特征之一。

（3）审美性。数字技术的发展推动数字游戏的成长，数字游戏从诞生到成为艺术如同数字技术一样经历了一个漫长的过程。随着数字技术的不断更替，数字游戏在设计开发时所运用的手段也越发多样，促使游戏的可玩性、美观性得到提升，各类数字游戏也呈现出不同的审美特征。

在视觉表现上，数字游戏利用二维平面图或三维立体图，构建出炫丽的画面效果，如炫酷的赛博朋克风格、神秘的东方风格等，将不同时期、不同地域、不同文化背景元素呈现在游戏画面当中，形成了独特的艺术风格。同时游戏开发者为了使玩家能够更充分地感受游戏的美感，在音效系统上，为物体的碰撞、人物动作以及背景音乐等定制了不同的音效及音乐，甚至与专业的歌手、乐团合作为其配乐，极大地提高了游戏的整体及审美性。

3. 数字游戏的基本类型

（1）动作游戏。动作类游戏一般需要玩家依据游戏场景及关卡做出特定的动作，主要训练玩家的手眼协作能力，其特点是具有多种攻击方式和关卡、道具的随机性以及动作操作的多样性。

（2）冒险游戏。冒险类游戏简单理解就是玩家通过控制游戏角色进行虚拟冒险的游戏，游戏多以解谜、闯关的形式呈现，具有较好的交互性。

（3）射击游戏。射击类游戏基本是通过利用游戏中的武器、飞机、坦克等道具进行射击模拟的游戏，其中，强调使用"射击"途径才能完成目标的游戏被统称为射击游戏。

（4）竞速游戏。竞速游戏是在计算机上模仿各种赛车、飞机运动的游戏，以体验驾驶乐趣为核心诉求，其中，通过最快速度获得竞速胜利是游戏的重要目标。

（5）角色扮演游戏。角色扮演游戏主要玩点在于需要玩家在虚构或模拟现实的游戏中扮演一位角色，根据游戏规定获取相应的成长值，最终带入游戏角色中，体验游戏带来的真实感。

（6）益智游戏。益智类游戏主要以休闲娱乐为主基调，此类游戏相对其他游戏更为放松，其不注重竞技感的培养，多数是引导玩家进行思考、判断，锻炼玩家的逻辑推理能力。

（7）音乐游戏。音乐类游戏是一种让玩家根据音乐的节奏和韵律来做出动作反应的游戏，此类游戏主要考查玩家手、眼甚至听力等反应速度，侧重培养玩家的音乐敏感性。

（8）模拟经营游戏。模拟经营类游戏是让玩家控制角色，模拟现实或特定环境下的不同事物的生存状态，其主要侧重点在于考查玩家对各个游戏元素的感知和把握程度，综合信息的能力越高，游戏进行得越顺利。

（9）体育游戏。体育类游戏是让玩家扮演特定运动项目的角色来进行竞技比赛，通常有足球、篮球、网球等游戏。

（10）多人在线竞技游戏。此类游戏通常被称为MOBA类游戏，也是当下最为流行的游戏形式，一局游戏通常需要几人到十几人进行分组竞技，通过队员之间的分工协作，最终获得胜利，这类游戏考察玩家之间的配合程度以及个体操作水平等，是一种玩法较为综合、互动性较强的游戏。

4. 数字游戏的基本设计流程

数字游戏的设计与开发过程是从一个游戏创意到商业产品的过程，在这个过程中需要设计师团队完成市场调研、游戏策划、美术制作、程序开发等工作。

（1）游戏策划阶段。游戏策划如同影视编剧一般，需要对游戏内的世界构成、人物设定、场景特征、故事剧情等进行编排，核心部分在于对游戏玩法的设定，通过设计师专业的素养，对每个游戏关卡的难易程度、每个道具的使用效果、游戏任务安排等进行专业的编排，使玩家能够根据游戏中的引导，达成游戏目标。

（2）美术制作阶段。在完成游戏脚本的策划后，就可以展开游戏的设计制作，这个阶段被称为美术制作阶段。其中包括原画设定、模型制作、角色动画制作以及特效制作。

原画设定。它是对游戏中的场景、人物、怪物、道具等进行基本造型塑造，它是按照事先策划好的脚本进行绘制，主要是通过场景、人物等来铺垫出整个游戏的主旋律，是游戏设计中承上启下的重要一环。

模型制作。它是根据前期原画进行三维模型构建，通过建模软件构建游戏的人物、道具、场景等内容。

角色动画制作。在建模完成之后，为了让角色能够模拟出自然流畅的动作，设计师需要借助动作捕捉、运动跟踪等设备对动作进行数据信息收集，再将信息导入动画制作软件中，使得角色动画能够获得逼真的动作及表情效果。

游戏特效制作。游戏特效在游戏中不仅具有增强视觉感受的作用，部分游戏还可以通过特效来判断是否造成有效伤害、打击范围等，通常游戏角色在发起攻击、释放法术、使用必杀技时，会产生十分华丽的效果，这种效果的制作是特效师的工作。游戏特效师通过分镜设计、特效贴图制作、动画切片、粒子特效等和后期合成过程表现自己的设计思想。

（3）程序开发阶段。游戏程序的开发通常会使用相对应的设计程序进行研发，通常有 Unity、Unreal Engine、GameMaker 等软件进行设计开发。根据游戏剧本编写相应的游戏脚本和代码，随后对程序进行试运行，查找其中潜在的程序错误（Bug），对其进行优化，最后推向市场，面向大众。

一款优秀游戏的诞生，是对各个设计阶段仔细打磨的结果，同时是各个设计制作部门相互协作的结果。贯穿于游戏的前期市场调研、中期的剧本、动画设计以及后期的程序编写等流程。

三、案例赏析——数字交互动画案例

1.《纳西秘境》

（1）前期调研。在云南多彩的少数民族文化中，以纳西文化为背景进行交互影像设计。民族文化承载着历史积淀下来的文化底蕴，丰富多彩的民族文化拥有着独特的魅力，民族文化在中国当代艺术设计中发挥着重要作用，设计可以为民族文化提供新鲜的土壤使其得以延续、继承和传播，可以使民族文化以新的姿态和方式呈现在大众眼前（图5-92）。

图5-92　纳西秘境前期调研

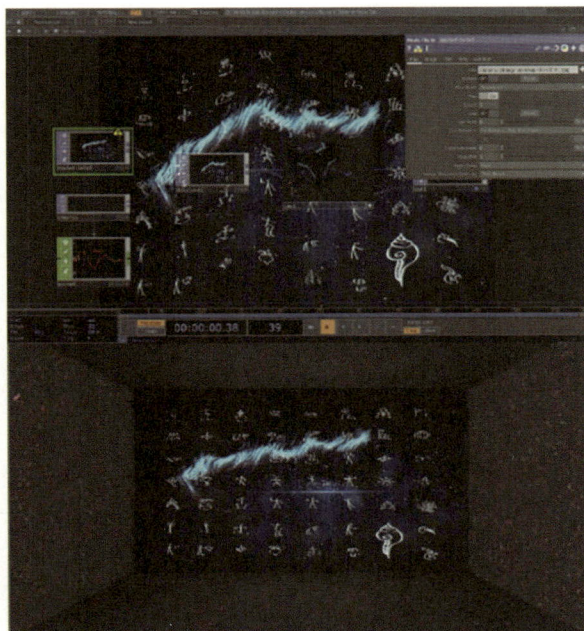

图5-93　设计思路

（2）设计思路。交互影像的效果预期以东巴文字为主要图形元素，粒子特效图形为交互图案，观众走过投影图像内容时，与图案元素产生交互，同时文字图案由下而上产生移动变化，如图5-93所示，文字成矩阵排列。粒子图形在画面中发生变化，粒子效果图形可以随着观众或音乐的变化而变化。粒子效果通过TouchDesigner生成粒子效果的图形图案，文字添加为影像背景，通过摄像头捕捉输入参观者的位置，将软件对交互过程输出到投影显示设备上，从而完成交互影像的体验。

通过多媒体与计算机技术的应用，完成影像设计的交互、体验对纳西族文化进行传播，并且应用在文化旅游产业中，为文旅产业赋能，为年轻群体带来沉浸式的文化体验。

（3）设计草图。在设计草图中，完成不同设计场景的模拟。场景一，粒子缓慢运动的画面，参考视频效果呈现（图5-94）。场景二，观众参与到画面后，粒子随着观众的手势，由两端汇集到画面中心生成文字（图5-95）。场景三，粒子汇聚成文字的效果避免画面单薄，背景添加运动粒子线条（图5-96）。场景四，线条扩散，线条消失（图5-97）。场景五，粒子汇聚成文字效果，改变文字图形单一视觉，增加立体效果（图5-98）。场景六，粒子消散效果，椭圆形圆环向四周扩散后消失（图5-99）。场景七，圆环线状散射消失，文字变成粒子随着圆环扩散（图5-100）。场景八，粒子扩散后变换成文字飘落，文字像星星般闪耀消失后回到最初始状态（图5-101）。

图5-94 场景一

图5-95 场景二

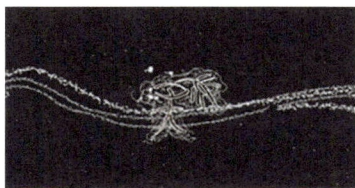
图5-96 场景三

图5-97 场景四

图5-98 场景五

图5-99 场景六

图5-100 场景七

图5-101 场景八

（4）效果图（图5-102）。

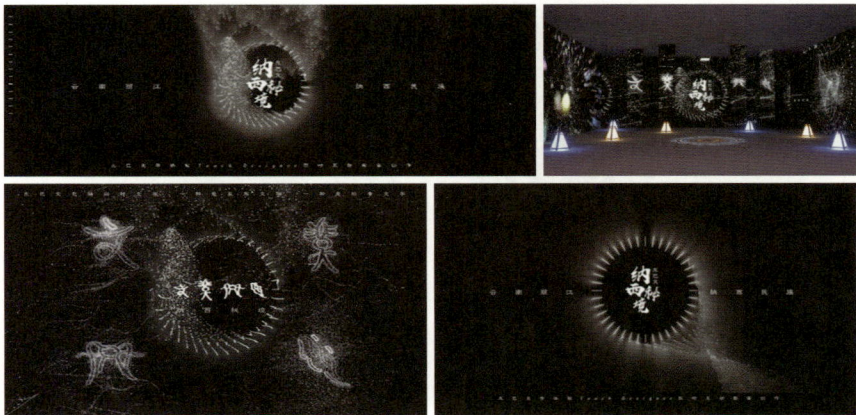

图5-102 纳西秘境效果图

（5）设计总结：《纳西秘境》交互影像设计是基于沉浸式的文化体验，以"纳西秘境"为场域主题进行交互展示，创作灵感源于云南丽江的纳西民族文化，东巴文字是世界上"唯一活着的象形文字"，希望通过计算机的运算使文字真正"活"起来，让更多人通过影像体验感知纳西民族文化的色彩与魅力。东巴文字体验TouchDesigner实时互动影像创作，是利用Kinect体感设备触发影像交互，参与者可以在影像中对文字进行记忆与书写，交互过程中散发的粒子随着手势变化产生不同的视觉效果，以互动的形式增加影像的沉浸与体验。

2.《弥境》多媒体舞蹈秀

（1）前期调研。正如福楼拜所讲："艺术越要科学化，科学越要艺术化，两者在山底分手，最终会在山顶相遇。"民族传统文化目前的发展形势正处于转型的尴尬期，如果继续完全传承，受众范围小且传播受限。在数字时代背景下，传统文化的数字化保护是大势所趋。

阿细跳月动作分析：阿细跳月最传统的是五拍子的运用，主要动作有三步一蹦跳、拍掌、跳转，舞蹈动作节奏欢快，服饰较为传统。阿细人有着崇拜自然的思想，因此会在绘画背景加入植物图案（图5-103）。

图5-103 阿细跳月相关动作参考

（2）设计思路。立足于数字时代，本团队策划的一场实验性多媒体舞蹈展演，将传统表演与现代信息数据相结合，既是对技术创造新艺术碰撞的尝试，也是对民族文化保护的新方法的尝试。将"阿细跳月"这一传统舞蹈，与数字技术融合并利用多媒体设备进行表演。将传统文化与实时交互效果结合，增添了一份现代艺术感，突破了表演的范围限制，为数字技术与传统文化的结合提供了经验。

色彩重构。阿细传统服饰色彩是一种传递文化的语言符号，每一种单一的色彩都具有一定的含义。将承载着民族文化的色彩进行重构设计，形成新的视觉效果，创新应用，促进设计的人文色彩特征突出阿细民族文化精神。确立提取的阿细传统色彩（红色、黑色、白色、蓝色、粉色）整体颜色按比例重构，特点是能充分体现和保留原物象的色彩面貌。不按比例的重构特点是设计灵活，有多种色调的变化，保持原物象色彩搭配的感觉。部分的重构，特点是运用更加自主更加主动，原物象只给以色彩启示，重构部分并不受原物象关系的约束。

动作捕捉。《弥境》舞蹈秀是基于多媒体技术的阿细跳月舞蹈表演，利用多媒体技术手段对舞台进行设计，其与传统阿细跳月表演的区别在于多媒体阿细跳月在舞蹈中产生的互动性提升了审美理念，有助于阿细跳月文化的传播与发展。

设计应用。通过分析彝族阿细的服饰以及生活习惯，从两方面入手，首先从阿细民族的传统图案中提炼部分纹样进行组合、抽象、再设计。其次便是从阿细祭火节中男子服装彩绘的纹样进行提炼设计了不同种类的元素。其表现形式多种多样，涉及生活各个方面，大概的种类有水瓶卡扣、遮阳手袖、袜子、服装、帆布背包、包装盒等。生活用品更具有使用性，也可以传承阿细的传统图案，更有助于民族与现代的结合。

（3）设计过程图。在设计过程中，包括色彩比重对比、动作捕捉、图案提取等（图5-104）。

（4）《弥境》效果图（图5-105）。

（5）设计总结：《弥境》多媒体舞蹈秀是对民族传统文化与数字技术融合的实验性表演秀，希望通过数字技术的融合打破民族传统文化原始的表现形式，在保留民族文化精髓的同时，创造新的表现形式。所谓"破后而立"，在突破的同时，获得全新的生命力，要想在这个信息爆炸且变化速度极快的时代拥有一席之地，最重要的一点就是秉持初心，让优秀的传统文化能够更广地传播出去。

色彩比重

色相：红、橙、黄、绿、紫
明度：高中调
纯度：高纯度

色相：红、橙、蓝
明度：低短调
纯度：高纯度

色相：黄、红
明度：高短调
纯度：中纯度

1.指甲花　　　3.面具　　　5.M形十字绣　　　7.老虎图腾　　　9.彩绘图形

2.杉树林　　　4.马缨花　　　6.月琴和小三弦　　　8.毕摩的铃铛　　　10.波浪纹

图5-104　弥境设计过程

图5-105　《弥境》效果图

第五节
环境设计专业毕业设计实施步骤

一、专业概述

（一）专业介绍

云南艺术学院环境设计专业在2019年获批为"国家级一流本科专业建设

点"。2020年，专业核心课程"地域公共艺术设计"被认定为首批省级一流本科课程。2022年，专业核心课程"民族居住环境分析"被认定为第二批国家级一流本科课程。

环境设计专业于1985年创办，是云南省开办最早的环境设计类本科专业。2006年，在原有专业办学的基础上，细化为室内设计和景观设计，同年获"设计艺术学"硕士学位授权。2019年12月，获教育部批准成为首批"国家级一流本科专业建设点"，进入全国高校749个同类专业布点排名前1.8%。本专业在新时期国家发展战略的引领和指导下，依托国家及省级教学、科研、创作平台和基地，形成了自身的办学特色和优势。以云南丰富的地域文化和生态资源为源泉，立足地缘优势，对"基于地域资源的可持续空间环境设计、现代环境空间设计中的地域文化营造、传统民居核心价值系统再生设计、地域文化与特色城镇创新设计"等领域进行深入研究，并应用到教学、科研与创作中。本专业以云南省"民族团结示范区""生态文明建设排头兵""面向南亚、东南亚辐射中心"的建设与发展为契机，本着"务实、求新、善美"的精神，协同创新，夯实专业优势和影响力，努力建设成为全国乃至南亚、东南亚的环境设计专业人才培养摇篮。

环境设计专业引导学生通过所在地的优秀民族文化智慧和场所营造、空间体验的认知与学习，运用文化及生物多样性的整体视野及跨学科的方法，培养学生具备多学科的创新和开拓精神，以及面对多元化社会的独立思考、研究和解决社会问题的能力；重塑人与自然的和谐生态，成为"空间塑造者""人居环境探索者""城乡发展的引领人和决策者"，并能应对全球化挑战，改善生活方式变革对社会和环境的需求，逐步成为国内与南亚、东南亚具备设计开拓能力的复合型人才。

环境设计专业在我院主要开设了两个设计研究方向，分别是景观设计方向以及室内设计方向。

1. 景观设计方向

环境设计专业景观设计方向创办于2006年，该方向是空间视觉形象与建筑景观系统的综合设计。景观设计方向通过对系统的景观专业基础知识的学习，使学生了解国内外城市、建饰、景观设计的历史及设计规律，熟悉地域民族文化以及不同风格的优秀设计案例，掌握系统的设计理论和技能，具有创新性思维和综合表达能力。

景观环境设计主要包含城市广场景观设计、居住小区环境设计、商业步行街街景设计、园林景观环境设计、庭院景观环境设计、公园景观设计、校园景观设计等。

2. 室内设计方向

环设计专业室内设计方向创办于 1985 年，是云南省最早设置的本科环境设计类专业方向，该方向是空间视觉形象与建筑室内系统的综合设计。本专业方向通过对系统的室内专业基础知识的学习，使学生了解中外住宅、公共空间、商业空间设计的历史以及设计规律，熟悉地域民族文化以及不同风格的设计范例，掌握系统设计的方法和技能，具备创新性思维和综合表达能力。

室内环境设计主要包括居住建筑室内设计、办公建筑室内设计、商业建筑室内设计、博物建筑室内设计、旅游建筑室内设计以及文教和科研建筑室内设计等。

（二）培养目标

环境设计专业方向人才培养应适应我国社合主义经济建设的发展需要。培养的学生应掌握环境设计专业基础理伦、相关学科领城的理论知识与专业技能，并具有创新能力和设计实践能力。能在相关设计机构从事建筑空间的居住、商业、酒店、庭院、社区、综合场地等设计工作，并能在教育系统从事室内环境设计的教学及研究工作，同时培养能立足云南地域文化，服务全国的具备项目策划与经营管理、教学与科研工作能力高层次环境艺术应用型、研究型人才。

（三）环境设计毕业设计目的及意义

1. 目的

毕业设计作为环境设计专业课程构成的重要组成部分，是实现本科培养目标的重要教学环节之一，同时是对毕业生综合能力、创造能力和全面素质的演练与考核。学生在毕业设计过程中，通过将四年所学的知识进行综合运用，包括运用理论知识与实践的结合去解决生活中的一些问题，这既是对实际问题的解决，也是对学生本科阶段学习的检验和锻炼。

环境设计专业毕业设计的主要目的是通过毕业设计使学生树立正确的设计观，发挥学生的创造力，考验学生综合运用所学理论知识和实践技能，分析解决实际问题，在实践中实现知识与能力的深化和升华；培养学生严肃认真的科学态度和严谨求实的工作作风，遵守纪律，使学生通过这一环节在具备设计师的素质方面得到更快的提高，并具有善于与他人合作的精神和对工作高度负责的敬业精神。学生借助教师的教导，使其能够独立完成明确的设计任务和专题研究项目，达到符合标准的工作量，学生在完成项目任务后，编写出符合学校要求的设计说明，绘制必要的毕业设计施工图纸，并撰写毕业论文。具体目的如下：

（1）巩固、扩大和提高所学理论知识，并使之系统化。

（2）培养学生综合知识的运用，解决现实项目中技术问题的能力，初步掌握环境设计专业项目的内容、原则、方法和步骤。

（3）通过毕业设计，提高学生独立思考、钻研问题和分析问题的能力。

（4）通过毕业设计，进一步提升学生创意设计、图表绘制、工程计算和说明书编写等专业技能。

（5）通过毕业设计的考验，使学生树立正确的设计观与政策观；树立爱岗敬业、为国奉献的事业精神；培养学生永不言弃、勤学苦练、实事求是、谦虚谨慎的工作作风。

2. 意义

毕业设计是高等院校实现本科培养目标的重要阶段，也是学生在毕业前对所学专业知识进行的一次综合实践演练和巩固。这将是学生对于所学内容进行深化学习、思考以及拓宽的重要过程，也是对学习成果、研究能力、实践方法的一次全面总结。

环境设计专业毕业设计是完成教学规划，使学生达到本科教学培养目标的重要步骤，对于提高学生的综合素质具有重要意义。通过深入的工程实践，完成设计，撰写毕业论文等毕业设计的诸多环节，培养学生综合分析和解决问题、组织管理以及独立工作的能力；培养学生对待科学的严谨态度，以及对待工作的认真态度，让其树立事业心，提高其社会责任感。

环境设计专业毕业设计不仅是培养学生综合素质和工程实践能力的重要环节，也是对学生毕业及学位资格认证的重要依据和评判高校教育质量和教学效益的重要衡量参考。

（四）环境设计毕业设计的基本内容

1. 毕业论文

环境设计的毕业论文是原创性的专题研究文本，它与学业有相关性，且原则上要具有一定的原创性，既不是对前人研究结果的总结，也不是对他人成果的抄袭。

因此环境设计专业的毕业论文必须是一份有一定学术价值的文章。它是环境艺术专业学生在教师的指导下完成学业的学术性作业，是对学生四年学习成果的一次综合性检验和总结，是对学生在导师的指导下所获得的科研成果的文字记录，是对学生艺术创作和科研水平的反映，也是学生检验自身学业水平和解决实际问题能力的一份答卷。

2. 毕业创作

环境设计的毕业创作包括室内环境设计方向及室外环境设计方向。室内环境设计主要包括居住建筑室内设计、办公建筑室内设计、商业建筑室内设计、博物建筑室内设计、旅游建筑室内设计以及文教和科研建筑室内设计等；室外景观环境设计主要包括城市广场景观设计、居住小区环境设计、商业步行街街景设计、园林景观环境设计、庭院景观环境设计、公园景观设计、校园景观设计等。

（五）毕业论文的书写要求

一篇完整且合格的毕业论文应该包括封面、题目、摘要、关键词、目录、导论、正文、结论、致谢、注释和参考文献，必要时还需要添加附录。各个部分都应该遵守相对应的格式要求，做到字体、字号、间距等的统一，在书写时要注意语言的简练，避免一些口头话语的表达。同时，一篇完整的毕业论文的结构应该由论点、论据以及论证构成，并形成内在的逻辑关系。论点体现作者对于某一事物观点的根本看法和态度，它直接反映了作者的立场；论据则是论点的重要支撑，是所收集资料的总和，是论点成立的重要来源；论证则是在所收集资料的基础上提出自己的创见，并通过相关的理论对论据进行论证，最终证实论点的合理性。

（六）毕业创作的要求

环境设计专业的创作要求主要包含图纸要求、文字说明、版面设计以及设计报告。

1. 图纸要求

建筑室内设计类：

（1）总体部分主要空间的平面图、平顶图。

（2）重点空间的平面图、平顶图、立面图。

（3）重点空间节点详图不少于3个。

（4）重点空间效果图4~5个。

（5）建筑外观或主要入口效果图1个。

室外环境景观设计类：

（1）总平面图。

（2）功能分区图、景观分布图、交通分析图。

（3）整体场景鸟瞰图1~2个。

（4）主要空间场景的平面图、立面图、剖面图及详图。

（5）重点空间的环境设施平面图、立面图、剖面图及详图。

（6）重点空间的外观效果图4~5个。

以上图纸采用手绘与电脑绘制均可，要求图纸表达准确、比例适当，表现技法熟练，突出重点，细节丰富，图纸完整，能够充分、明确地表达设计方案的主题。

2. 文字说明要求

环境设计专业毕业设计方案的设计说明目前尚无统一的标准模式，应该根据具体情况进行合理的表达。大致包含以下内容：设计调研分析、设计方案的总体构思、设计风格的功能和装饰体现、主要用材和实施的技术支持等。在表达形式上可以是纯文字表达，也可以是图文结合的表达方式。在一般的教学与实践过程中，图文结合的表达方式最为普遍也更容易被接受和理解，因此在毕业设计说明的文字要求上最好做到图文并茂。总体的文字说明可以归纳为以下三种：

（1）以总体理念为主线来展开论述。

（2）以各个部位的设计方法为主线来展开论述。

（3）在说明总体设计理念的同时，对各个设计部分进行设计方法的说明。

3. 版面设计

环境设计专业同其他设计专业一样，设计图纸数量较多，因此毕业设计方案除了保证完成必要的设计图纸和说明性文字之外，还需要对设计图纸和设计说明进行排版设计。其中，版面设计要求表达内容和绘制图正确；图面饱满没有多余的空幅，没有重复的构造；图幅布局合理、主次分明，大图应有标题；比例适当，尺寸齐全，图表绘制清晰，图面整洁和有必要的注释与说明。毕业设计方案版面上应标出设计方案的名称，校名、作者及指导教师姓名。并且，每人每套毕业设计方案一般不得少于2个版面。毕业设计方案由多人合作的，根据人数图纸版面也相应成倍增加，一般两人合作的版面不少于4张，三人合作的版面不少于6张，以此类推。当然，每套毕业设计方案根据具体情况可以增加版面数量。

环境设计专业毕业设计方案的版面规格因教学单位的不同也存在着差异。常用的毕业设计方案版面规格有2378mm×841mm（即A0幅面），900mm×600mm等。一般参考各类艺术设计竞赛的版面要求进行竖式排版，版面底版为KT板。

4. 设计报告

毕业设计报告是环境设计专业毕业设计的必要成果。要求内容（按设计规定）齐全、条理清楚、语言精练、字迹工整；需注意适当地使用插图和附表；文本要求2000字左右，包括设计项目名称、设计项目概述、设计定位、设计程序管理、同类设计比较分析、改进设计文案等；版面应编排新颖、图文并茂；A4纸大小，彩色打印，装订成册；设计报告应有封面、目录，标题醒目，标点准确，页数应有统一编号。

二、实施步骤

环境设计的毕业设计展开时间通常为毕业前最后一个学期，学生一般需要18周的时间来完成毕业设计，这个过程通常分为5个基本的步骤，即设计前期、方案设计、扩展设计、模型制作、毕业设计展示，每个步骤都尤为重要，完成的好坏影响着学生最终的成绩。

（一）设计前期

环境设计专业在设计方案展开之前，需要完成确定选题、制定任务书以及资料收集与调研等工作，这些工作是后续设计方案展开的基础。

1. 确定选题

环境设计是一个知识领域广阔的专业，它涵盖建筑设计、室内设计、景观设计、公共艺术设计、环境设施设计等方面，因此，学生若想顺利毕业，对于选题的把握要准确。通常来说学生的毕业设计选题源于三个方面，即指导教师的科研项目或学术探讨课题、企事业单位的社会委托课题、学生自拟题目。

（1）指导教师的科研或学术探讨课题。以指导教师主攻的科研课题或学术研究方向为导向，教师根据其研究情况，从中列出题目，然后向学生公布，学生可以根据自身的水平和兴趣来选择题目，这种选题方式能够快速落实学生的选题方向，帮助学生短时间内更好展开毕业设计工作。

（2）企事业单位的社会委托课题。这类课题是现实的设计工程，甚至是投标任务。毕业设计选题应面向社会，与国家国情相结合，根据社会发展的需要，与自身专业能力相结合。同时，这一类型的课题项目具有较强的实用性和较高的挑战性，可以激发教师和学生的学习热情，并能解决一些教学与课题实践中资金的难题，在设计的过程中，学生能够学习到更多有实用价值的知识，能够做到理论联系实际。完成毕业设计的过程也是学习、巩固和提高的过程，可起到十分良好的教学效果，极大地锻炼了学生的设计能力，也有助于学生的交际能力和团队意识的提高，有利于学生毕业后更好地走上工作岗位和融入社会。

（3）学生自拟题目。由学生根据平时的积累、专业特长和兴趣提出选题，与指导教师探讨，征得指导教师认可后，毕业设计即可开展。在确定毕业设计题目时，可以启发、引导学生发挥自己的主观能动性，先谈想法或意向，再因势利导来确定题目。这样做的好处是学生积极性较大，自觉钻研的精神较强，可以充分激活学生的能动思维，使其在完成写作的过程中，从主观意愿和喜好出发，尽最大可能发挥自己的潜能。学生自拟题目时必须立足环境设计的专业范畴，如选择与本行业热点相关的课题或在环境设计领域有一定前瞻性、研究性的课题等。学生自拟题目时，指导教师应对题目进行审核，依据设计的规模和难易程度严谨地对学生的项目进行判断，同时应注意不要压制学生的创造性和挑战性。

对于上述几类课题，要求学生以严谨、勤奋、求实、创新的良好学风完成毕业设计工作，从中学会综合运用所学知识解决工程中的实际问题，提高工程实践的能力，并在阅读文献、独立思考、分析问题和解决问题以及创新方面的能力有较大的提高。

2. 制定任务书

在初步确认选题后，学生应该按照学校相关规定完成毕业设计任务书的制定，其主要目的在于让学生明确选题的目的、意义以及相关的工作内容。

在任务书的制定过程中，主要完成两大分析任务，即对设计要求的分析、对环境设计条件的分析。

（1）对设计要求的分析。对设计要求的分析主要涉及两个方面：一是针对项目使用者、开发者的信息进行分析，它包括使用者的功能需求、经济文化特征表达需求、审美需求以及品位需求等。二是对设计任务书的分析，设计任务书作为指导性文件涵盖对功能及风格类型的分析，主要以文字或图纸形式呈现。

（2）对环境设计条件的分析。环境设计的项目需要对室内及室外的环境进行实地分析和调研，力求达到自然环境、人文环境与资源环境等的和谐。从室内设计的条件分析来看，主要包括建筑的功能布局分析、空间特征分析、结构特征分析、相关交通体系特征分析以及后勤用房、设备、管线等的分析，而室外设计条件的分析，主要考查其自然因素、人文因素、经济资源因素以及建成环境因素等。

3. 资料的搜集与调研

资料的搜集是设计方案展开的基础，它能够帮助设计师认识到场地的独特品质，把握场地与周边的关系，从而获得对场地的全面了解。其主要包括现场资料收集和图片、文字资料收集两方面。

（二）方案设计

方案设计是在前期完成设计对象资料的收集与分析以及与设计需求的基础上展开的，在此阶段设计师要依据一定的设计方法对方案进行构思，最后以设计草图、彩色效果图、设计说明、平面图、顶面图、立面图、剖面图、工程造价预算等文件展开。

1. 设计方案的思考方法

（1）整体与局部的关系。就整体与局部的关系而言，一般应该做到大处着眼、细处着手。整体是由若干个局部组成的。在设计构思中，要以一种全局观的视角，对整体的设计任务进行全面且详细的构思与设想。然后开始深入调查、收集资料，掌握必要的资料和数据。

以人体的基本尺度、活动线路、活动范围等作为设计方案思考的切入点，对项目地的特点、家具与设备的尺寸等方面进行反复推敲，使局部融合于整体，达到整体与局部的完美统一。忽略整体，将使整个设计变得琐碎；忽略局部，也会使设计因为缺少变化而变得乏味。

（2）内与外的关系。"内"在室内环境设计当中既包括这一室的室内环境，也包括与之相连的其他室的室内环境，它直指该建筑的室外环境的"外"，它们之间是一种以彼此存在为基础的相互依存的关系。对其进行设计时，严格地把控内外关系，需要对其进行由内到外再从外向内的深度构思，直至二者达到协调的状态，务必使其更趋向完美和合理。室内环境需要与建筑整体的性质、标准、风格、室外环境相协调、统一。内与外的关系必须在反复协调中确认，这样才能保证最终的效果趋于完美和合理，否则，极易造成室内与室外的关系不协调，室内空间与室外空间的不连贯，最终导致内外环境的分裂和对立。

（3）表意与表达的关系。立意是一项设计的"灵魂"所在，好的立意是设计项目成功的重要因素，有了好的立意才能有效地进行针对性的设计。好的立意更需要完美地表达，对于环境设计而言，将设计师的设计理念、设计构思和设计想法完整、准确并富有表现力地表达出来，让建筑设计的参与者、使用者以及评审人员等能够通过图纸、模型、文字说明等信息，充分理解设计意图，这一点极为关键。在设计环节，特别是招标项目的竞标，首先要保证图纸的完整性、准确性和美观性，这在同一批设计方案中，是脱颖而出的关键。形象终究是设计中至关重要的一部分，而图纸的表达就是设计者的语言的表达，也是设计师必须具备最基本的能力，是一个优秀设计师内涵与专业素养的体现。

2. 设计方案的构思

设计构思是方案设计中至关重要的一环，是借助形象思维的力量，在前期资料及项目分析的基础上，把分析所得的结果落实成具体的设计方案，是从思维构想转到物质形象的过程。在此过程中，需要借助一定的思考角度打开方案的设计构思。

（1）融合自然环境的构思。自然环境是人类展开生产活动的物质对象，它影响着人类的生产活动，自然环境对环境设计有着重要的影响，不同的地势、地貌、景观、朝向等均是设计方案最终形成的重要因素。美国建筑师赖特（Frank Wright）所设计的"流水别墅"就是设计融合自然环境的经典案例，该建筑选址于美国宾夕法尼亚州匹兹堡附近的熊跑溪上游，该地远离公路及闹市，四周密林环绕，两岸岩石凸起构成其独特的地形、地貌特点。赖特进行实地考察，融合了该地的自然环境进行设计构思，最终建成的别墅从外观上看，硕大的混凝土挑台从山壁的后部向前延伸出来，杏黄色的阳台分别形成上、下、左、右重叠错落的结构，宽窄不一、各有长短，极易产生注目的造型。就地取材的毛石墙模拟天然岩层纹理砌筑，宛若天成。周边的树木与建筑建构形成了穿插错落的景象，山泉瀑布沿着石壁倾下，自然生态和人造景观浑然一体，交相辉映。展现出地域特征的环境设计融合的表达。

（2）独到用材与技术的设计构思。材料与技术永远是推动设计发展的核心动力，也是设计师永远需要关注的主题。独特、新颖的材料和技术手段能够给设计师带来新的创作热情与思路。

如位于美国加利福尼亚州的多明莱斯葡萄酒厂，创造性地使用石材作为建筑材料，是其设计理念的重要表达，也是对在地材料运用的经典之作。

设计师皮埃尔德·梅隆（Pierrede Meuron）和赫尔佐格（Chaim Herzog）将当地的玄武岩作为建筑表面的装饰材料，他们设计了一种金属丝编织网的笼子，将小石块装填起来，整体形成了规则的墙面，可以根据需求调整网格的大小来到达通风、透光等功能，玄武岩的自然肌理和质感使该建筑与当地的自然环境融为一体达成了和协关系。

3. 设计草图

设计草图是以记录性草图形式为主要特征，有些具有符号特性。它具有快速运笔、随意勾画、图形草率、记录符号鲜明等特点。此类图是设计师收集资料、构思方案常用的一种手绘草图。主要表现为用笔随意、线条简练、不拘小节、形态万千、别具一格，是设计师将脑海中的想象力进行具体化呈现的快速表现形式。

4. 设计效果图

设计效果图的绘制包括手绘和电脑辅助绘图等方式，如手绘中的彩铅、水彩、水粉以及电脑绘图软件3DS MAX、SketchUp等，设计效果图是一种较为完整的设计表现图。特点在于能够更为直观、完整地将设计预想的结果和特征表达出来，真实再现设计构想，较为直观地表现出设计意图。表现时，应强调总体布局合理、结构严谨、材质明晰、色彩丰富、比例尺度准确、环境氛围真实、艺术风格突出。具体要求透视比例准确、空间感强、色彩协调、环境气氛及材料质感真实可信。设计最终阶段完成的效果图如图5-106所示。

图5-106　效果图

5. 设计说明

设计说明顾名思义就是对设计进行说明解释，它的作用在于让需求方、施工方等能够更准确地理解设计的构思及想法等，环境设计的设计说明通常包含文字说明、图片说明以及图文结合等形式，常见为图文结合的形式。室内设计的设计说明通常包含设计范围、平面布置、防火要求、防潮防水、吊顶装饰工程、地面装饰等内容，根据设计方向的不同有所差异。

6. 设计制图

制作设计制图是设计方案构思中的重要一环，是设计将想象转化为具体量化的过程。环境设计制图以建筑工程制图为标准，制图内容包括规划图、平面图、顶面图、立面图及剖面图等，它们是利用简洁明了的图形、线条、数字和符号等形式在纸面上表达特定的语言，用来表达设计构思、艺术观点、空间排布、装饰构造等，通过造型、饰面、尺度、选材以及细部处理等方式准确体现工程方案，要求内容全面且详尽。环境艺术工程制图及建筑结构制图的基本内容主要包括图纸幅面规格、图线、字体、比例、符号、定位轴线、图例和尺寸标注等，应符合《房屋建筑制图统一标准》（GB/T 50001—2010）的有关规定，这个标准可以应用于三个主要的工程制图类型，即新建、改建和扩建工程的各个阶段的设计和竣工图，有建筑物、构筑物和总平面的实测图，通用设计图和标准设计图（图5-107）。

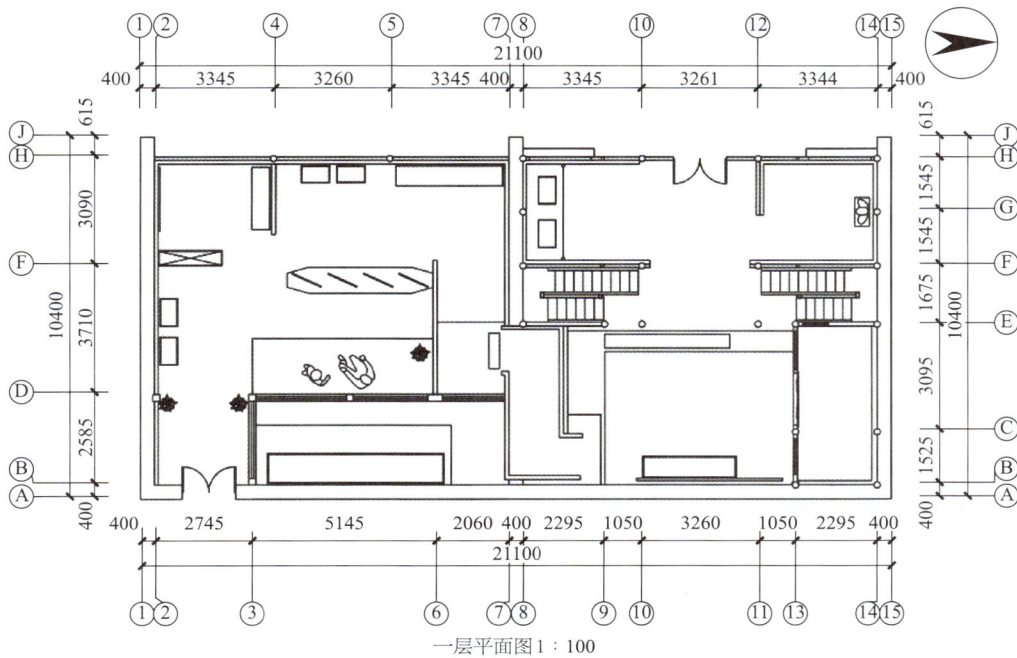

一层平面图1：100

图5-107 平面图

7. 工程造价预算

工程造价预算是指在施工图设计结束后、工程开工前，以施工图纸、现行预算定额、费用定额以及人工成本、材料、设备等价格要素为依据，根据有关规定，对直接工程费用、措施费、并计取间接费、利润、税金等费用，确定单位工程成本的一份技术经济文件。

在初步设计期间，应该以具体的预算为设计参考，根据预算来进行设计，这样才能确保方案的可行性和后期的实施展开。

（三）扩展设计

扩展设计是设计方案深入的过程，是一个从粗略到精致刻画、从模糊到清晰、从概念到具体化的过程。多方案比较以及设计方案深入是该过程的重要环节。

多方案比较是环境设计目的性的要求。无论是设计师还是投资者，方案的构思与设计都只是一个环节而不是其目的，其最终目的是取得一个完美且合理的实施方案。然而，怎样获得一个理想又完美的实施方案呢？我们知道，要求一个"绝对意义"的最佳方案是不可能的。因为现实中方案总会限制于时间、经济以及技术条件等因素，使方案不可能极致完美，只能获得相对意义上的完美，即在尽可能多的方案中找到最佳方案。可以从以下三个方面进行设计方案的优化选择。

（1）比较设计要求的满足程度。一个好的设计方案最低标准是能够满足设计要求，因此对设计要求的比较是有必要的。

（2）比较个性特色是否突出。一个好的设计方案应该是有其独特的个性和特色的，如果只是满足最低的设计要求是很难打动人的。

（3）比较修改调整的可能性。任何好的设计方案都不可能是尽善尽美的，都存在着或多或少的不足，尽管这些不足不会造成致命威胁，但也是十分难修改的，若是对其不足进行彻底修改不是产生新的问题，就是会抹杀其方案的特色和优势。因此，对此类方案也要给与重视，以防留下隐患。

在完成多方案的比较和优化选择后，最终选择的方案可能还存在着诸多问题和不足，此时，为了达到设计方案的最终要求，仍需进一步调整和深化。

设计方案的调整主要目的是解决多方案比较、分析过程中发现的问题和不足，并设法在后续设计中解决问题和不足。一般而言，在方案比较阶段遴选出的优秀设计方案无论在满足设计要求还是别具个性方面已经有了较好的基础，对它的调整应控制在合理范围内，应该仅限于对个别问题和局部问题进行修改和补充，力求在不影响或推翻原有方案整体布局和基本构思的基础上，进一步提升方案已有的优势。

设计深化需要注意以下三方面。

第一，在各个部位的设计，特别是在造型方面，要严格遵守总体的形式美，注重比例、节奏、虚实、光影、质感、色彩等原理和法则的掌握和应用，才能达到预期的效果。

第二，在方案深化的过程中，不可避免地要进行一系列新的调整，这其中，不仅要使每一个环节都要进行相应的调整，而且要使这些环节相互影响，对这一点必须要有充分的理解。

第三，方案的深化过程不会是一蹴而就的，需要经过深化、调整、再深化、反复调整等多次循环的过程，这其中所体现出的工作强度和工作难度是可以想象的。所以，要想完成一个高水平的方案设计，除了需要具备较高的专业知识、较强的设计能力、正确的设计方法，以及很强的专业兴趣之外，还需要有细心、耐心和恒心，这是设计师不可缺少的素质品德。

（四）模型制作

模型可以用三维空间的表现力来对一项设计项目进行表达，它可以让观赏者从各个不同的角度来观察和了解所设计形体、空间以及它们与周围环境之间的关系。因而它能在一定程度上弥补图纸的局限性。在环境设计专业，设计师会通过制作模型来充分表达其艺术构思。

1. 模型种类

模型的种类一般按照用途来可以分为展示用模型和设计用模型，前者较为精细，后者较为粗糙。

按照材料可以分为：油泥（橡皮泥）模型，木板或三夹板、塑料板模型，硬纸板或吹塑纸板模型，有机玻璃、金属薄板模型等。

2. 简易模型

简易模型通常是结合空间造型设计来进行的，将各种比例的长、宽、高、矩形、方体等进行拼接组合，达到对设计项目初步造型的目的。

3. 工作模型

工作模型即前述设计过程中需制作的模型，其通过能够及时地把方案设计的内容以立体和空间的表现方式形象地表现出来，具有更为直观的效果，从而有利于方案的改进和深入。

在设计过程中，设计方案和制作模型可以交替进行，它们能相辅相成地帮助设计师完善设计方案。可以从方案的平、立、剖面的草图阶段就开始制作模型，也可以直接从模型入手，利用模型移动的便利和空间功能的改变再改进方案构思并与原方案做比较，然后在图纸上做出平、立、剖面图的记录。通过草图和模型的不断修改和往复，就能接近和达到方案的最佳效果。

工作模型的材料应尽量选择易于加工和拆改的材料，如聚苯乙烯块、卡纸、木材等易加工的材料。其制作不必十分精细，且应易于改动，重点是空间关系和气氛表达的研究。

4. 正式模型

正式模型要求准确完整地表现方案设计的最后成果，还要求具有一定的艺术表现力和展示效果。模型表现可运用两种方式：一种是以各种实际材料或代用物来尽量真实地表达空间关系效果的模型，另一种是以某种材料为主，如卡纸、木片等，将实际材料的肌理和色彩进行简化或抽象，其优点是把主要精力集中在空间关系处理这一要点上，不必为单纯的材料模仿和烦琐的工艺制作耗费过多的时间（图5-108）。

图5-108　正式模型

总之，环境设计是一项实践性很强的工作，方法和材料都不是一成不变的，应是与时俱进的，只要在顺应时代的基础上，结合时代科技和材料就能创作出符合现代审美的环境艺术作品。

（五）毕业设计展示

毕业设计展示是毕业设计中最后一个步骤，其具有总结前期工作的作用。在该阶段主要包括展板设计及展厅设计两部分。

1. 展板设计

展板设计是针对设计项目和设计过程的总结，其主要包括学生信息、导师名称、研究方向、设计说明、设计创作过程、设计施工图以及设计效果图等内容。在整体要求上要简洁明了，布局合理。

2. 展厅设计

展厅设计是在完成相应的展板及模型制作的基础上进行的，它主要是对学生的设计展板及模型等进行统一展示，从视觉感官上来说要求整体布局井然有序，展板与模型之间要形成整体的互补关系，切记不要随意摆放，以免影响最终考核分数。

三、案例赏析

1. 景观设计案例——《重拾 * 重塑》

（1）前期调研。云南冶金昆明重工有限公司由于历史原因和宏观经济形势的影响等多方面因素，近年来生产经营连年亏损，难以为继。企业自身也深刻认识到调整产业结构、转变运营模式、优化员工队伍、谋求多元化发展势在必行、刻不容缓。从国内外和发达地区的发展经验来看，利用闲置工业厂房打造文化创意园区是后工业文化嬗变为新经济经营模式的跨越式发展模式。云南冶金昆明重工有限公司文化底蕴深厚、厂房设施保存完好，场地开阔，升级、改造和可利用的空间巨大。

据悉在盘龙区"十三五"规划中将高规格、精准设计打造昆明重工，建设871文化创意工场。将充分利用云南冶金昆明重工有限公司释放土地的资源，着力打造600多平方米的文化创意项目。计划充分利用低效闲置厂房车间等设施，规划实施工业文化创意项目建设，着力引进战略性新兴产业项目，重塑区域产业格局（图5-109）。

图5-109 《重拾 * 重塑》前期调研

（2）设计思路。以重机厂区为载体（承载云南冶金昆明重工有限公司以及昆明工业文明），以云南少数民族非物质文化为主体（主导云南少数民族非物质文化传承与发展），以现代艺术设计为纽带（衔接工业文化、民族文化、现代艺术文化），以时间为轴结合工业、现代、民族，打造一个文、商、旅综合体空间。

（3）设计草图。根据设计思路，绘制设计草图（图5-110）。

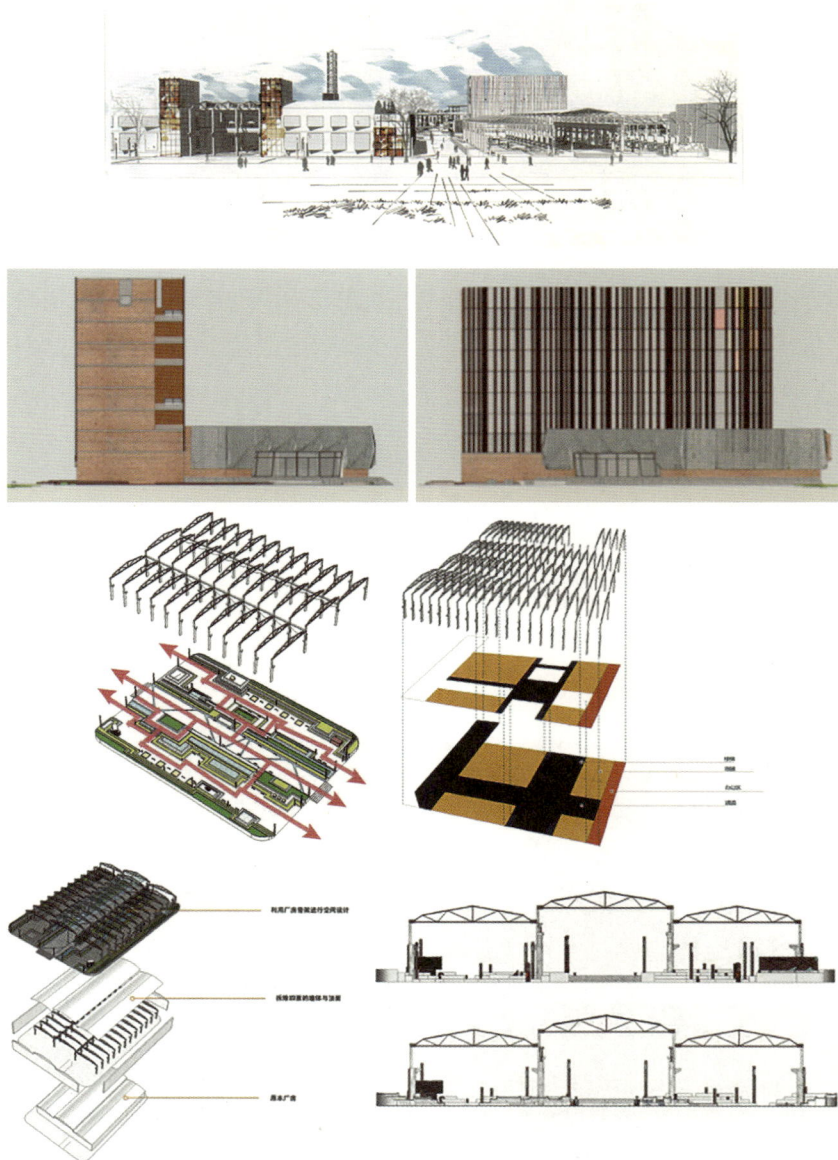

图5-110 《重拾*重塑》设计草图

（4）设计效果图。完善设计草图，绘制最终设计效果图（图5-111）。

图5-111 《重拾＊重塑》最终效果图

（5）设计总结：营造新的厂区空间的同时，要尊重传统的建筑映像。将旧建筑以处于那个年代的城市记忆，以新的形式和内容得以延续，用新的设计和模式改造，为历史的保存注入时尚、创意元素，使保留的旧厂房成为现代城市景观的新景象。

2. 室内设计案例——《创意弥勒——东风韵红酒主题博物馆》

（1）前期调研。弥勒市拥有丰富的自然资源，交通便利，是一座旅游城市，东风韵庄园与云南红酒庄相邻，云南红酒庄是云南规模最大的红酒庄，可为红酒主题博物馆的建设提供充足的参观人流量，在选址上是十分有利的条件，可促进弥勒市红酒文化事业和经济的发展。红酒主题博物馆的设计选址位于弥勒市东风韵庄园，建筑占地面积为5000平方米。

（2）设计思路。红酒主题博物馆以提炼并运用红酒主题元素进行设计，博物馆入口在色彩上采用酒红色的墙面和红酒瓶，彰显红酒主题博物馆的特色，在红酒主题博物馆整个空间中都运用酒红色作为红酒主题博物馆的色彩点缀，烘托主题氛围及空间氛围。

（3）设计草图。根据设计思路，绘制设计草图（图5-112）。

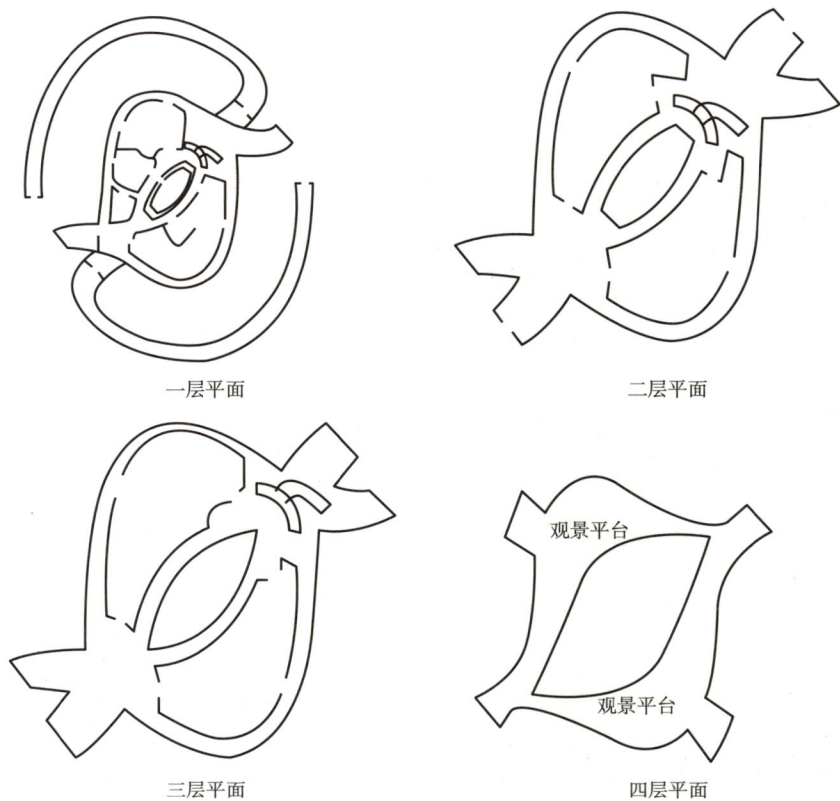

一层平面

二层平面

观景平台

观景平台

三层平面

四层平面

图5-112 《创意弥勒——东风韵红酒主题博物馆》设计草图

（4）设计效果图。完善设计草图，绘制设计最终效果图（图5-113）。

图5-113

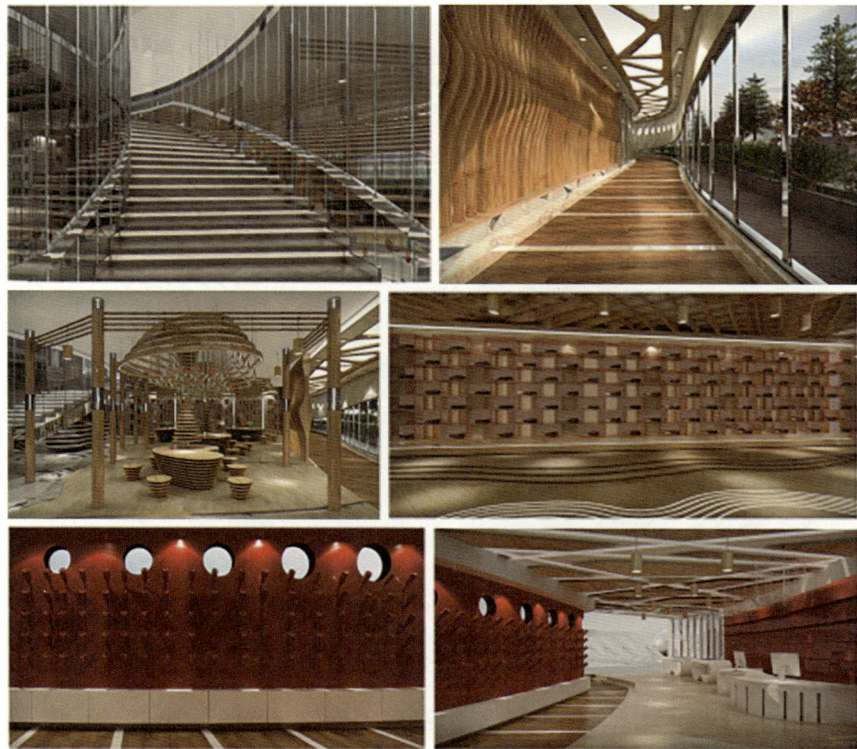

图5-113 《创意弥勒——东风韵红酒主题博物馆》设计效果图

（5）设计总结。红酒展厅中展柜的造型采用红酒瓶的形态做为展柜的形式来表现红酒文化，吸引参观者的兴趣和积极性，同时在休息区以弧线形态表现流动的红酒主题空间。红酒主题博物馆大厅接待区整体的空间造型以弧线为主、以直线为点缀，迎合红酒的流动特性，接待区的休息桌椅、吊顶、隔断以不规则的弧线造型一片一片累积而成，元素的重组和构成强化了空间的节奏感。走道区域，通过大小不同的三角形构成吊顶照明和地面装饰，上下呼应，走道上的窗以不规则的弧线和幅度展示空间的特色和美感。

本章小结

本章节主要对设计学院的五大设计专业的毕业设计案例进行分析，包括产品设计、视觉传达设计、服装与服饰设计、数字媒体艺术以及环境设计专业，从不同专业的特色出发，通过案例将各个专业的具体实施步骤逐一展开，从初期的确定选题、调研考察、方案构思到中期的制定设计方案、制作设计模型再到最终的产品展示，通过案例展示分析的方式，让学生对毕业设计有更清晰的了解，为学生在具体专业方向的毕业设计实践上有更好的案例参考和指导。

📝 思考题

1.在信息技术越发发达的今天，作为设计工作从事者，如何看待技术与设计的关系？

2.在毕业设计实施过程中，作为学生，如何理解设计程序与设计实施规划之间的关系？

3.在数字化信息技术快速发展的今天，如何看待传统艺术形式与当下新技术、新材料、新观念等的结合发展？

参考文献

［1］彭亮.毕业设计指导［M］.石家庄：河北美术出版社，2015.

［2］何辉，朱和平.设计专业毕业设计与论文指导［M］.长沙：湖南大学出版社，2018.

［3］丁兰洁，吴娟.服装毕业设计指导实训［M］.北京：中国纺织出版社，2019.

［4］王虎.数字媒体艺术［M］.武汉：华中科技大学出版社，2010.

［5］张波，武春焕.环境设计专业教学与实践研究［M］.成都：电子科技大学出版社，2019.

［6］李鸿明，赵天华.视觉传达设计［M］.成都：电子科技大学出版社，2016.

［7］郑路，佟璐琰，陈群.产品设计程序与方法［M］.石家庄：河北美术出版社，2018.